U0522792

非传统安全理论图景

余潇枫 著

商务印书馆
The Commercial Press

图书在版编目(CIP)数据

非传统安全理论图景/余潇枫著.—北京:商务印书馆,2024
ISBN 978-7-100-23202-9

Ⅰ.①非… Ⅱ.①余… Ⅲ.①国家安全—研究—中国 Ⅳ.①D631

中国国家版本馆 CIP 数据核字(2023)第213377号

权利保留,侵权必究。

非传统安全理论图景

余潇枫 著

商 务 印 书 馆 出 版
(北京王府井大街36号 邮政编码100710)
商 务 印 书 馆 发 行
北 京 通 州 皇 家 印 刷 厂 印 刷
ISBN 978-7-100-23202-9

| 2024年1月第1版 | 开本 850×1168 1/32 |
| 2024年1月北京第1次印刷 | 印张 12¼ |

定价:58.00元

目　　录

"广义安全论"是否可能？（代序） ……………………………… 1

第一章　安全的本体与视界 ……………………………………… 9
　　第一节　安全本体 …………………………………………… 9
　　第二节　安全视界 …………………………………………… 30

第二章　安全：从传统到非传统 ………………………………… 48
　　第一节　安全场域扩展与语境转换 ………………………… 48
　　第二节　非传统安全的边界与场域类型 …………………… 68

第三章　安全理论扩展：从"物质"到"理念" ………………… 85
　　第一节　传统安全理论的扩展 ……………………………… 85
　　第二节　互构安全说 ………………………………………… 103
　　第三节　认同安全说 ………………………………………… 119

第四章　安全理论深化：从"在场"到"批判" ………………… 135
　　第一节　"在场"的安全理论 ………………………………… 136
　　第二节　"批判"的安全理论 ………………………………… 157
　　第三节　西方非传统安全理论的启示与问题 ……………… 171

第五章　广义安全新范式：和合主义 …………………………… 176
　　第一节　和合主义的思想渊源 ……………………………… 177

第二节　和合主义的当代建构 …………………………… 193
第三节　和合主义的国际比较 …………………………… 211

第六章　广义安全新模式：共享安全 ……………………………… 223
第一节　共享安全与安全文明 …………………………… 223
第二节　异质性冲突与"孔子最优" ……………………… 241

第七章　认同危机与国家安全 ……………………………………… 256
第一节　认同与安全的"社会建构" ……………………… 256
第二节　"认同危机"与本体安全 ………………………… 267

第八章　人类安全算法升级 ………………………………………… 284
第一节　人类安全算法类型 ……………………………… 284
第二节　人类安全算法解析 ……………………………… 296
第三节　人类安全算法升级 ……………………………… 307

第九章　非传统安全理念3.0 ………………………………………… 316
第一节　从"人类世"转向"生态世" ……………………… 316
第二节　"网球化"与"3E托邦" ………………………… 332

附录　广义安全论视域下国家安全学"再定位" ………………… 344

"广义安全论"是否可能?
(代序)

地球既是一颗遨游在星际间美丽无比的"蓝星",又是一艘飘浮在太空中岌岌可危的"救生艇"。春去秋来,人类寄居于此,成长于此,托梦于此。世代繁衍生息使人类深知:安全与发展是关涉命运的永恒主题。当我们时不时反思与拷问"你安全吗""社会安全吗""国家安全吗""人类安全吗"这一连串与周遭世界紧密相关的问题时,探究"安全是什么""安全是否可能""安全如何可能"成为了迫切且具有重要意义的命题。

一探究与安全相关的这些命题就会发现:世界上没有绝对的安全。一切安全都在变与不变的场域中显现其意义。量子物理学家戴维·多伊奇(David Deutsch)在《无穷的开始:世界进步的本源》一书中提出了一条关于这个世界的终极定律:它永远在嬗变,没有尽头。① 多伊奇给出的比喻是:我们对这个世界的认知犹如一束从手电筒射出去的光,从此开始的是一段没有终点的旅程。这似乎是一个常识性真理——唯一不变的就是变。但巴门尼德从哲学角度更深刻地阐明:作为本体的"存在"(being)本身是永恒不

---

① 参见〔英〕戴维·多伊奇著:《无穷的开始:世界进步的本源》(第2版),王艳红、张韵译,王艳红审校,人民邮电出版社2019年版,第1—2页。

变的。中国的《易经》(指《周易》,下同)对无穷世界的解释更有其独到的深刻之处。易的最基本解是"五易":交易、变易、不易、简易、和易,即世界因"交易"而产生"变易";变易不居背后的法则是"不易"的,这个不易法则恰恰是"简易"的,交易、变易、不易、简易又同时指向永在的价值"和易"。其实,从"场域安全"的视角重新解读《易经》,我们可以发现交易、变易、不易、简易、和易五个维度外的第六维度:安易。"安"之"易"是求安保全之"易",是天地人"和合"的根本象征,是人"与天地准"的初始条件,是人安身立命的重要依托。"安易"的理想性表达是"保合太和""万国咸宁",因此,"和合"便是这变易不居的安全现象背后既不易又简易且指向"和易"进而达成"安易"的元法则。

在人类的诸多研究领域中,安全领域是最充满变数的领域之一。无论宇宙演化中的神秘事件,还是生物进化中的突变事件,都存在无数有待人们去解释的现象。对人类社会的演化来说也一样,按照巴里·布赞(Barry Buzan)的说法,无论是国际安全的重大构成性事件,还是地区安全的重大催化性事件,抑或国家安全的重大转折性事件,常常带给人类一次又一次"意外"。特别是全球性非传统安全挑战,它们给人类带来的往往是"黑天鹅""灰犀牛"效应,甚至会出现"威胁奇点""安全黑洞"等极端问题,而使既有的国际关系理论与国际安全理论"失效""失语",甚至"失范"。在此语境下,以"和合共生""优态共存"(superior co-existence)"安全共享"为基本范畴的和合主义(peace-cooperativism)构成了国际关系理论的中国范式,也为"广义安全论"的建构奠定了基础。和合主义为我们破解不确定世界的奥秘提供了一个全新的视界,并为安全研究提供了一个场景、情景与前景相融合的基底价值坐标:横轴是我们生存于其中的宇宙,纵轴是我们所处的具有多重层次的世界,斜轴是由大脑所产生的关于宇宙与价值序列的诠释。

要建构体现和合主义价值取向的"广义安全论",不能不将宇宙作为开端进行思考。人类所有的安全问题,包括生命的维系,都和宇宙的场域有关。宇宙是一个至今仍需要探索的、隐藏着"和合共生"奥秘的大"迷"。当晴朗的夜空看上去是如此寂静、安宁之时,其实你难以想象宇宙中的不安、裂变乃至巨大爆炸与黑洞吞噬正在不停地翻涌突发。仅仅一颗典型的恒星,每秒钟都会把上百万吨的质量转变为能量,而每克质量转换所释放出的能量就相当于一颗原子弹;每秒钟都会有几次超新星爆发,每次爆发的短促光亮都要超过它所在星系全部恒定恒星亮度的总和,并且会摧毁可能环绕其运行的所有行星及行星上可能存在的一切生命。以天文学的新近研究为例,人类2008年3月所测到的发生在75亿光年之外的"伽马射线暴"类型的爆炸,其范围跨越半个已知宇宙,亮度超过100万颗超新星,甚至从地球上用肉眼就可以看到其短短几秒钟的闪现。当然,难以想象的是,还有一类更可怕的天体现象,即被称为"类星体"的巨大发光体,一个大的类星体每天都会吸入好几颗恒星,极强的磁场形成通道,将一部分引力能以高能粒子流的形式释放出来,点亮周围的气体,其能量相当于1万亿个太阳。"黑洞"内部的情形更为极端,时空结构在那里被肢解得七零八落,这一切都始于约140亿年前的一次"宇宙大爆炸"。② "同宇

---

② 参见〔英〕戴维·多伊奇著:《无穷的开始:世界进步的本源》(第2版),王艳红、张韵译,王艳红审校,人民邮电出版社2019年版,第2—4页。

宙爆炸相比,前面描述的所有奇观竟然都黯然失色,微不足道,整个宇宙只不过是一个大得多的实体——多重宇宙的一个小碎片,这个实体里有着无数个这样的宇宙;……然而,所有这一切的一切,居然全都遵循着优美和谐的物理规律!"③令人惊奇的是,超新星爆发后的嬗变合成组成人体和地球的大部分元素;更令人惊奇的是,难以计数的星体产生,竟然没有出现大规模的碰撞,星体间、人体间、物体间似乎均处于整体的和合共生与和谐演化中,难道这不正是宇宙大化运演所显露的奥秘所在?

探讨具有统一解释性的"广义安全论",也不能不反观我们自身大脑的神奇与和谐。大脑是另一个至今仍需要探索的、隐藏着"和合共生"奥秘的"迷"。人的大脑是人体中最微妙的智能器官。它重约1.5千克,却包含了1000亿个神经元和10000亿个神经胶质细胞。④ 每个神经细胞的周围有1000—100000个神经元相互联系的"突触",神经元之间通过神经纤维相互连接,纤维总长度十几万公里。有脑神经专家比喻,这些突触像电路一样,具有一个能使"电子流动"通过或停止的"闸门",而大脑能够储存10万亿位的信息量,其存储能力可与1万台计算机的存储容量相媲美。美国神经科学家巴尔斯将人类大脑描述为一个能处理来自环境的各种信息的"全域工作空间",无论多么密集的信息输入,大脑的神经突触都可以从一个工作域自然地跳到另一个工作域,并且能

---

③ 〔英〕戴维·多伊奇著:《无穷的开始:世界进步的本源》(第2版),王艳红、张韵译,王艳红审校,人民邮电出版社2019年版,第3—4页。

④ 参见〔荷〕迪克·斯瓦伯著:《我即我脑:在子宫中孕育,于阿茨海默氏病中消亡》,王奕瑶、陈琰璟、包爱民译,中国人民大学出版社2011年版,第2页。

够自由切换。神奇的是,如此巨量的人类神经元竟然可以实现完美协作,产生复杂的思想与行动。大脑不仅与人体和合共生,而且还创造了无数神经科学本身都无法解释的奇思妙想。

人脑最独特的是思维意识,而迄今为止,世界顶级科学家们也无法得知人的思维意识是怎样产生的。在量子认知(quantum cognition)和量子心智(quantum mind)的研究中,有学者提出"量子脑模型",认为"意识的产生源于大脑神经元内微管中的量子振动"。⑤ 人类安全与我们的意识紧密相关,正是人类意识发现了宇宙中所有的"安全"与"不安全"。或许可以这样说,不安全的"刺激"才让人类开始产生了意识,或者说安全意识使人类成为了人类。自从人类有意识的那一刻起,安全意识便永恒地与人类伴随。即使是"战争",其实也可以被视作人类思想意识的外化,因为"战争起源于人之思想,故务需于人之思想中筑起保卫和平之屏障"⑥。因此,广义安全(pan-security)的本体深置于宇宙之中,广义安全的理论则要在人类大脑的意识中去建构。人这一小宇宙与大宇宙存在全域、全息的同构性。

"广义安全论"是以广义的视角对人类的安全本质所做的理论抽象,对人类新安全理论范式进行的新建构。"广义安全"的含义,即用"广义"的视角,考察人类自身之间、人类与"非人类"(有生命的物质、无生命的智能体、超生命的后人类)之间、人类和宇

---

⑤ 参见钱旭红等著:《量子思维》,华东师范大学出版社2023年版,第117页。
⑥ 这是用多种语言镌刻在联合国教科文组织总部大楼前石碑上的一句话。原文为"Since wars begin in the minds of men, it is in the minds of men that the defences of peace must be constructed"。

宙万物之间的和合共生规律。"广义安全论"之"广义"(pan-)在于以生生不息的宇宙关系为本体,以人类生存于其中的生态圈为本位,以立足于其中的世界社会为依托,以自身的大脑为创造动力源。

宇宙中各种星体的均衡排列及旋转最终将形成一种神奇的和谐。这种和谐性是宇宙性的直接表达,其和谐密码也必然体现在人类关系以及人类与万物的关系中。尽管人类是宇宙体系中的微小部分,但宇宙是全息的,因而在人类身上也会表现出这种体现整体和谐的宇宙性,以及在局部损伤之后进行修复,直至重新构造出新的和谐。安全是人类在意识觉醒之后,对宇宙之存在状态与人类发展状态的思考。反观人类历史的发展过程,"人类安全"与人类的生存演化相互缠绕,并成为人类命运的标志。人类发展史在某种意义上说就是"人类安全史",特别是随着人类学的安全研究在人类学中的扩展,许多人类学家用批判的眼光审视"安全",甚至正在形成"批判的安全人类学"理论,为此人类学家丹尼尔·戈德斯坦(Daniel M. Goldstein)认为:人类学史本身可以按安全史进行重写。[7]

安全与发展是与人类命运相关的永恒话题之一。时间绵延翻卷着安全的难题,空间交错改变着安全的场域。一年又一年,人类或在经济、科技的发展中"高歌猛进",或在应对一个又一个经济危机与科技挑战中"踽踽而行"。人类在经历农业化、工业化、信息化、全球化、再全球化的过程中,总是不停地求解时代发展带来

---

[7] 参见 Daniel M. Goldstein, "Toward a Critical Anthropology of Security", *Current Anthropology*, Vol. 51, No. 4, 2020a, pp. 487—517。

的安全问题。目前,随着承载着数字化、数据化、数值化的数字技术的不断成熟,人类出现了"网生代"并开始开创数字经济、数字政治、数字文化、数字社会式的赛博格世界与"元宇宙"空间,世界正在走向数字式的"网球化"(广义数据网与广义生态网)。但不可否认的现实是:人类一方面在加速智慧社会的发展,另一方面又在不断应对气候持续变暖、海平面持续升高、人口持续快速增长等导致的资源危机、环境危机、能源危机、粮食危机、生态危机以及"全球数字治理"危机。进入21世纪的当下,现实中的传统安全危机尚没有被消除,而各类全球性问题,尤其是传统安全与非传统安全相交织而导致的重重危机,却越来越让人类深陷种种存在性焦虑(existential anxiety)与前景性恐慌(foreground panic)之中。

要建构安全理论,可以选择许多不同的视角与层次,但"广义安全论"是不可或缺的。狭义的安全是指直接与主权和政权相关的国家安全,以军事武力为主要手段的传统安全。人类的发展史虽然在不同的历史节点上有不同的特征,但总体上人类安全算法呈现如下"升维"特征:战争、竞争、竞合、和合,每一次安全算法的提升即人类文明发展阶段的提升。"广义安全"视角下的非传统安全是一种"场域安全"意义上的"类安全",它既包含个体安全,也包含集体安全与人类安全;既包含国家安全,也包含人的安全(human security)、社会安全、全球安全,甚至还扩展至星际安全。面对全球性的安全挑战与威胁,"人类必须走向以类体为本位的生存方式才能走出现有的生存困境。因此,以类存在为尺度的价值目标必将成为现代化大潮中一切民族和国家必须遵循的基准坐标",广义安全所预示的"类安全"行动,必将是"以全球利益为核心的具有类价值性质的世界性行动"。⑧ 因此,"广义安全"是对"安全"在三个维度上扩展的结果:一是在领域设定维度上的不断拓展,使低政治的非传统安全领域进入国家安全的议题之中;二是在指涉对象维度上的不断深化,使"国家安全"作为唯一的基本单元或中心被超越;三是在价值整合维度上的不断融合,使"安全与发展""安全与平等""安全与正义""安全与解放""安全与自由"越来越成为安全理论研究与经济学、社会学、法学、伦理学、哲学关联的复合性议题。

和合主义作为国际关系理论的中国范式,为"广义安全论"建构提供了元范式,或者说"广义安全论"是以"和合主义"为价值取向并帮助人类实现"和合"境界的安全理论。这一理论以和、和合、和合度、和合共生、和合共建、和合共享等范畴为核心内容,力求实现人类自身的和合、人类与未来社会的"超人类"(智能机器人或人机一体化行为体)、"非人类"、"外人类"(外星文明行为体)间的和谐。非传统安全的理论图景重在对安全本体、安全转型、安全理论的扩展与深化、安全范式与安全模式的建构、安全算法的演化以及安全理念的升级进行探究。那么"广义安全论"是否可能? 又如何可能? 为回答这一问题,本书尝试以一种安全哲学的反思方式探寻和刻画理想化的非传统安全理论图景。

---

⑧ Qinghai Gao & Xiaofeng Yu,"'Species Philosophy' and the Modernization of Man",*Social Sciences in China*,Vol. 22,No. 1,2001,p. 104.

第一章　安全的本体与视界

安全本体论与安全认识论是广义安全论建构的重要前提。安全是一种什么样的"实在"？这既是一个十分重要的本体论问题，又是一个非常棘手的认识论难题。安全是"关系性实在"，关系的和合程度就是安全获得的程度。"广义安全"是呈现人与世界"关系和合度"的安全。西方与中国对安全的解读有不同的历史渊源，西方人"以理得义"，中国人"以象取义"，都对安全做出了非常有意义的解读。不同的"场域安全"视界建构不同的安全场景、情景与前景。广义谱系中的安全是一种关系性存在的适然，是呈现和合状态的共享性秩序，是行为体间的"优态共存"。

第一节　安全本体

一、安全是一种什么样的"实在"？

1. 基于主客观维度的考察

安全是一种有待于理论解释的"实在"。何为"实在"？人类在探索世界之初，把世界的"本体"之物视为实在，然而人自身处在世界之中，又如何能确定所看到的"本体"即是实在？康德为了解决这一认识论悖论,把世界分为了"物自体"与"表象世界",世界便是人为自然立法意义上的"表象世界"。现代科学从分子、原子、亚原子粒子一层层剥离,发现组成任何粒子的"能量子"(量子)居然是无定形的非物质存在,于是世界的物理性解释取代了物质性解释,现代物理学中所谓的"实在"只是量子场域中波函数坍缩时的瞬间显现。要探索安全是一种什么样的"实在",需要确立广义安全论视角,对安全做超越经典物质实在论的全景式分析,从不同维度对安全的实质性含义进行探究。

安全是"客观性实在",是呈现客观上无威胁的"外和合度"。仅仅从人的感性经验出发,我们很能认可这样一种说法:安全威胁是外在的、客观的、可观察的,即当我们面临某种来自外在客观的安全威胁——如火灾、水涝、空气污染等——时,"不安全"便成为一种全然的"客观性实在"。这些威胁实实在在地存在着,对所有人都造成伤害。在客观维度上,"客观性实在"源于人对外在客观威胁的经验性感知,呈现的是人与客观世界的某种关系,安全便是"客观上不存在威胁"的外在和合性程度(外和合度)。由于人的客观生存环境中永远存在不同层次与不同类别的外在客观性威胁,因而世界上没有绝对的安全,安全永远只是一个相对性范畴,客观环境中的"安全度"就是人与客观环境关系的和合性程度,即"外和合度"。

安全是"主观性实在",是呈现主观上无恐惧的"内和合度"。我们观察客观世界时,我们自身恰恰又在这个世界之中,因而对"客观实在"的认知是相对于我们观察者自身的,在绝对意义上它又因基于我们的"观察"而是"非客观"的,这就是"观察者悖论"。即使在经验层面,被当作为"客观实在"的威胁出现时,我们也不能排除经验主体自身对这一安全威胁的主观感知的某种"参与"甚至"建构"。假如人感知不到安全威胁,或者没有与之对应的自身脆弱性,那么人可以是处在一种对于他人是不安全而对于自己是安全的境遇中的。这就产生了因主体的感知或脆弱性不同而不同的安全判定,进入一种具有"安全中的'不安全'"与"不安全中的'安全'"的特殊情景。可见,安全威胁作为一种外在"客观实在",除了其客观性外,很大程度上还取决于该威胁能否被感知、如何被感知以及是否针对特定脆弱性而造成真的威胁。问题的复杂性在于:一旦主观"感知"因素介入安全研究,因主体的脆弱性程度与"观"的角度不同,主体本身会直接受到安全语境的影响,所谓安全就必然包含"客观"与"主观"两种因素,这时绝对的、全然的"客观安全"就退隐了,代之显现的是主观感知认定下的相对的、或然的"主-客观安全"。再进一步,当主观感知介入安全时,如果再把感知分为"外感知"与"内感知",安全的"实在性"不仅变得相对模糊,而且"威胁"就可被分为相对于主体的"外在性威胁"与作为想象对象的"内在性威胁"(如"假想敌"之类)。于是又产生了一个新的问题:外在性威胁与内在性威胁是相同语境中的同一种"实在",还是同一语境中的两种不同的"实在"?换言之,它们是外在于人的"客观性实在",还是内在于人的"主观性实在"?

"主观性实在"源于人对内在主观恐惧的体验性感知,呈现的是人与自身内在世界的某种关系,安全便是"主观上不存在恐惧"。当我们讲"客观"的时候,任何客观都是一种主体的"观",因而探究安全是何种"实在"时主观性是占主导的,于是"观察者悖论"导致了"客观性悖论"。然而,人是一个"有限性存在者",他的主观感知难以达到全维意义上的绝对程度,主体内在心理的"安全度"也只能是用人与自身关系的"和合度",即"内和合度"来表示。因而,在主观维度上,安全是基于语境(场景、情景与前景)的具有概率性的"景象判断",这种判断既有赖于主体的脆弱性对外界的投射程度,也有赖于主体的能力对当下威胁的回应程度。即使处于同样的客观环境或面对同样的客观威胁,不同的主体也会呈现不同的心理映射与对安全威胁应对的不同能级,使得同一环境中不同主体的"内和合度"具有差异性。

2. 超越主客观维度的考察

超越主客观维度考察安全的主要有主体间性、意向性维度,以及融合所有实在性诠释的关系性维度。如果我们把威胁的来源置于社会场域的特定关系之中,那么对安全威胁的考察就更趋复杂,更有意义,除了考察安全的"客观性实在""主观性实在"外,我们还需要进一步考察它是何种基于主体间关系建构的"话语性实在",或是一种基于"安全场域"特定语境中的"意向性实在",以及统合所有实在判定的"关系性实在"。不管这五种判定对安全威胁有多少种不同的描述,至少这五种安全威胁的实在类型都是安全本体论与认识论所要首先澄清的问题。

安全是"话语性实在",是呈现主体间关系和合的"群和合度"。在主体间性的维度上,"实在"源于人与其他行为体之间的相互感知、认同与互构,呈现的是人与其他行为体之间的特定关系,安全便是社会场域中主体间建构的、呈现"主体间不存在冲突"的和合状态。这种和合取决于"话语"(discourse)建构,话语本身是对主观与客观的超越,构成话语的言语行为(speech-act)是当下显现安全与否的关键因素。巴里·布赞认为,安全研究中的首要问题是把话语安全与客观安全、主观安全相区分,安全作为言语行为自我指涉的实践,"话语"才是安全的依托,因而"国家安全不再是简单的分析国家面临的威胁,而是分析特定'国家'的具体身份是如何产生及再现的"①。矛盾运动是宇宙存在的基本方式,由矛盾导致的冲突永远存在,安全与否是由行为体间的认同相互建构的,安全只是一个体现主体间关系的相对性范畴,这其中具有社会建构性的"话语"起着关键作用,通过话语实现的任何冲突的弱化、消解、转和、趋合等才是主体间安全性获得的标志。由此,安全作为"话语性实在"是社会场域中行为体间的和合性程度,即"群和合度"。

安全是"意向性实在",是呈现"类意识"与"类安全"的"类和合度"。在意向性(intentionality)②维度上,"意向性实在"是人与客体世界长久交互而形成的,源之于人的"类意识",即在特定语

---

① 〔英〕巴里·布赞、〔丹〕琳娜·汉森著:《国际安全研究的演化》,余潇枫译,浙江大学出版社2011年版,第154页。

② "意向性问题"涉及现象学哲学与量子社会科学讨论的范围。在现象学中,意向性特指意识对其对象的共时发生的指向性,意识意向某对象意味某对象向意识显现自身。在量子社会科学中,意向性指意识的涌现特性,因物理性与心理性不相容,所以意识是经典世界观下的"反常"性奇迹。亚历山大·温特认为,"意向性所指的是,诸如信念、愿望、意涵这些心理状态内在都是'关于'或指向超乎其上的事物,无论是世界中的真实客体、人们心灵中的想象,或是他人的心灵。……只要制度被理解为集体意图,那么意向性便也同样存在于宏观层面";"如果我们在经典物理学约束的框架下进行社会科学研究,那么意向性现象在我们的研究中便没有任何地位。……如果意识不能与经典世界观取得协调,则意向性问题便不存在于用经典方式所构想的社会科学当中"。(〔美〕亚历山大·温特著:《量子心灵与社会科学》,祁昊天、方长平译,上海人民出版社2021年版,第19—20、14—15页。)

境中的先天性感知。这种意向性感知涉及现象学研究,其呈现的是人与客体世界的某种先在的本质性关系。人类之所以有"类意识",是因为人具有独有的作为"类存在物"的类特性。首先,人的类特性与物的类属性有根本区别。物的类属性是固有的本然性,是一种限定性的概念,而人的类特性是一种超越性的概念,"自由的有意识的活动恰恰就是人的类特性"③。其次,人类的类特性与动物的种特性也有根本区别,类特性正是基于对种特性的否定而生成的。种特性刻画的是动物的存在属性,即本质先定性、无个体性、与生命活动的直接同一性等。例如,蚂蚁会做各种类似于人类的修路、制定交通规则、进行流水线工作等事情,"但蚂蚁之间的和平取决于其无与伦比的征战和屠杀本领,而单从数量上来说,蚂蚁因战争带来的伤亡超过人类历史上最可怕的事件"④。蚂蚁的外交政策可被概括为:永无休止的侵犯、武力夺取地盘以及尽其所能消灭邻近群体,如果蚂蚁掌握了核武器,它们很可能在一个星期内毁灭世界。⑤ 与种特性相反,类特性刻画的是人的存在属性,即本质的后天生成性、个体性、生命活动的自我否定性等。人类的类特性表明呈现"类和合度"的"类安全"才是安全的本质所在,因此安全还有比"客观性实在""主观性实在""话语性实在"更为深刻的内涵。

---

③《马克思恩格斯全集》,第3卷,人民出版社2002年版,第273页。

④〔美〕马克·W.莫菲特著:《从部落到国家:人类社会的崛起、繁荣与衰落》,陈友勋译,中信出版社2020年版,第413页。

⑤ 参见〔德〕贝尔特·荷尔多布勒、〔美〕爱德华·威尔逊著:《蚂蚁的故事》,夏侯炳译,海南出版社2003年版,第63页。

亚历山大·温特(Alexander Wendt)从量子理论视角给出安全是"意向性实在"的判定,认为"国家是一个社会体系,一方面由围绕特定语言形式(公民身份、属地、主权等)组织的社会结构构成,另一方面由参与这一话语体系的人(公民和外来者)的无数实践构成";"国家是一种波函数,被数百万人非定域地跨越时间和空间共享,但就其本身而言,它只是一种潜在的实在,而非确定的实在";"国家是一个意向性客体或概念"。⑥因此,对国家的意向性认知体现着人类的"类意识"程度。"类意识"是人类在自身演化过程中所升华成的类生存意识,因而安全是具有代际传承性的意向性范畴,行为体在类意识中的和合性程度就是具有本质性意蕴的"类和合度"。

3. 安全是"关系性实在"的探究

安全是"关系性实在",是呈现人与世界"广义性联系"的"关系和合度"。人类对安全的认知经历过从客观性"外在"、主观性"内在"、话语性"同在",到类范围的意向性"共在"的不同逻辑阶段,其具体的演进过程似乎比较复杂,需要通过一部专门的安全演化史来阐明,但不管是何种类型的"安全实在",从中国关系主义本体论视角看,安全总是作为一种"关系"而得以呈现。"凡一切实存的事物都存在于关系之中,而这种关系乃是每一实存的真实的性质。"⑦"天人合一"是中国对世界最典型的整体性关系视角的解读;一贯三者为王,所谓王者,是天、地、人关系贯通之人,能统

---

⑥ 〔美〕亚历山大·温特著:《量子心灵与社会科学》,祁昊天、方长平译,上海人民出版社2021年版,第306、311页。

⑦ 〔德〕黑格尔著:《小逻辑》,贺麟译,商务印书馆1980年第2版,第281页。

摄天、地、人秩序的便是"王道";同样,仁者,二人也,遵循人与人之间的伦常关系便是仁者,"仁者爱人"是中国对社会最典型的伦理性关系视角的解读。

以中国的围棋为例,"布满棋子的围棋棋盘很像是一个儒家心目中的世界,每一颗棋子都与其他棋子联系在一起,相互关联的棋子和棋盘共同构成了一个围棋的天地。围棋和其他棋弈游戏最大的不同是,围棋的任何一颗棋子在下子之前,即放在棋盘上面之前,是没有任何预设身份的,也没有任何先在的属性和特征。所有围棋棋子看上去都是一样的,只有黑白之分,没有具体特定的身份。……但棋子一经放入棋盘,就根据与其他盘中棋子的关系具有了身份和角色,获取了自身的意义。围棋是一种游戏,但反映了一种思维方式,反映了一种宇宙观,也反映了一种对个体身份和角色的理解和诠释"⑧。为此,与西方将世界视为一个由"原子式"个体构成的弹球组合不同,中国人将世界视为一个"共在先于个在"的关系网络,整体不可分割,关系建构了实体,个在不重要,个在之间的关系"和合度"的获得即安全的获得。

再以国家安全为例,"主权是国家经过协商而达成的一种关系"⑨,国家安全的认知源自其在国际体系中的关系判定与国内社会关系中的角色定位,引发冲突并直接影响国家安全本身的是国家在关系上的"非兼容性"。国家的本质与人的本质一样,"并不是单个人所固有的抽象物,在其现实性上,它是一切社会关系的

---

⑧ 秦亚青著:《世界政治的关系理论》,上海人民出版社2021年版,第173页。
⑨ 〔美〕戴维·莱克著:《国际关系中的等级制》(第2版),高婉妮译,上海人民出版社2021年版,第176页。

总和"⑩。彼得·瓦伦斯滕(Peter Wallensteen)在研究国家关系与国家冲突相关性时指出,从地缘政治角度看,地缘关系邻近性程度高的国家更容易引发紧张状态和战争;从现实政治角度看,处于结盟中的国家更容易参与到联盟的国际冲突中,甚至结盟关系有时会超越地缘关系对国家利益的诉求;从理念政治角度看,民族主义国家与非民族主义国家、民主国家与非民主国家之间的关系较为难处,它们之间会存在更多的紧张与冲突;从资本政治角度看,已完成工业化与处于工业化进程中的国家之间,会因产业竞争、商贸竞争乃至整体的工业化竞争而引发更多的国家间竞争、冲突乃至战争。⑪在国家发展的动态结构中,国家的"施动",如持"赞成""反对"或"弃权"态度,都表明国家对于某种"关系"的判定与选择,进而影响国家自身的身份确定与安危。可见,与国家安全相关的不仅有客观性因素(土地、人口、文化传承等)、主观性因素(如对国家身份认同持有的信念以及相应的制度设定、时局判定、国际体系中的角色确定等)和社会建构的话语性因素(如话语结构、言语信息传播与言语行为施动等),也有根置于类意识的意向性因素(如国家的象征符号意向、以国家或其他单元为认知单位的"我们感"、非法律意义上存在的"国家感"、跨越时空的"集体自尊"向度、人类共同体、地球村等),这些不同维度的因素统合于一体,便凸显出总体性"关系"才是国家安全的实质。

---

⑩ 《马克思恩格斯选集》,第1卷,人民出版社1995年版,第56页。
⑪ 参见〔瑞典〕彼得·瓦伦斯滕主编:《和平研究:理论与实践》,刘毅译,北京大学出版社2014年版,第48—67页。

基于关系的视角,对上述不同安全本体的实在性判定做一统合,凡客观的、主观的、话语的、意向的实在及其不同组合均可被归入不同层次与类型的广义关系之中,或者说广义安全论秉持的是"关系本体论",安全的实质是"关系",安全的本体是"关系性实在"。在社会场域中,安全与伦理中的权利、哲学中的正义、政治中的自由、经济中的保障、社会中的平等以及生活方式中的人类文明阶段均紧密关联,所以在安全哲学上可以对安全实在性的不同判定做一统合性的把握,把上述关于安全的不同种实在类型包摄进去,即安全在本体论意义上是一种"关系性实在",其关系的和合性程度即安全所能达到的程度,由此可以推论:安全是"关系和合度"的加和。其表达式为:

安全=Σ关系和合度
　　=Σ(外和合度+内和合度+群和合度+类和合度)

或者更确切地说,安全是以关系和合度为自变量的函数,其更抽象且简约的函数表达式为:

$$S=F(H)$$

其中 S(Security)表示安全,H(Harmony,或为汉语"和合"拼音 héhé 的首字母)表示关系和合度,F(H)是以 H 为自变量的函数,其中 $H=\Sigma(h1+h2+h3+h4)$,h1、h2、h3、h4 分别代表外和合度、内和合度、群和合度、类和合度。

二、西方人如何感知"安全"?

1. 安全是"内在性安宁"与"先在性权利"

西方人对安全的理论思考起源于古希腊时期,并经历了一个不断演变、转换的发展历程。乔纳森·赫灵顿(Jonathan Herington)在《安全概念:自由、恐惧和国家》⑫一文中从哲学视角对"安全"含义做了比较详细的词源学考证。他认为,从古希腊罗马时期到近代,西方人对安全含义的界定与拓展经历了内在性安宁、先在性权利、外在性保证的演进过程,并且每一阶段都充满对安全本体论意义的寻求。

安全是一种内在性安宁。在古希腊时期,安全首先与人相关联,表达安全的词是 $\alpha\tau\alpha\rho\alpha\xi\iota\alpha$ 或 $\alpha\tau\alpha\rho\alpha\chi\iota\alpha$(ataraxia),意为"不慌乱,镇静,镇定"⑬,基本的含义可引申为安宁(calmness)、冷漠(impassiveness)或不被打扰(undisturbedness),并且该词据说与古希腊哲学家伊壁鸠鲁的享乐主义传统相关。伊壁鸠鲁派作为"花园哲学家"把获得 $\alpha\tau\alpha\rho\alpha\xi\iota\alpha$ 看作一种纯粹的心理内在状态,这种内在状态不仅能解除个体所处环境中的具体事务的束缚,而且还能不被公民生活中的太多参与所干扰,追求一种远离公民社会的平静、反思的生活,所谓安全便是"毫无纷扰"与"全然安宁"。由此,希腊人为了追求至高的安全,相应地提出了宇宙理论、世界主义、世界公民、人类自我意识等一系列超越性概念。古希腊哲学家苏格拉底作为"人的形象的代表者"(马克思语),把哲学从天上拉回地上,认为最难的事是"认识你自己"。苏格拉底之死正是他对生死安全观的一种独特诠释,他认为正义是

---

⑫ Jonathan Herington, "The Concept of Security, Liberty, Fear and the State", in Philippe Bourbeau (ed.), *Security: Dialogue Across Disciplines*, Cambridge University Press, 2015, pp.22-44.

⑬ 罗念生、水建馥编:《古希腊语汉语词典》,商务印书馆2004年版,第128页。

高于安全的。所以在古希腊先哲那里,安全首先是一种意向性意义上的"类和合度"的获得,这是"类安全"意识在古希腊人中最初的觉醒。

安全是一种先在性权利。到了古罗马时期,财富获得成为普遍现象,私人权利的保护受到重视,尤其是罗马法中的市民法以及后来的万民法都是对私人权利进行规制。古罗马时期,表达安全的词是 securitas,这是 security 一词在词源学上的直接来源。它的基本含义是"免于顾虑"(freedom from care)的心灵状态,即与政治的、商业的和社会的低俗追求不相关的平静、反思、高雅的生活状态,由此 securitas 表达的是对理想与高雅生活状态的追求,是人的"至高愿望的对象"(object of supreme desire)。与古希腊相比较,古罗马的 securitas 与希腊的 αταραξια 基本同义,但有所发展,除了心灵的安宁状态外,开始有了心灵自由状态的含义,使得安全有了成为可能的具体环境里的自由的含义。于是 securitas 开始被用来指称"身体安全与政治自由",安全成为一种相对于社会的先在性权利。为了宣扬这种景象,罗马硬币上还铸有 securitas publica 和 securitas perpeta,以表明古罗马帝国向公民昭示的"公共安全"与"永久安全"。于是安全开始有了"外和合度"的含义。

安全是一种主观性感受。事实上,英文 security 形成之时是希腊语 αταραξια 与拉丁语 securitas 的两种含义的整合,但主要还是指无外在顾虑的心灵状态,凸显的是一种心理学意义上的气质或习性。在现代法语中,sécurité 主要表征的是安全感(the feeling of being safe)。在西班牙语中,seguridad 同样是安全感的意思。引申到国家安全,主观恐惧便是不安全的等价词,"在所有国家利益中,最根本的是生存和自我保护……国家安全是一个相关的,但意义更广的结果,因为它不仅仅包括生存,还包括国家生存能力。安全从最广意义上说是主观的,是没有恐惧的状态……"⑭。安全在这个维度上其"内和合度"含义表现得比较明确。

2. 安全是"外在性保障"与"整体性安然"

安全是一种外在性保障。在随后的历史发展中,西方人关于安全的理解大多源于罗马的"免于顾虑"的含义,并在此基础上进行扩充,于是有了更丰富的内涵与价值化表达,如安全有时可被用来表达对平静这一智慧的赞赏,有时还可表达无忧虑或盲目自信。值得一提的是,早期基督教用 securitas 来表示对原罪的一种确信,这一含义在早期英语的 security 中也有所体现。在不断扩展的语用实践中,securitas 在与外部世界关联性不断增强的同时,也获得了一种"免于忧虑与恐惧"的相对消极的内涵。到了前启蒙时期,securitas 则有了明确的内在安宁、权利获得与免于恐惧的多重含义。与之相应,安全作为一种外在性保障,即"外和合度"含义被较充分地凸显出来。

但启蒙时期之后,英语中的安全概念基本没有"心灵状态"这层意思,而是更多地与另一个希腊词 ασφαλεια 或 ασπηαλεια(asphaleia)相关联。该词的词典解释是"稳定,无危险,确实"⑮,

---

⑭ 〔美〕尼古拉斯·格林伍德·奥努夫著:《我们建构的世界:社会理论与国际关系中的规则与统治》,孙吉胜译,上海人民出版社2017年版,第240页。

⑮ 罗念生、水建馥编:《古希腊语汉语词典》,商务印书馆2004年版,第128页。

其引申含义是"保证金"等,意指身体或事物以及城邦所保有的客观稳定状态。安全与 ασφαλεια 相关联,还可以在许多重要的著述家中得到验证。乔纳森·赫灵顿在解译安全一词的演进过程时特别举例说,修昔底德在《伯罗奔尼撒战争史》一书中反复用该词表达城邦的稳定与不被推翻,这也是国家安全概念的源起之处;霍布斯在《修昔底德的生平与〈历史〉》(1628年被译为英文)一书中直接把 ασφαλεια 译为保证(assurance)、保护(protaction)、保险(safety)、安全(security);在《利维坦》一书中明确把安全解释为"联合体"(common-wealth)的终止,即公民"免于战争的苦难"。与此同时,霍布斯也把拉丁语的 securitas 理解为"客观安全"(physical safety),采用的是修昔底德的含义而非伊壁鸠鲁派的含义,他强调国家的合法性在于有能力保护公民"不受外来侵略,不被其他人伤害"。[16]

如今英语中关于安全的比较通用的词汇有:形容词 safe,其含义是免于危险、伤害与损失的状态;名词 safety,其基本含义是安全的条件以及免于危险与伤害,条件的实在性被加入到安全的内涵中;另一个在学术文献中用得很多的名词是 security,其基本含义是免于危险、受攻击与未来风险的条件和感觉,以及确保此条件与感觉的努力与分享,应该说是外在实在与内在状态的整合。[17]随着

---

[16] 参见 Jonathan Herington, "The Concept of Security, Liberty, Fear and the State", in Philippe Bourbeau (ed.), *Security: Dialogue Across Disciplines*, Cambridge University Press, 2015, pp. 22-44。

[17] 参见 Sally Wehmeier Chief Editor, *Oxford Advanced Learner's Dictionary of Current English*, Oxford University Press, 2005, pp. 1338, 1339, 1372。

人类社会的发展,西方人对安全的理解渐渐趋于宽泛,安全内涵进一步扩展,除了主观性安全、客观性安全,更多关注的是主体间性或行为体间的建构性安全,特别是新近安全研究中的哥本哈根学派、后结构主义更多地关注和强调完全不同于客观安全与主观安全的"话语安全",后建构主义、后人类主义(posthumanism)⑱更多地关注和强调"意向安全""后人类安全"。至今,安全日趋广义,是包括内在性、外在性、内外互构性、意向性、后人类性的"整体性安然",因此安全是内和合度、外和合度、群和合度、类和合度的汇聚融合。当然,使用安全一词的语境不同,其和合度的侧重不同。

三、中国人如何感知"安全"?

1. "安"的"以象取义"

与西方人用理性思维的逻辑去界定安全并揭示安全是什么样的"实在"不同,中国古代先贤用悟性思维去直接表达特定关系语境中的安全,以揭示安全的"象征"含义。这种将天、地、人关系融合于天人合一关系中的"混和象征状态"是总体的、可悟的,自然也是比较模糊的,这正是中国人追求"关系和合度"的"总体安全观"和原初形态。

中国人对安全的感知可在汉语"安"字形态的变化中窥见其端倪:

---

⑱ 参见 Cary Wolfe, *What Is Posthumanism?*, University of Minnesota Press, 2010。

表1-1 汉语"安"字的演化

甲骨文	篆体	隶书	楷书	草书	行书
𡨅	宩	安	安	安	安

甲骨文是中国最早成体系的象形文字。在甲骨文中,"安"字是屋子里有女人安居其中。在甲骨文中,"⌒"表示屋顶,"𡨭"表示女人,安则表示一个女人坐在屋顶下或者说是蹲在屋子里,这可以广义地诠释为"有女人居住在屋子里"象征安全。这可能是人类源起于母系社会、女人做主家中最早的文字象征。在之后的文字演化中,"安"字一直保持着这一象征状态,并成为中国人安全文化的基因密码。

从"以象取义"的角度看,这一象形词表达的状态有何象征性意涵?众有周知,在远古时代,人们以穴居为生,而穴居洞中易受飞禽走兽袭击或恶劣气候的威胁,后来先人们发明房屋,自然居住于屋内能躲避风雨便是一种莫大的安全,加上原始初民时代的母系社会中,女人的地位往往高于男人,因此女人"安居家中"便成为安全的一种象征。到了父系社会,虽然男人的地位开始高于女人,但有意思的是,让女人安居家中象征着安全这一文化心理表达却被保留、沿用下来。即使到了今天,男女平权,甚至女性同时要挑起工作与家庭的双重担子,责任更大,但中国人仍然接受这样的"安全意涵":有一个遮风挡雨的安稳平和的家,特别是母亲、妻子、女儿能安居家中,便是安全所希求的典型象征。历经沧桑变迁,无论社会如何更替,无论汉字字体如何变化,"安"字一直保留女人安居家中的象形体。当然从女性主义角度诠释,也可以做一种富有意义的文化猜想:把"安"理解为在当代中国女性,特别是城市里的女性,往往能主宰家庭而有着生活上与文化上支配性的居高地位。

在对"安"字演化的诠释基础上,可以得出"安"的首要延伸含义仍是"安居"或"居安","居而安者,《易》之序也"[19]。于是对中国人来说,"安居"具有优先性,"安居"才能"安定",如《尔雅·释诂下》说"安,定也"。由此可知,"居有定所"即安,"居无定所"则不安。这不仅与古代中国人以农业为主要生活方式的特征相适应,而且也模塑了中国人"安土重迁"的"黎民之性"与"静胜于动"的文化品性。[20] 中国人对"安"字可谓情有独钟,由"安"字可引申出一长串与之相关的词语,如安稳、安于、安适、安息、安放、安定、安宁、安谧、安忍、安身、安康、安心、安危、安厝、安利、安燕、安重、安顺、安享、安闲、安慰、安置、安装、安逸等。[21]与此相应,在共在先于个在的整体论思维模式下,中国人形成了国家是最大的"家"并且安居首先是"国之家"的安居的文化意向,从而铸就了天下之安、社稷之安、国家之安重于家庭之安的文化传统。正如《荀子·王霸》中所说"国安则民无忧"。

除了"安居"之意外,安全的"以象取义"还可以从龙图腾的代代相传中获得启示。考古发现,龙图腾是中国八千年前新石器时代的文化遗存。龙图腾是中国人从"和合"来解读安全的重要文

---

[19] 《周易·系辞上》,《周易》,郭彧注译,中华书局2006年版,第357页。
[20] 《汉书·元帝纪》:"安土重迁,黎民之性;骨肉相附,人情所愿也。"
[21] 《古代汉语词典》编写组:《古代汉语词典》,商务印书馆2003年版,第9—11页。

化源头。每一个民族的源起都有自己的图腾,并以图腾作为"保安求全"的象征。中华民族的龙图腾具有高度的"和合"特征。据传,龙图腾的创造是基于伏羲统一古代华夏各个部落后集成各部落图腾的结果——龙也者,蟒蛇身、鳄鱼头、雄鹿角、猛虎眼、红鲤鳞、巨蟒腿、苍鹰爪、白鲨尾、长须鲸的须。㉒可见龙是众部落图腾的"和融图"与动物图腾的"集合体","和合"便是安全。"龙图腾的形象作为中华民族诸种动物图腾的'和合',表达了中华民族团结、凝聚各种力量,形成集中统一的深切愿望与和衷共济的思想"㉓。因而,龙图腾作为中华民族的和合文化的意象源起,象征天地人之间的万安之全,是中华民族以"和而不同"达成"和合共生""和衷共济""和融共享"的至善境界的深刻表征。

无论从安的以象取义,还是从龙的和合象征来解读安全,安全的含义在中国人看来基本上是一种"关系和合度",这与中国人的"天人合一"观、整体论、阴阳和合说、王道理念、中庸原则、和为贵立场等思想观点与价值取向都相吻合。

2. 安全的语汇与意涵

在中国人的生活用语中,"安"字常常不单独使用,而是与"全"合成"安全"这一词组,多用来表达安全意涵的全部。对安全这一词组做直白的字面解读,即"无危则安,无缺则全"。

"全"字在《说文解字》中被解释为:从人、从王、纯玉曰全。《古代汉语词典》对"全"的解释是:纯色玉,完整、完备、完美,保

㉒ 参见白卓然、张漫凌编撰:《中国历代易学家与哲学家》,黑龙江人民出版社2018年版,第4页。

㉓ 徐鸿武、谢建平编:《和合之道》,中国人民大学出版社2016年版,第65页。

全、成全,整个的、全部的,都、全都等。㉔在现代的汉语词典中,"全"的含义经过扩展包括以下几个方面:一是完备,齐备,完整,不缺少;二是齐全;三是整个,遍;四是都;五是使不受损伤等。孔子对君子如何达成"全"做过非常深刻的揭示:"君子安其身而后动,易其尽而后语,定其交而后求;君子修此三者,故全也。"㉕由是,安全的本意可以这样概括:完备无缺、没有威胁、不受损伤。《现代汉语词典》对安全的解释更是简洁:没有危险,不受伤害,不出事故。㉖

中国还有不少与安全相关的脍炙人口的成语。首先,直接以安字开头的成语就有百条以上,如安然无事、安枕而卧、安居乐业、安土重迁,安邦定国、安如磐石、安如泰山、安身立命、安贫乐道、安步当车、安然无恙、安之若素、安不忘危等。其次,与安全含义相关的成语则多达数百条,如国泰民安、长治久安、居安思危、危而不持、危机四伏、危在旦夕、随遇而安、相安无事、心安理得、天灾人祸、天下鼎沸、天下大乱、有备无患、天下太平等,其中有些成语产生的特定语境是直接指涉王朝兴亡、国家安危、天下安定与否等。

在中国历史上,安全的重要性与价值优先性还体现在许多地名直接以带安字的词组命名,如海南省的定安县,福建省的永安市、福安市、南安市、惠安县、安溪县,浙江省的临安市、瑞安市,江西省的吉安市、高安市,江苏省的淮安市、海安县,山东省的泰安

㉔ 《古代汉语词典》编写组:《古代汉语词典》,商务印书馆2003年版,第1294页。

㉕ 《周易·系辞下》,《周易》,郭彧注译,中华书局2006年版,第392页。

㉖ 字词语辞书编写组:《现代汉语词典》,湖南教育出版社2016年版,第6—7页。

市,安徽省的六安市、安庆市,贵州省的安顺市,四川省的广安市、雅安市,湖北省的红安县,陕西省的西安市、延安市、安康市,河北省的武安市、迁安市、怀安县,河南省的安阳市,吉林省的大安市、集安市;黑龙江省的宁安市、北安市等。许多建筑也直接以安字命名,以表示安全在人们特别是统治者心目中的重要地位与祈福情怀。以北京为例,除了天安门、地安门,还有左安门、右安门、东安门、西安门、广安门、安定门、永安门等。对于中国人来说,安字是太平无事的表征,吉祥如意的昭示;安字更是宁静和谐的向往,生命和合的期盼。

当列举如此之多的关于安全的词组与成语时,不免会产生一种空泛感,但其实"一个民族赖以生存的条件和限制因素必然反映在语言和行为里"[27]。中国人的安全概念体现在语言和生活方式之中,具有非常丰富且渗透于其中的物理场景、文化情景与时序前景的内在逻辑。以"时安"一词为例,该词常用于正式的贺辞里,寓意"在不同的季节,和平与安宁具有不同的风味",即安全有时间性、空间性、文化性,安全镶嵌(embeddedness)于场景、情景、前景的多重维度中;中国人"把所有的生命要素都置于一种复杂的相互联系的网络中。由此,五色、五声、五嗅和五味都连接了起来,而这每一种感觉都与内部器官一一对应。作为开动国家机器的联动装置,皇帝及其大臣为了保证他们所负责的天地之间的关系免受一切有害的影响,并始终适合于年、季、月或太阳周(solar

---

[27] 〔法〕克洛德·拉尔著:《中国人思维中的时间经验知觉和历史观》,载〔法〕路易·加迪等著:《文化与时间》,郑乐平、胡建平译,浙江人民出版社1988年版,第31页。

period)的特定时间所要求的特性,步调一致地工作着"㉘。这就是置于世俗时间、空间与文化中具象"安全"的重要性。值得一提的是,中国人想象中最安全的地方恰恰又不在世俗之中,而是在神话中的"世外桃源""蓬莱仙境"等无人间瓜葛之地。所以从意境上讲,中国人指的安全或是现实中的"总体性适然",或是理想中的"逍遥式自由"。

另从社会心理学角度分析,无论地名还是建筑名,使用了这么多安字,恰恰说明中国在历史演化中充满着极度的不安全。中国历史上曾发生过无数次大规模战争;地大物博的中国也是自然灾害频次最高与烈度最大的国家之一,可以说神州大地也总是荒情不断、灾祸连连。加上千年皇权的专制统治,古代人民的生命权利得不到根本尊重。五千年灿烂文明的背面附着的是一幅绵绵不绝的"天灾人祸"图。

中国已数十年未发生战争,经济发展也走在世界前列,但种种与日常生活相关的诸如空气、水、食品、药物等非传统安全威胁仍使人们安全的"获得感"大受折损。加之全球性问题与地区性冲突的严峻挑战,人们"存在性焦虑"与"前景性恐慌"的本体不安全(ontological insecurity)十分严重。若要有效应对现实安全危机,统筹可持续发展与可持续安全,确保高质量发展与高水平安全,通过提升安全能力以应对种种安全危机,就要建构"广义安全论"的安全视界,不断扩展与深化安全理论的研究。

㉘ 〔法〕克洛德·拉尔著:《中国人思维中的时间经验知觉和历史观》,载〔法〕路易·加迪等著:《文化与时间》,郑乐平、胡建平译,浙江人民出版社1988年版,第34—35页。

第二节 安全视界

一、安全的"场"与"景"

1. "和合度"与"场效应"

理论的视界决定对事实解释的深度与广度。何为"视界"？视界是观照研究对象所企及的范围，或者是一个学科性的独特范畴所能表达的构造性"场域"。柏拉图《理想国》的视界是"理念论"及整合哲学、伦理、教育及政治等的"城邦正义"；亚里士多德《政治学》的视界是以"政治理论与政治体制"为要的"城邦政治"。研究安全理论首先需要对安全视界进行探究。

安全作为"关系性实在"，是总和共享的"关系和合度"，因此可以给安全下一个描述性的界定：安全是呈现和合状态的共享性秩序。和合状态、共享、秩序是解读这一安全界定的关键词。"和合状态"表明系统中的要素在根本上不是相互排斥的而是相互融合的；"共享"表示"无危无缺"的某种程度；"秩序"表明行为体间存在共生关系，意味着系统内部的稳定性和可预见性，"在一个情景中某些事情比在其他的情境中发生的可能性要大得多，而其他的事情更不可能发生或者是根本不可能发生，有且只有在这种情况下，我们才能把这种情景称为'有秩序'的"[29]。由"秩序"形成

---

[29]〔英〕齐格蒙特·鲍曼著：《流动的现代性》，欧阳根景译，上海三联书店出版社2002年版，第84页。

的安全系统具有其结构性与生成性,安全实质上是呈现镶嵌互构的安全场域中保持和合状态的共享性秩序,其和合有序性程度就是安全的实现程度,"关系和合度"是安全程度的总体性标示。

"关系和合度"的获得与行为体所处的场景、情景及前景有着紧密的关联。安全不仅有客观性与主观性交织的时空"场景",而且有主体间性建构的文化"情景",还有与意向性关联的未来"前景",或者说安全是自然-文化-未来(nature-culture-future)三维一体化的关系场域。解读好安全的"场"与"景",透彻了解"安全场域"的"场效应"与演进趋向,有利于深入理解广义安全的要义。

天地万物、人间万事无不在"场"中,极宏观的有宇宙场(万有引力场),极微观的有量子场。海德格尔认为,人是被抛到这个世界上来的,人的存在无论如何都是一种不可逃避的命运"在场"。按"场有哲学"解释,生命是一种"场有"[30]。那么安全与生命一样,其实也是一种"场有"。从"场"的视角来审视作为关系性实在的安全,安全是基于"共生"前提的和平、和解、和好、和谐与和合的"在场",或是风险、威胁、危机、灾难与灾祸的"不在场",反之亦然。

"场"是一个在日常生活中出现频率较高的用词,其含义一是指空间域,如场地、场所、体育场等;二是指时间点,如开场、出场、闭场等;三是指价值网,即人们出于价值追求的需要而为之从事和投入资源的关系网络,如商场、官场等。在物理学中,"场"是一个

---

[30] 唐力权在怀特海的过程哲学基础上提出"场有哲学",强调生命现象是一种"场有现象"。(参见唐力权著:《周易与怀德海之间——场有哲学序论》,辽宁大学出版社1997年版。)

表达事物在特定空间与时间中具有某种关系特征与状态的称谓,如"电场""磁场"等。物理场的特征有四:一是场的分布状态延伸至整个空间,有"全空间"特征;二是场作为一种动力系统具有无穷自由维度,有"多变量"特征;三是场是一种其量值因时空而变的强度存在,有"量值性"特征;四是场还可以是与时间变动相关联的函数关系,具有"时变性"特征。场的这些物理特征构成了物理运动特定的"场效应"。

在安全研究中引入"场"的范畴,可以很好地揭示以关系和合度为变量的各种安全状态。社会领域中用"场域"来替代"场"概念,表明除了场的物理特征与状态外,还叠加了人的活动所表现出来的社会关系的专有性质,因此更能具象地反映安全作为社会关系范畴的多重性与复杂性。"场域"范畴较之"场"的概念更好地表征了安全要素构成的社会关系的集合特征与和合性程度。布尔迪厄对"场域"的界定是:"在各种位置之间存在的客观关系网络,或一个构型(configuration)。……其根据是这些位置在不同类型的权力(或资本)的分配结构中实际的和潜在的处境,以及它们与其他位置之间的客观关系(支配关系、屈从关系、结构上的对应关系)。"[31]可见,关联着众多行为体的安全不仅是一事一物的没有危险或威胁"可能"的持存状态,而且是与事物相关联的没有危险或威胁"关系"的持存状态,是基于场域的总体性"和合度"达成。

对场域的安全性考察关涉物理、文化、价值等多重时空关系。

---

[31] 〔法〕皮埃尔·布迪厄、〔美〕华康德著:《实践与反思——反思社会学导引》,李猛、李康译,中央编译出版社1998年版,第134页。

有学者认为,"场域"代替"环境""语境"和"社会背景"等话语,为寻究经验事实背后价值博弈的潜在模式和关系性逻辑提供了新的分析工具。㉜"安全场域"与"场域安全"这两个重要范畴不仅使得安全是一种"关系性实在"在现实中得以成立,而且还使得场域中各要素在安全互构中形成不同和合度的"场效应"。借用现代物理学"希格斯场"的比喻能较确切地说明"广义安全论"的图景:"在宇宙之初,所有的粒子都没有质量,电子、夸克还有其他所有粒子都像光子一样没有质量。随着宇宙的演变,粒子通过所谓的希格斯机制'获得了质量'","宇宙发生了膨胀,无质量的粒子集合体冷却,在发生自发对称性破缺后出现了希格斯场,粒子开始表现得仿佛是有质量,然后我们人类也产生了"㉝;同样,安全行为体作为独立要素而存在时,没有进入"关系场域",并没有任何安全问题,一旦进入了某个"关系场域",便获得了相对于其他参照物的"安全性",在场域各要素间的镶嵌与互构作用下,呈现某种和合度的安全"场效应"产生了,众多安全行为体聚合成塑造安全的力量,奏出跌宕起伏的安全"场效应"之交响曲。由此,在广义安全的视角中,万事万物的演化都是场域关系的演化,所谓安全就是呈现"场效应"的"关系和合状态",和合度圆满状态是最安全状态。

2. 安全的场景、情景与前景

基于场域理论,对安全展开物理时空、文化时空、价值时空的

㉜ 参见〔美〕戴维·斯沃茨著:《文化与权力:布尔迪厄的社会学》,陶东风译,上海译文出版社2012年版,第138页。

㉝ 〔美〕理查德·A.穆勒著:《现在:时间的物理学》,徐彬译,湖南科学技术出版社2022年版,第181、182页。

深入分析,可揭示安全的"场景性""情景性""前景性"特征。

从物理时空考察安全,安全显然具有特定的物理"场景性"。场景(setting)分析是源于戏剧理论的重要方法,每一个场景都具有超越个体的时空独特性,在戏剧理论中,"场景"是基于社会建构性的"客观状态"。人们如果通过客观性途径认识安全,那么源于自然灾害与人类战争的种种体验,人们会把安全更多地关联于客观存在的处境、条件与状态,安全即一种客观上可视可闻的时空"场景"。人类的两次世界大战,其时间与空间的场景性特征十分明显。"无论何时,当我们把社会场景理论化为一种双方互动时,在一开始结构性特点很小,通过互动而产生了额外的结构。"㉞全球化时代的非传统安全威胁也有不同类型与层次的场景性特征,如近几年主要发生在欧洲的移民难民潮,移民问题的"安全化"使得欧洲安全的"和合度"大幅下降,成为了欧洲面临的重大非传统安全挑战的特殊"场景"。

从文化时空考察安全,安全还具有特定的文化"情景性"。情景(context)一词来自拉丁文 contexere,含义是连接与合并。如果场景强调的是物理时空属性,那么情景强调的是社会文化属性。有人类学家认为,情景曾是考古学的重要话语,强调"物器"可以在不同类型的情景关联的文本中"说话",脱离情景的文本将无法清晰表达其意义。㉟ 人类安全维护是人自身参与其中、选择其中、

㉞ 〔美〕尼古拉斯·格林伍德·奥努夫著:《我们建构的世界:社会理论与国际关系中的规则与统治》,孙吉胜译,上海人民出版社 2017 年版,第 160 页。

㉟ 参见〔英〕伊恩·霍德、〔英〕司格特·哈特森著:《阅读过去》,徐坚译,岳麓书社 2005 年版,第 146—149 页。

建构其中的实践活动,安全维护方式与人的文化存在方式和文明发展程度紧密关联。早期人类学家关注的"安全问题"多是原住民生存环境中的社会结构与功能以及确保其种族延续的内在机制,为此人类学家提出了"文化"的概念以揭示其情境,"文化"这一概念甚至可以被看作最早的后来被称为"安全研究"的重要概念。㊱人类发展至今,工业革命、信息革命也不是发生在时空以外的纯粹事件,而是发生在具体时空的文化情景之中的历史事件,因而工业社会与信息社会带来的安全问题不仅有其"时空场景",而且也必然有其富有文化意蕴的"时空情景"(spatio-temporal context)。"把社会分解为各种情景的聚集体,所有这些情景都是社会性的,它们都具有两个行为体,在一个不同的固定的环境中互动,无论是建构性的,还是解构性的。"㊲以恐怖袭击为例,"9·11"恐怖袭击事件是伊斯兰恐怖分子的一种滥杀无辜的"变态复仇"情境,而美国在"9·11"以后发动的伊拉克战争、阿富汗战争则是另一种以"武力反恐"为标志的复仇情境。所以,安全威胁不仅在物理时空的场景中存在,而且还在特定文化时空的情景中表现。

由上述的安全"场景"和"情景"的组合,安全研究中有学者提出了"景观安全"(spectacular security)的重要概念。景观安全主要包括"节事安全"与"会展安全"两大内容。以往人们举行节事

㊱ 参见 Jonathan Herington,"The Concept of Security, Liberty, Fear and the State", in Philippe Bourbeau(ed.), *Security: Dialogue Across Disciplines*, Cambridge University Press, 2015, p. 22。

㊲ 〔美〕尼古拉斯·格林伍德·奥努夫著:《我们建构的世界:社会理论与国际关系中的规则与统治》,孙吉胜译,上海人民出版社 2017 年版,第 160 页。

的庆祝活动或者大型会展(竞赛、庆典)活动,都是呈现为大规模的喜庆场景与愉快情景,但自从恐怖主义袭击以及大规模群发事件频频选择在这个时点发生,时空-文化的景观却成为随时带来灾难隐患的"火山",于是"景观安全"也就成为了一个值得专门研究的"景观情境"的新安全领域。

与物理时空相区别的文化时空、历史时空、语言时空等其实都是价值时空的具体化。因而,从"价值时空"[38]考察安全,安全还具有基于"意向性"的关联未来的特定的"前景性"。"价值时空"是一个非常重要的研究安全的思考维度。如果说物理时间的矢量方向是过去—现在—未来,那么价值时间的矢量方向是未来—现在—过去,物理时间的起点是在过去,价值时间的起点是在未来。当人们为未来的理想而奋斗时,未来的理想便成为了人的价值时间起点。以未来为价值起点更多的是反映人类的意向性本质。

安全的"前景性"或"前景化"研究具有"指向未来"与"未来反求"的重大意义,它甚至会帮助我们重新建构乃至改变安全的残缺现实。"前景化安全"(foregrounding security)概念是对语言学中"前景化理论"(foregrounding theory)的借用。巴里·布赞认为,安全指涉对象的建构具有"前景性",并且安全以指涉对象为轴不断深化,如果将安全以"领域"为轴进行扩展的话,那么就使一直被战略研究所重视的军事安全得以扩展至经济、政治和生态安全领域;如果将安全以"地域"为轴进行扩展的话,那么共同安

---

[38] 参见余潇枫著:《哲学人格》,吉林教育出版社1998年版,第161—166页。

全就超越了国家安全范围和军事安全中心,所以国际安全的主要威胁不是来自单个国家,而是整个国际社会共有的全球性问题。[39]

观察人类社会发展的最基本的三个维度是自然(nature)、文化(culture)和未来(future),而安全场景、安全情景、安全前景正是这三个维度在安全研究中的立体性架构与整体化图景,并且构成了安全研究的新视界,"关系和合度"则是安全"三景"一体化的价值性尺度。

3. "安全场域"与"场域安全"

安全场景、安全情景与安全前景都关涉安全是否"在场"。以哥本哈根学派对安全的研究为例,如果说安全化(securitization)与去安全化(desecuritization)是安全议题的"在场化"与"不在场化"的话,那么"在场安全化"(in-securitization)则是安全场景、情景与前景相融合下的"在场"。

对"在场"安全进行"场域"性考察,是安全哲学的一种抽象,也是安全研究的一种整体化努力。安全是一种特定的"场有"状态。也就是说,关联着多行为体的安全不仅是一事一物的没有危险或威胁的持存状态,而且是与事物相关联的没有危险或威胁"关系"的持存状态。"场域安全"是指与安全相关联的、具有特定活动性质的、没有危险或威胁的关系状态,它强调的安全不是一种线性的、技术性的安全,而是非线性的、价值性的安全。"场域安全"强调反映在安全问题上的社会活动的复杂关系,突现多重"时

---

[39] 参见〔英〕巴里·布赞、〔丹〕琳娜·汉森著:《国际安全研究的演化》,余潇枫译,浙江大学出版社2011年版,第147—148页。

空关系"与多种"活动性质"在安全问题上的叠加、复合与交织。提出"场域安全"的目的是强调运用"场有思维"的方式来考察安全,把安全看作一种具有整体性、交织性、强弱性、动态性的"场效应",继而对安全的维护也会具有更为合理与有效的筹划与实施。㊵

这里要区分一下"安全场域"与"场域安全"的涵义。如果说"场域"是对场景、情景与前景的统合,那么"安全场域"是对安全的特定场景、情景与前景的总括,可被理解为能够影响乃至决定安全态势的特定语境,如地缘场域、利益场域与社会心理场域。西方学者认为,"安全场域"作为一种特定的社会空间,有磁场、战场、统治场和"模截场"(transversal field)四个特点:"磁场"是将不同感知、观念和利益同质化;"战场"是那些给事件贴上"不安"的管理专家为争夺意义而进行的斗争;"统治场"是通过形成主导意义的体系界定安全、威胁和政策;"模截场"是揭示安全可以相互影响和渗透。㊶

而与语境化分类的"安全场域"不同,"场域安全"则是对安全"特定语境"或"关系网络"本身进行再抽象,是对安全本质属性与能力的概括与提升,是对场域中的安全问题的"系统性特征"的强调。"系统"本身具有两种重要的含义:一是作为整体主义的隐喻,"整体大于部分之和";二是作为功能转换的隐喻,"整体异于

㊵ 参见余潇枫著:《非传统安全治理能力建设的一种新思路——"检验检疫"的复合型安全职能分析》,载《人民论坛·学术前沿》,2014年第9期,第85—86页。

㊶ 参见 C. A. S. E. Collective, "Critical Approaches to Security in Europe: A Networked Manifesto", p. 458。转引自袁莎著:《"巴黎学派"与批判安全研究的"实践转向"》,载《外交评论》,2015年第5期,第147页。

部分之和"。第二重含义不仅否定了还原主义的思考路径,而且强调了系统的"突现属性",即"当单元通过互动构成系统时,系统会具有与单元明显不同的特性","即使组成部分是非对称的、非平和的和不稳定的,整体也可能是对称的、平和的和稳定的;不可靠的要素可以构造出可靠的系统"[42]。因此,"安全场域"突出的是局部安全的"场域性",而"场域安全"突出的是系统场域的"安全性"。"场域安全"重在反映在安全问题上的社会活动的系统复杂关系,凸显多重时空关系与多种活动性质在安全问题上的叠加、复合与交织(多重时空关系包含主体、区域、层面、领域、阶段、代际等要素,多种活动性质则关涉主体、结构、要素、样式、功能、价值等不同方面)。

当用"场域安全"对安全现实进行深入理论观照时,安全事件只是一种作为研究对象的现象或表象,其背后关联着安全语境的复杂关系。可见,在"场域安全"的分析中,安全不仅是一种状态,还是一种条件、能力与愿景;安全不仅是一种事件,还是一种趋势、互动与建构;安全不仅是一种情势,还是一种关系、结构与语境。这一切均反映着"场域安全"的整体性、交织性、强弱性、动态性的本质。

广义安全观是"场域安全"思维的完好体现,是多重时空关系状态与多种活动性质特点的融合。在广义安全观视域下,离散的、局部的、本位的、传统的安全理解被超越和提升,复合的、整体的、技术与价值相融合的安全理解被认可与重视。安全是一种跨越边

---

[42] 〔美〕罗伯特·罗维斯著:《系统效应:政治与社会生活中的复杂性》,李少军、杨少华、官志雄译,上海人民出版社2020年版,第8、9页。

界的状态,是一种相互关联的结构,是一种整合关系的场域,是一种不可或缺的条件,更是一种普世共享的价值。

二、广义安全的理论界定

1. 广义安全的"谱系"

当我们有了对安全的"场"与"景"以及"安全场域"与"场域安全"的较好理解后,就能更合理地对安全进行界定。首先,我们可以从安全场域中的对象层次、问题领域、反思主体以及安全性质四个维度给出一个简单的广义安全谱系图:

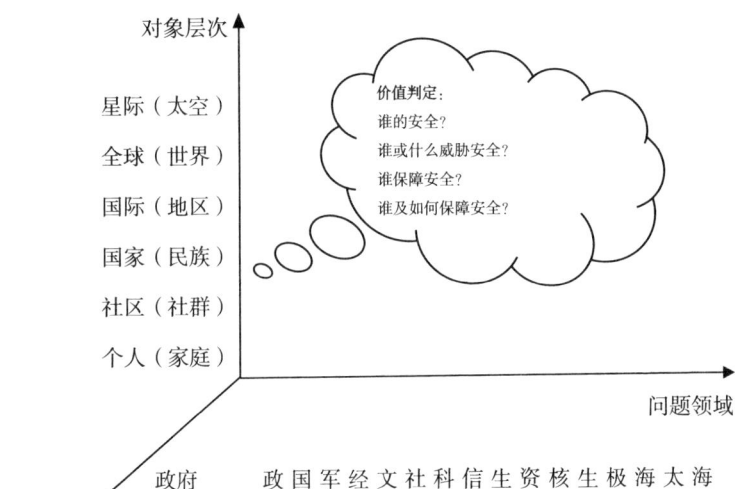

对象层次

星际(太空)
全球(世界)
国际(地区)
国家(民族)
社区(社群)
个人(家庭)

价值判定:
谁的安全?
谁或什么威胁安全?
谁保障安全?
谁及如何保障安全?

问题领域

反思主体:政府、学术团体、民众舆论

问题领域:政治安全、国土安全、军事安全、经济安全、文化安全、社会安全、科技安全、信息安全、生态安全、资源安全、核安全、生物安全、极地安全、海洋安全、太空安全、海外安全

图 1-1 广义安全谱系图

广义安全谱系图尽可能较全面地揭示与安全场域相关的诸多要素以及它们之间的关联、交互与复合,并且在此基础上可演化出一幅幅具体的安全图景。那么,如何合理地对安全进行描述、刻画、界定呢?

若以人的直接经验感受来概括,安全可以被描述为没有"五害"的状态:身体上没有受伤害、心理上没有受损害、财产上没有受侵害、社会关系上没有受迫害、生存环境没有发生灾害。

若以学理的研究分析来概括,安全可以被刻画为没有"四危"的状态:客观上没有危险(威胁),主观上没有危惧(恐惧),行为体间没有危情(冲突),类意向上没有危感(本体不安全感)。

尽管从经验与学理上都可以概括出被人们认知的安全的基本状态,但不同的主体、不同的立足点、不同的层次有不同的安全理解,不同的理论与学派对安全也有完全不同的界定。作为一个重要的基本概念,"安全"并没有得到像"权力""利益""财富"概念那样透彻的研究,甚至在国际关系学界还远远没有形成一个得到普遍认可的定义,特别是当非传统安全威胁不断凸显和蔓延时,安全与和平开始分述,追求"世界和平与安全"成为了新的命题;安全也开始与发展相关联,除了"生存安全","发展安全"也被提上了议事日程,于是安全的界定变得更为歧义与多样;特别是"人的安全"被提出并广泛运用后,"人"是"人类""人民"的抽象指称,还是"个人"的还原式理解,一直存在理论上的争议。在国际安全研究中,"安全"甚至被认为是一个"模糊而又充满价值"[43]

---

[43] David A. Baldwin & Helen V. Milner, "Economics and National Security", in Henry Bienen (ed.): *Power Economics and Security*, Westview Press, 1992, p. 29.

"不发达"和"有待深化"[44]的概念,因而也是一个"最为棘手的研究对象"[45]。

关于安全的定义,总体上有三类不同的界说。第一类界说强调安全不可定义,安全概念在根本上属于争议性的概念而难以统一,或者说安全是一种给出性的条件,恰如健康和身份一样不能简单给予其确切涵义,甚至还可以说安全是没有任何精确意义的"模糊的符号"。第二类界说认为安全问题太复杂、层次太多而且不同层次的安全实质完全不同,因而不可一概而论,只能根据不同层次或范围给安全做出不同的定义。第三类界说则认为安全可以被明确地定义,强调安全的内涵看起来尽管模糊,但还是可以在基本的层面上做一简约化的理解与描述。[46] 如伊安·贝朗尼(Ian Bellany)明确认为,安全就是"摆脱战争的相对自由"[47];沃尔弗斯(Wolfers)则把安全清晰地概括为"获得价值时威胁的不存在"[48]等。

巴里·布赞对安全概念化做出了重要贡献,他强调安全关涉三组关联的概念。第一组是补充性概念,即把安全引入更具体、更具限定性的问题中,如威慑、战略、遏制等。第二组是平行性概念,即把安全引入政治理论或更广义的国际关系框架中,如权力、主

---

[44] Barry Buzan, *People States and Fear: An Agenda for International Security Studies in the Post Cold War Era* (Second Edition), Harvester Wheatsheaf, 1991, p. 3.

[45] Barry Buzan & Lene Hansen, *The Evolution of International Security Studies*, Cambridge University Press, 2009, p. 17.

[46] 参见 Terry Terriff et al., *Security Studies Today*, Polity Press, 1999, pp. 1 - 3。

[47] Ian Bellany, "Towards a Theory of International Security", in Barry Buzan: *People, States and Fear: An Agenda for International Security Studies in the Post-Cold War Era* (Second Edition), Harvester Wheatsheaf, 1991, p. 16.

[48] Terry Terriff et al., *Security Studies Today*, Polity Press, 1999, p. 2.

权、认同等。第三组是竞争性概念,即针对安全引入一些可替代的概念,如和平、风险、紧急、危机等。而"引入三组与安全相关联的概念框架的有利之处是,我们可以对安全进行结构性的概念分析,这对解读那些在安全概念不清晰情况下进行争论的国际安全研究文献特别有效。这些文献往往是'概念上沉默'的,因为他们采用的是一个理所当然的概念,并以直接经验的方式来叙述,忽视对概念本身的详尽讨论,引用的是缺乏'安全'概念争论的学科材料。即使没有一种路径清晰地讨论过安全的概念化,而现在通过引入补充性、平行性或对立性的概念,就可以探究国际安全研究视角所形成的'三角洲',进而对'安全'涉及的要素进行'元对话'(meta-conversation)"[49]。但巴里·布赞只是指出了缺乏安全概念研究的问题所在,并没有对三组概念本身做深入诠释。

2. 广义安全是"行为体间的优态共存"

在广义安全谱系与安全界说比较的基础上,安全范式可以做如下建构:无论是关涉生存的安全,还是关涉发展的安全,它们都是一种关系性存在状态的呈现,也就是说安全作为一种"关系性的实在",基于和合目标的"适然性"在场是其根本的特征。"适然性"是一个与"必然性""应然性"相对应的哲学范畴。必然性强调的是世界的自在性、客观性、本然性,因而"不安全"与"地球必亡"一样是人类的一种宿命;应然性强调的是世界的自为性、主观性、或然性,因而"不安全"与"人类末世"一样是人类的另一种宿命;

---

[49] 〔英〕巴里·布赞、〔丹〕琳娜·汉森著:《国际安全研究的演化》,余潇枫译,浙江大学出版社2011年,第16页。

适然性强调的是相对于人的当下合理性和"属人世界"的真理性,"适然世界"是一个在人的社会实践基础上统一了人的主客矛盾的人的"价值世界",因而也是一个获得了"关系性实在"与"当下合理性"的安全世界。

前面我们已经给出关于安全的若干界定:安全是关系性实在,是和合状态的共享性秩序,是以关系和合度为自变量的函数。那么如何来表述"关系和合度"的适然性?"适然"是介于"应然"与"必然"之间的、统合它们二者的价值定位,而基于"和合共享"的"优态共存"正是"适然性"的最好表达,所以也是广义安全的本质含义所在。或者说,从适然性观之,安全之境即是保持"优态共存"的"适然之境",是在一个永恒当下所发生的一切关系的总体性和合。这里的"优态共存"状态就是总体"关系和合度"实现的适然状态。如果用"优态共存"范畴来表达安全的这一本质状态,那么广义安全的定义是:广义安全是行为体间的优态共存。

"优态共存"是一个相对于"危态对抗"的概念,也是一个超越狭义安全界定的范畴。危态对抗是指,行为体之间的状态是"你安全我却不安全,你不安全我却安全"或者"确保相互摧毁"。危态对抗表明安全即消除存在着的"威胁",而在现实生活中,威胁是一个警戒性很强的词语,它总是被人们关联到生存危险的生命体验与生死存亡的国家历史中。在安全理论研究中,威胁除了可用数量关系表达其客观实态外,还可与境遇中行为主体的主观状态相关联,再加上"话语安全"的影响,这使得安全问题更复杂化。一旦人们把因生存与发展的不确定性、不稳定性、不可预测性而导致受威胁和内在恐惧均纳入安全范畴时,安全问题会变得更加严重。于是对威胁的过度防范与抗衡恰恰在现实中会强化威胁的程度,会使人们陷入某种无休止恶性循环的困境中。如果我们只承认安全只是"威胁的不存在",就会在现实中寻找威胁并努力消除之,进而使对抗与复仇成为未来资源投入的首要领域。这时,人们所寻求的"威胁的不存在"变成了无可达成的虚位状态,甚至使"危态对抗"代代相传。㊿

"优态共存"是指,行为体之间的状态是"你安全我才安全,我安全你才也安全"。如果以生存优化状态为安全的目标话,那么其相应的安全梯度可以标示为四个层次:优化状态、弱化状态、劣化状态、恶化状态。这样以生存状态来观照安全和体现安全所追求的价值目标,使安全的理解更加广义了,并且生存状态的四个层次本身构成了一个有序的安全梯度。而安全作为"行为体间的优态共存",相对于行为体来说,"优态"是其最佳适然之状,强调具有独立身份行为体的生存能力与可持续发展生存境况的"相称"。如果把"优态"作为对象的安全置于发展国际关系最基本的前提下,就使安全研究的主题从"战争-和平-安全"拓展到"发展-和平-安全",这不仅表明国际关系理论从源起于"战争与和平"的思考转向了"和平与发展";而当全球性非传统安全问题普遍化,和平并非等同于安全,不科学的发展也同样会带来不安全时,"和平与发展"的思考又将转向基于全球国际关系或后人类国家关系视角的"发展与安全"的思考,从而标示出安全所要达到的更广泛深远

㊿ 参见余潇枫著:《从危态对抗到优态共存:广义安全观与非传统安全战略的价值定位》,载《世界经济与政治》,2004年第2期,第9页。

的价值目标。

"共存"是安全获得的互惠性条件,强调行为体追求安全的共生性、平等性与交互性,并在此基础上可延伸出共建、共享、共赢的适然目标。在全球体系中,无论哪一个层次的行为体,若要获得安全,其基本立场与途径都只能是通过互惠共建达到共存共优,这就需要国际关系任何一个层次中的自者与他者间的共同努力。所以广义安全的实质是从"利益共同""责任共同"走向"命运共同",广义安全的价值目标是"优态共存"。

"行为体间"是安全实现的关系性条件,强调安全实现的"关系本位"与"过程互构"的适然性。由是,以"优态共存"界定安全,作为广义安全论的核心范畴,其安全的可能性边界就拓展到了安全建设的双方甚至是多方,其安全就有了某种适然的价值意义。特别是在应对各类跨国乃至全球非传统安全威胁时,人类共存于一个被称为地球号的"太空救生艇"上,安全是共生、共建、共享的,"优态共存"才是最佳的生存与发展之道,人类命运共同体必然是"优态共存"的现实诉求。

其实,作为广义安全的"优态共存"状态就是总体"关系和合"的适然状态,这两者之间有着内在的相关性与等值性。"优态共存"的英文可缩写为 SC,这样我们用"广义安全是以广义关系和合度为自变量的函数"的表达式来表示"广义安全是行为体间的优态共存"的界定:

$$S' = SC = F'(H)$$

广义安全("优态共存")仍是以"关系和合度"为自变量的函数,只是用 S'、$F'(H)$ 取代了 S、$F(H)$,或者说"关系"的含义扩展了,这里的关系是全域性关系,而非以往的非全域性关系。换言之,安全的"本位"转换了,安全不是"我"的安全或"你"的安全,而是"我们"的安全。广义安全揭示了安全的真正本质,使以往的狭义安全需要被修正与超越。这样,作为广义安全的"优态共存"和"关系和合度"既呈现了安全作为"关系性实在"的本体性,又凸显了安全场景、情景与前景三者统一的"元视界",进而达成"整体性适然""总体性和合"的生存性境界。

第二章 安全:从传统到非传统

安全场域的变化,安全场景、情景与前景的扩展,直接导致了安全从"传统"向"非传统"的扩展。军事安全的"非军事化",政治安全的"低政治化",人民安全的"趋中心化"是传统安全"非传统化"的重要方面。随着非传统安全的兴起,非传统安全概念被提出并深化,这标志着国际安全研究问题域、认识论、变量结构与范畴及路径的"转换"。传统安全与非传统安全既相区别又相交织,非传统安全的场域特征与类型勾画出非传统安全的"全景图"。

第一节 安全场域扩展与语境转换

一、传统安全场域的扩展

1. 军事安全的"非军事化"

军事安全是指一个国家以军事力量和军事手段维护自己的生存不被武力侵害,如主权不受侵犯、领土不受侵入、政权不受颠覆等。在现实中,军事安全的内涵较广,还包括军事威慑、军备控制、边防、海防、空防、信防(信息国防)等非战争方式的国防内容。军事安全的"非传统化",即非军事化,是安全场域扩展的首要标志。

面对"非战争威胁",安全时空大大拓展,军事安全的场景开始扩展至"非暴力"领域。

军事安全是确保主权国家独立性的标志,也是确保国家生存与发展平安性的标志。冷战结束后,大多数国家的治国方略从追求军事实力的增强转向了追求经济实力的增强。面对"传统安全威胁与非传统安全威胁交织"的新环境,军队需要应对"非战争威胁"以及开展帮助民众应对重大灾害与灾难的各类非战争性军事行动。"完成多样化军事任务"成了军队的新使命,目前军队应对非战争军事行动已成为当今世界军事发展的共同趋势,许多大国都把军队参与非战争军事行动作为军队改革的重要课题。例如,美、日、韩等国的少量军队装备了专用的、具有现代化水平的救灾排险设备器材和非致命性武器装备,以备急用。

军事安全的核心是维护国家主权,但值得研究的是,网络社会的存在方式对传统的"国家边界"与"国家主权"提出了新的挑战。信息网络技术颠覆了传统国家的疆界观念,产生了能跨越国界的"虚拟国家"与"数字地球"的重要概念。传统的安全场景转变了,功能意义上的"虚拟国家"以"信息疆界"作为自己的"国界"。如果说领土和领海是一个主权国家的"第一领土"和"第二领土",那么随着飞机的发明、无线电技术的发展,各国则把"领空"视为"第三领土",而网络时代正在催生"第四领土"的重要性。"信息疆界"是与"第四领土"相对应的一个国家的信息传播力和影响力所能达到的无形空间。相应地,国家主权行使的空间将不再局限于领土、领海、领空,而是必须包括网络空间,"信息主权"将成为国家主权的重要内容,控制跨国信息传播的内容与方式将影响一个国家的政治安全与文化安全等重要方面。

随着"电子战""信息战""空地海天一体战""星球大战""全维战"等一列新的战争方式不断成为军事理论研究的热点,以军事武力为标志的传统战争也开始向"不对称战争""超限战争""金融战争""网络战争""混合战争""全维战争"等"非传统"形式扩展。军事安全的"非军事化"主要表现为军队运用非传统安全的手段来实现军事目的,军队除了应对传统战争的威胁外,还需要应对不用枪炮的"非传统战争"以及"非战争威胁"。当然,不可否认的是,当今时代战争的阴影并未消散,军事力量对于实现国家意志、施行外交政策、提升战略地位以及维护政局稳定等仍有着其他任何手段无法替代的重要作用。

2. 政治安全的"低政治化"

政治安全是指国家在维护政治主权与政权中的政治体系稳定与政治发展有序。国家政治体系稳定是指国家的国体、政体、国家结构形式、政治意识形态、政党制度等诸种因素的整体协调统一,以及这些因素在社会内部矛盾发生、发展和解决的过程中,保持原有的基本结构和基本性质不变。政治发展有序是指在实现政治现代化与政治民主化的过程中,能有效地进行政治动员,并能有效地消除不安定因素、防止政治动乱,保证政治运作的规范性、连续性。政治安全的"非传统化",即"低政治化",是安全场域扩展的又一重要标志。随着安全时空的拓展,与政治安全相关联的要素急剧增多,政治安全的场景开始扩展至"低政治"领域。

政治安全的核心是国家政权的维护,但值得研究的是,在网络时代,传统的国家政权的维护方式正在受到多方面的挑战。一方面,政府推出"电子政务"的同时,引发了政府信息安全问题。政府上网的最终目的是实现电子政府及政务电子化,从而促进政府职能转变,更好地为社会公众服务,但如此一来,政府就面临加密技术的合理保护、信息资源的文化整合、信息主导权的侵消、信息的海量递增、信息传递的极度多元化、信息传导的封堵、舆论的统一被解构、政府信息权威性的丧失、国家机密的泄露等问题。另一方面,公众热捧的互联网生存方式将逐渐改变以往的"权力决定信息分配"的模式,出现"信息决定权力分配"的模式。同时,个人与非国家实体的信息权利的获得,还促成了"公民电子化政治运动"。与以往的政治行为不同的是,互联网带来的国际问题网络化、共时性、公开性等特点,形成了对参与国家政治、参与国际社会以及处理国际事务形式的重大挑战。尤其是当包括个人的非国家行为体跨越地理-政治边界,以数码的形式开展某项大规模的网络运动时,它的影响力在短时间内就会波及全球,各个国家和政府以及整个国际社会都难以做到视而不见、不为所动。

政治安全是传统安全的重要领域,然而从政治认同的角度考察政治安全,则出现了"泛政治化"或"低政治化"趋势,也就是说政治安全更多地进入非传统安全的领域。认同是行为者在现实境遇中对生存价值归属的自我确定,或者说"认同是行为者所具有和投射的一种个体性与独特性的想象,它通过与有意义的'他者'发生关系而形成,并持续地被改进"[1]。政治认同——政治价值归

---

[1] Peter J. Katzenstein (ed.), *The Culture of National Security: Norms and Identity in the World Politics*, Columbia University Press, 1996, p.59.

属的自我确定——是政治共同体的价值基础。认同危机具体表现在"五信"危机上:国家没有信仰,人生没有信念,对政府没有信任,对他人没有信用,对前途没有信心。

3. "人的安全"的"趋中心化"

传统安全以"国家安全"为中心,而以"人的安全"为中心则是非传统安全场域形成的核心标志。任何安全研究都需要回答五个最基本的问题:谁的安全?什么威胁安全?谁维护安全?如何维护安全?以何种认识论与方法论来认知安全?而安全的指涉对象,即"谁的安全"问题,又是统领其他所有问题的元问题。在21世纪前后,无论是联合国关于"人的安全"范畴的提出与对人类安全、人民安全的强调,还是中国提出的总体国家安全观,都直接把"人民安全"置于宗旨地位,都把"人的安全"放了"国家安全"之前,从而实现了"谁的安全"问题从以国家为中心到以人(人民、人类)为中心的历史转向。

事实上,"人的安全"有赖于"人的权利"受到普遍保障与"人的解放"成为人类共识的历史性前提的确立。就概念上分析,"人的安全"理念源自亚洲,尤其是南亚。巴基斯坦的经济学家马赫布卜·乌尔·哈克(Mahbub ul Haq)是该理念最早的主要提出者。② 1994年联合国《人类发展报告》的关键部分正是源自哈克的研讨会文章。哈克提出了一个"反映人民生活而非国家武器"的新的安全观,重新界定了"谁的安全"问题,明确把安全解释为

---

② 参见〔加〕阿米塔夫·阿查亚著:《建构全球秩序:世界政治中的施动性与变化》,姚远、叶晓静译,上海人民出版社2021年版,第140页。

"人的安全,而非仅仅是领土的安全""个人的安全,而非仅仅是国家的安全""凭靠发展而非武力来实现的安全""任何地方任何人的安全——在他们的家庭中、工作中、街区中、社群中、环境中""人的安全就是关乎保护所有个人安全的问题"③。

当然,"人的安全"研究在全球的兴起,得益于联合国把"人的安全"上升为全球性议题,并全力进行倡导与推进。"人的安全"受到重视的语境有三:一是越来越多的全球性非传统安全威胁的凸显;二是以人为本的安全观越来越受到世界各国的重视并成为共识;三是在全球化背景下国家越来越在某种程度上成为人的不安全的来源。为此,1993年联合国《人类发展报告》中就提出了"人的安全"这一概念,该报告特别强调"安全必须被重新诠释为人民的安全而不是国土的安全",并把人的安全概念视作"人民为中心的世界秩序"的五大支柱之首。④ 1994年联合国《人类发展报告》则进一步系统地阐述了人的安全理念,强调安全"免于威胁与免于匮乏"的内涵是:拥有免于诸如饥饿、疾病和压迫等长期威胁的安全,即获得在家庭、工作或社会等日常生活中对突如其来的伤害性的骚扰的保护。为此,"人的安全"内涵扩展到七大内容:经济安全(基本收有保障)、粮食安全(确保粮食供应充足)、健康安全(相对免于疾病和传染)、环境安全(能够获得清洁的水源、清新的空气和未退化的耕地)、人身安全(免遭人身暴力和威胁)、社群

---

③ 〔菲〕梅里·卡巴莱诺-安东尼编著:《非传统安全研究导论》,余潇枫、高英等译,浙江大学出版社2019年版,第7页。

④ 参见 United Nations, *Human Development Report* (https://hdr.undp.org/system/files/documents//hdr1993encompletenostatspdf.pdf)。

安全(文化特性的安全)、政治安全(基本人权和自由得到保护)。阿米塔·阿查亚(Amitav Acharya)认为,从国家安全转向更宽泛、更包容性的"人的安全"理念,是后冷战时代的必然趋势,而人的安全的实质是"人民的安全"(security for the people),当这一理念"融入西方和非西方国家的安全思想和安全实践中,这为'全球安全'(global security)观的诞生铺平了道路"⑤。

二、"交织型安全"新场域

1. 传统安全的"非传统化"

随着非传统安全威胁更多地替代军事与政治安全威胁,安全内涵不断丰富,安全外沿不断拓展,安全情景快速从"传统"向"非传统"扩展,并成为20世纪中下叶以后全球安全形势的一大特征。如果说传统安全主要关涉主权与政权的国土安全、军事安全与政治安全的话,那么非传统安全则主要关涉社会与民生的经济安全、文化安全、社会安全、科技安全以及新兴领域安全。全球化的推进使越来越多挑战人类的非传统安全问题、威胁、危机超乎人类意料地接踵而来,传统安全"非传统化"成为了新的历史性趋势。

传统安全的非传统化主要涉及三方面。一是安全内容的"非传统化"。当人类进入较文明时期,即更多地用竞争来取代战争以后,西方国家首开传统安全"非传统化"的先河,他们的扩张策

---

⑤ 〔加〕阿米塔·阿查亚著:《建构全球秩序:世界政治中的施动性与变化》,姚远、叶晓静译,上海人民出版社2021年版,第152页。

略从直接的军事入侵与领土掠夺转向了政治干预与经济掌控,采取的是"政治先行,军事殿后"的策略⑥,以及"贸易开路,军舰护后"的安全战略。特别当广义"资源"成为了国家安全战略的重要内容时,众多的非传统安全领域顺理成章地被纳入国家安全所考虑的范围之内。全球化导致的国家之间的相互依赖性增强,人类共同面临的安全威胁,如环境安全、人口安全、公共卫生安全、水资源安全等,不仅影响国家发展,而且需要各个国家共同来承担相应的责任。因此,全球性与区域性的非传统安全内容也就与国家安全越来越紧密关联。

二是安全形式的"非传统化"。首先是攻击手段的"非传统化"。例如,部分西方国家在国防部下设立"网军"。"网军"一不拿枪二不拿炮,但其攻击性却能令人震惊。再如,用无人机定点清除"目标"(敌方将领)的"斩首行动",因改变了传统军事冲突的样式而令人生畏。其次是安全领域的"低政治化"。安全越来越与日常生活紧密关联,安全的指涉对象转向了空气、水、环境、能源、食品、公共卫生、信息、网络等原来属"低政治"领域的问题,并经常性地进入国家关注的重要安全议程。再次是行为体的"非对称化"。恐怖主义袭击、海盗猖獗、跨国有组织犯罪等都是非国家行为体对国家行为体的"非对称"式的挑战,或是对国家利益的侵害,因而带来了国家安全维护上的诸多难题。

三是安全威胁后果的"非传统化"。传统安全威胁的对象相

---

⑥ 参见王逸舟著:《创造性介入:中国之全球角色的生成》,北京大学出版社2013年版,第160页。

对明确,而非传统安全威胁的对象难以有相对的明确性,也就是说,安全后果更多的是针对不特定人群的"普遍性危害"。例如"金融战",若一场"金融风暴"席卷全球,那么绝大多数国家与民众都深受其害;如"恐怖袭击",恐怖行为往往滥杀无辜,引发普遍恐慌;再如"生物战",若一场"不明病毒"席卷全球,更是整个世界与无数民众被卷入灾难深重的困境之中,甚至有的危害可以是跨越"代际"的,因而其后果更是难以估量。

当然,传统安全的"非传统化"还可以在过程、手段、路径等方面进行阐述。然而,安全是一个动态演化的概念,"非传统"可能在未来被归入"传统"之中,而未来社会又会创化出新的"非传统"让人们去认识和把握,这也启示了我们需要站在广义安全的角度来统筹传统安全与非传统安全。

安全从"传统"转向"非传统"还意味着安全维护也将从原来的政府为主导的单一性的"管制"转向由社会多元主体参与的双向性的"治理",即需要安全治理从政府"主管"到全员"参与",安全体制从部门"分块"到职能"整合",安全行动从"垂直"控制到"平面"联动,安全行为体从"一国"承担到"多国"或"多行为体"共治,而新的安全体制的建构则为安全治理的实现提供重要基础。⑦

2. "交织型安全"的场域特征

人类安全的"场域性"表明对安全的"传统"与"非传统"的区

---

⑦ 参见崔顺姬、余潇枫著:《安全治理:非传统安全能力建设的新范式》,载《世界经济与政治》,2010年第1期,第88—90页。

分是相对的、暂时的、因时空而定的。非传统安全被纳入安全框架导致了许多有关安全认识与定位的突破。非传统安全之所以被纳入广义安全的范畴,一是它们具有了作为安全种类的"集合性特征",二是因为它们的表现形式之多和影响之大,已成为必须给予极大重视的优先问题。然而,在广义安全的视域下,传统安全与非传统安全不仅有着难以确定的领域边界,而且相互之间往往是紧密关联、复合交织、演化转变的,它们之间构成的是"交织型安全"新场域。这一新场域有诸多新特点:

第一,传统安全与非传统相互交织。例如,应对恐怖主义袭击,就需要动用军事力量进行打击与防控;要打击猖獗的索马里海盗并保护本国商船,就需要动用远洋海军;打击跨国有组织犯罪时,凡涉及非法制造枪支及其零部件和弹药的、涉及各类非法武器贩运的,以及涉及制毒、贩毒、洗钱与非法偷渡等,在特定情况下也多需要动用军事力量进行有效参与。

第二,传统安全威胁转变为非传统安全威胁。例如,美国在越南战争中向越南农村喷洒俗称"橙剂"的落叶剂(以及失能性毒剂 BZ 和刺激性毒剂 CS 等),以求能够发现隐藏在森林和草丛中的北越军队。结果,大面积的植物在生长期便落叶死亡,众多野生动物栖息地被破坏,大量有毒成分进入土地和水中,进而导致了严重的生态灾害与人体灾难。约一百万越南人身患癌症等各种恶疾,甚至死亡,而且受过落叶剂伤害的人,他们所生的子女往往智力迟钝,身体畸形。⑧ 落叶剂的严重后果一直延伸到现在,成为了难以

---

⑧ 参见黄波等编著:《核生化武器》,军事谊文出版社 2000 年版,第 151—152 页。

消解的非传统安全威胁。

第三,非传统安全威胁转变为传统安全威胁。例如,石油资源作为一种重要的能源资源,一般归属于非传统安全领域,但石油安全与传统军事安全有着千丝万缕的联系。人类社会因为石油危机而爆发过多次战争。同时,石油安全问题中以石油为燃料的远洋海军和外太空战略、与石油紧密关联的核战略、盗取石油的海盗活动、产油区安全局势、国际原油价格、石油消费带来的气候变暖等都是传统安全与非传统安全因素的交织。

第四,用传统安全手段达到非传统安全目的。这主要是技术被人类使用时所呈现的双重特征:如核技术既可以在民事上用于能源开发,又可以成为摧毁力无比的杀人武器;生物技术既可用于免于匮乏的脱贫事业,又可以成为辅助战争的凶恶帮手;信息网络既可以用于人类生活的方方面面,又可以成为恐怖主义的天然战场。因而,以传统安全为手段来实现非传统安全目的,成为了国家安全的某种重要途径。

第五,用非传统安全手段达到传统安全目的。这主要指以经济战、金融战、贸易战、科技战、信息战等为手段,或以非国家行为体、非正式组织等为载体,或以"颜色革命""政治代理人"等方式来实现传统安全目的。例如,美国充分利用各种国际大众传媒、网络、非政府组织实现其明显的军事与政治战略意图;以技术援助、文化交流、发展合作等非传统安全手段为外在形式,以达到传统安全目的。

第六,全球化问题导致的"新质"交织型安全。"新质"指新的性质,"新质"交织型安全指"另类"的"超出通常意义"的交织型安全,如安全主体为超越人类的"非人类",影响安全的方式为超越常规社会手段的"强人工智能"等。如果说全球化的"介质"使安全问题具有"跨国性""普遍威胁"与"多国治理"的特征,全球性问题一旦以现代化工具为"介质",便会迅速跨越其源起的安全场域,威胁和破坏其他国家和地区的生存状态。更应值得警示的是,全球性问题一旦与"数字化""网络化""智能化""虚拟化"相关联,便会衍生出"新质"交织型安全问题,如AI智能行为介入或影响人类社会危机、跨国网络病毒生成"自组织化"行为、生化算法及电子算法打破动物和机器、现实和虚拟之间的隔阂、高科技公司介入跨国性军事冲突或战争等。这些另类的"新质"交织型安全问题不断挑战人类,而人类对此几乎还没有做好应对的准备。

第七,不发展导致的传统安全与非传统安全交织。不发展包括三个方面,即"未发展的"(undeveloped)、"有待发展的"(underdeveloped)和"发展不当的"(improperly developed)。例如,在一些国家与地区因核心发展技术缺失、基本制度基础缺失而累积、引发的贫困、疾病、性别严重不平等是因"未发展"而导致的常态非传统安全问题,并成为导致暴力冲突与武装政变的重要潜在诱因,威胁着现行政权的持存。又如,"有待发展"和"发展不当"因素常引发认同冲突、权力失控、公信力缺失、经济失衡、法治受挫、产权缺失、信息失真等方面的问题,继而引发群体间暴力冲突、环境破坏、疾病流行、食品不卫生、恶性能源竞争、恐怖袭击等安全问题,最终导致政局动荡与政权不稳。

交织型安全的特质是综合性、复杂性、多变性。展开来说,其有一个渐进的、持续的发展过程,是一个结构性的整合状态,传统安全与非传统安全在一定条件下相互转化,是一个可以同国家安全相关的诸因素衔接的开放系统。⑨传统安全与非传统安全相互交织、相互转化、相互替代,使得安全场景呈现复杂化,安全情景构成多元化,而一个国家能否统筹好传统安全与非传统安全,直接标志着国家安全治理能力的高低。

三、安全研究的语境转换

1. 非传统安全的兴起

"非传统安全"概念的提出及其相应理论的产生,并非是理论家们出于理论研究兴趣的"虚构",也非政治家们出于政治需要的"图谋",而是全球化背景下人类对新的普遍性威胁与存在性焦虑进行研究的一种"理论化"努力,也是人类面对非常态危机所迫切需要寻求新安全方案的一种"前景化"探索。张蕴岭认为,"非传统安全问题并不是新现象,它们早就存在,如今之所以被纳入综合安全的范畴,自然有它的内在缘由:一则它们成为具有'集合性特征'的安全各类,也就是说形成了它们的'共同特征';二则它们的表现形式和影响很大,成为必须给予极大重视的问题"⑩。

首先,"共同威胁"引发了各国对非传统安全的普遍关注。人类对非传统安全威胁的重视源起于对"非军事问题"的关注。20世纪中叶起,首先是生态环境恶化、人口发展失当、贫困严重、发展

---

⑨ 参见巴忠倓主编:《和平发展进程中的国防战略》,学习出版社、海南出版社2014年版,第40页。

⑩ 余潇枫主编:《中国非传统安全研究报告》(2011—2012),社会科学文献出版社2012年版,序一第1页。

难题等进入安全研究的视界;进入21世纪后,更大范围内的恐怖主义问题、气候问题、能源危机、粮食危机、金融危机、信息安全问题等成为了安全研究的重要议题。尤其是当"非国家行为体"的安全参与以及"非对称"的安全挑战开始被置于次国家、国家、跨国家以及全球的多重安全时空交叠之中,成为安全威胁的重要来源时,人类面对的安全威胁突破了传统的主权边界,安全维护方式突破了依靠传统军事的方式,军事安全与政治安全以外的经济安全、社会安全、环境安全、文化安全成为安全研究的重要领域,于是各国对非传统安全议题给予了越来越多的考虑。

其次,"共患意识"促成非传统安全研究的持续升温。一些新兴的国际关系理论流派,特别是国际政治经济学和环境政治学的学者,对扩展非传统安全研究的领域、建构非传统安全的理论框架做出了许多贡献,并成为西方非传统安全研究的重要学术渊源。除此之外,美国、英国、新加坡等国家的非传统安全研究的制度化程度不断提升,大学里非传统安全的课程与研究专题开设得越来越普遍,[11]具有影响力的研究机构不断产生,[12]传播非传统安全研究的知识公共化的各种途径,如出版物(主要包括期刊与专著)、

---

[11] 例如,牛津大学在硕士生的国际关系理论研究课程中开设"非传统安全"专题;哈佛大学在国际关系与外交课程中开设"非传统安全与外交"专题;麻省理工学院开设"信息安全"和"核反应堆安全"课程;伦敦大学首创"能源与气候"硕士课程等。

[12] 例如,新加坡南洋理工大学国防与战略研究所(Institute of Defense and Strategic Studies, IDSS)通过国际会议、正式研讨、政策咨询等方式,开展东南亚地区的非传统安全研究,出版了大量理论成果;再如,1995年成立的日内瓦安全政策研究中心(GCSP)于2013年8月举办名为"应对非传统安全威胁及非传统安全威胁对民主建设、和平与安全的影响"专训课程。

论文、网站、讲座、媒体报道等亦愈加丰富。

在中国,首篇论述非传统安全的文章发表于1999年;⑬2003年5月21日《人民日报》第七版发表王逸舟的《重视非传统安全研究》一文,11月中国时事出版社出版第一部关于非传统安全的专著(陆忠伟所著《非传统安全论》),12月中国社会科学院举办首届"非传统安全与中国"论坛;随后几年,一系列相关著作问世,⑭一批非传统安全研究机构建立,⑮高校陆续开设非传统安全课程并创建专门的博士与硕士学位点,⑯使得中国非传统安全研究进入学科建设与人才培养的初步"制度化"阶段。20世纪末至21世纪初,中国学者在非传统安全的内涵、性质、特征、类型、领域划分、理论分殊等方面都展开了颇具特色的深入研究,并且对非传统安全与传统安全的相互交织,对国内安全问题与国际安全问题的相互转化,对非传统安全危机的国际治理,对中国非

---

⑬ 参见傅梦孜:《从经济安全角度谈对"非传统安全"的看法》,载《现代国际关系》,1999年第3期,第2—4页。

⑭ 主要有余潇枫、潘一禾、王江丽的《非传统安全概论》,查道炯主编的《中国学者看世界:非传统安全卷》,傅勇的《非传统安全与中国》,刘杰主编的《国家安全与非传统安全》,余建华等人的《上海合作组织非传统安全研究》,寿晓松、徐经年主编的《军队应对非传统安全威胁研究》,余潇枫的《非传统安全与公共危机治理》,以及"非传统安全与当代中国丛书""非传统安全与当代世界译丛""非传统安全与能力建设丛书""非传统安全与平安中国丛书"等。

⑮ 主要有浙江大学非传统安全与和平发展研究中心、华中科技大学非传统安全研究中心、塔里木大学非传统安全与边疆民族发展研究中心、浙江警察学院东盟非传统安全研究中心、上海社会科学院非传统安全研究中心等。

⑯ 浙江大学2004年在国际政治专业开设"非传统安全概论"课程,2008年设立非传统安全管理专业的二级学科博士点与硕士点;2009年北京大学开设"非传统安全"通识课程;2011年华中科技大学通过"非传统安全"二级学科博士点评估。

传统安全的方略设定,对人类安全维护的模式思考均做出了积极的探索。

再次,"深度全球化"促成非传统安全领域不断扩展。在21世纪前后,人类已经进入紧密共生、共创、共享的"类生存"时代。特别是全球化(globalization)浪潮与逆全球化(de-globalization)或"反全球化"(anti-globalization)回波相互冲撞搏击,推动着不同文明的冲突与融合,同时又出乎人们意料地置人类于全球性安全的挑战与威胁之中。全球化促进了世界各国或地区在经济、文化、政治、科技与环境治理上的整合,其实质内涵是:随着国家界限的超越与空间距离的"死亡",或者说世界变成了"地球村""绿色温室"或"太空救生艇",人类真正开始了具有普遍历史意义的共生、共建、共享的新时代。逆全球化则是要把全球化的过程反过来,具体体现为政治保守主义、经济保护主义、外交孤立主义和社会民粹主义的泛起,其内涵是将全球化导致的国家之间的相互依赖、多边合作与世界性整合反转,使其退回相互对抗、单边谋利与国家中心主义的旧路上去。"深度全球化"表明人类面临的安全问题更加趋于多元化、复杂化,非传统安全威胁的现实改变着各国的安全理念与安全环境,安全的探讨和努力已经在相当大的程度上超越了传统的国际关系研究范畴,也超越了传统安全的研究边界,从而使得越来越多的国家开始把非传统安全置于国家安全方略的重要位置,把对国家间合作应对非传统安全威胁的行动视为国家安全方略的重要方面。

2. 非传统安全研究升温

"非传统安全"一词最早见于冷战后西方国际安全与国际关

系研究界。美国普林斯顿大学著名国际关系学者理查德·乌尔曼（Richard H. Ullman）于1983年发表在《国际安全》上的《重新定义安全》一文把人类的贫困、疾病、自然灾害、环境退化等均纳入安全的范畴[17]，他因而被西方学术界认为是把"非传统安全"纳入学术研究的先行者[18]。另一位先行者是英国伦敦政治经济学院著名国际关系与国际安全学者巴里·布赞。他于1983年出版的《人·国家·恐惧》一书对非传统安全进行了初步研究，除了强调要重视与国家安全相对应的"个人安全"外，还强调要重视与军事、政治安全领域相对应的"经济、社会、环境"领域中的安全问题。[19] 据查，迈克尔·迪茨克（Michael J. Dziedzic）于1989年首先在其《跨国毒品贸易与地区安全》[20]一文中使用了"非传统安全"一词，是迄今为止检索到的最早使用该概念的学者。需要指出的是，在西方学者的非传统安全研究中，更多地使用的是具体的安全研究领域，如环境安全、经济安全、能源安全、粮食安全等，以此指称非传统安全。此外，由于各国、各地区所面临的非传统安全威胁各不相同，它们所关注的非传统安全研究领域也

---

[17] Richard H. Ullman, "Redefining Security", *International Security*, Vol. 8, No. 1, Summer, 1983, pp. 129-153.

[18] 戴维·鲍德温（David A. Baldwin）在《安全的概念》一文、沙鲁巴·乔杜里（Saurabh Chaudhuri）在《非传统安全威胁的定义》一文中均指出，理查德·乌尔曼是提出非传统安全定义的第一人。

[19] 参见 Barry Buzan, *People, States and Fear: The National Security Problem in International Relations*, The University of North Carolina Press, 1983。

[20] Michael J. Dziedzic, "The Transnational Drug Trade and Regional Security", *Survival*, Vol. 31, No. 6, pp. 533-548.

各有侧重。

非传统安全问题之所以成为"非传统"的,是因为它们大多是"始发"的安全问题。西方学者也用"非常规安全"(unconventional security)、"非传统威胁"(non-traditional threats)、"非传统问题"(non-traditional issues)和"新威胁"(new threats)来指称非传统安全。因为这类新型安全问题是过去很少见到,或者是过去根本没有见到过,现在却变得日益"现实化"与"普遍化"的,并且使得各国政府既有的安全机制与危机处理机制产生严重的不适应。如"9·11"恐怖袭击事件是对美国的一次史无前例的"非军事性"袭击,为此美国不得不重新考虑国家安全战略,重新认识"本土安全"的重要性。"始发"与"潜在性"相关,多数非传统安全问题是从传统安全问题演化而成的"新"问题,其威胁来源隐蔽、多样、复杂,由于长期以来没有得到应有的重视和有效的治理而愈演愈烈,从而演化成对人类的"存在性威胁"与"跨国性威胁",此后才备受关注。

中国的非传统安全理念主要源于联合国新安全观与中国新安全观。"联合国新安全观涉及的诸多议题和内容丰富了中国非传统安全的内容;新安全观的互信、平等、互利、协作的观念促进了中国非传统安全概念在性质和手段方面的拓展。二者对非传统安全理念的形成起到较大推动作用,影响了其演变及发展。"[21]中国多数学者认为,非传统安全的提出是一次对以主权安全、领土安全为

---

[21] 张伟玉、陈哲、表娜俐著:《中国非传统安全研究——兼与其他国家和地区比较》,载《国际政治科学》,2013年第2期,第99页。

核心的传统安全观的深化,是从国家安全跨越到国家的共同安全、全球安全、人类安全的一场拓展,也是一次从军事、政治、外交的"高政治安全"向"人的安全"与"社会安全"的"低政治安全"的深刻转型。

总体上,非传统安全的提出和发展意味着安全思想的一次历史性提升,其标志是安全研究的四大"转换"。

一是问题域的转换。安全成为一个开放性的及与低政治直接相关联的领域,安全指涉对象从国家转向了个体、性别、人类、全球,安全领域扩展到了军事、政治以外的社会、经济、环境、健康、发展等。

二是认识论的转换。传统安全基本上是运用实证主义认识论来建构其理论的,其中包括物质主义、科学主义、经验主义等立场与方法,而非传统安全研究则突破了实证主义认识论的局限,更多地运用后实证主义认识论来建构其理解,其中包括理念主义、历史主义、先验主义等立场与方法。这两种认识路径争论的实质在于:"社会科学应当在多大程度上接受纯自然科学的研究方法,并力求建构解释(国家)行为的因果理论。"[22]

三是变量及其结构的转换。安全的驱动力变量不仅影响安全事态,而且还影响安全研究本身,安全研究如何从描述性和解释性状态转向分析性与规范性状态的关键是对安全核心变量的寻找及对其内在函数关系的确定。

---

[22] 〔英〕巴里·布赞、〔丹〕琳娜·汉森著:《国际安全研究的演化》,余潇枫译,浙江大学出版社 2011 年版,第 37 页。

四是基本范畴与实现途径的转换。"主体间冲突"被置于"客观上威胁"与"主观上恐惧"之先,"话语安全"被置于"客观安全"与"主观安全"之先。"话语安全"则强调"安全是一种自我指涉的实践,因为任何一种威胁都是相对于特定行为体的,行为体对威胁的认知与接受直接决定着威胁是否是'威胁'"[23]。"话语安全"的实现途径较之"客观安全"与"主观安全"更注重对共同认知的建构性,因为在安全化过程中,"国家之间通过一定的言语行动建构起相互理解和信任,并在应付外部安全威胁方面达成共识"[24],从而愿意共同采取紧急措施去对付其安全威胁。

总之,非传统安全研究"整体上历经了酝酿与显现、阐释与呼吁、反思与深化、建构与拓展的过程;形成了涵盖组织机构、学生培养、知识传播、政策咨询和学术网络的制度化研究态势,在学术上具备了学派与学科的自觉,推动了安全思想的'范式转型'与'安全文明'的重塑,在政策上牵引着安全治理实践更加综合化与国际化"[25]。

---

[23] 余潇枫著:《国际安全研究是一门"学科"吗?》,载《国际政治研究》,2012年第1期,第9页。

[24] Barry Buzan & Ole Waever, *Regions and Powers: The Structure of International Security*, Cambridge University Press, 2003, p.491.

[25] 廖丹子著:《中国非传统安全研究40年(1978—2017):脉络、意义与图案》,载《国际安全研究》,2018年第4期,第3页。

第二节　非传统安全的边界与场域类型

一、非传统安全的边界

1. 非传统安全与传统安全的区别

对安全研究进行分类，可以从安全社会学、安全政治学、安全心理学、安全经济学等不同视角对安全概念进行界定，但广义安全需要对非传统安全进行总体研究，通过安全哲学"整体化"努力，来达到对安全研究合规律性与合目的性的统一，这就有必要对安全做"场域"的考察。

众所周知，炸弹（尤其是定时炸弹）是传统军事武器中的一种，一般用于战争或者特定的敌对性破坏活动。如今，一切含有质量问题、对人有伤害风险甚至已经危及众人的产品，包括不安全的食品与药品等，均可被比喻为"不定时炸弹"。这一比喻不仅简单易懂，而且透露出一种人们对"安全"的"非传统"解读，即"安全问题"从国家的领土是否被入侵、国家的政权是否被颠覆，转向了人们日常生活中的危险与威胁。对商品质量问题、食品药品安全问题是"不定时炸弹"的解读表现出了"非传统安全的问题意识"在人们脑海中的强化，也体现了与质量相关的日常生活性的"人的安全"与"社会安全"问题越来越受到政府和民众重视。随着中国打开国门，走向世界，并成为世界第二大经济体和第一大贸易国，各种与人的安全和社会安全直接相关的"不定时炸弹"与日俱增。这些"不定时炸弹"除了与各类出入境的工业产品、医用药品、生活用品及食品相关,还与动植物、人体携带的病菌的传入传出以及各类生物产品的引入、进入或侵入等相关。

非传统安全威胁作为"不定时炸弹"有四个重要特点。一是不对称,即威胁主体多是分散化、小群体化的"非国家行为体",经常利用全球化、信息化手段实施威胁,隐蔽性强,布控精密,爆发迅速,变化随机。二是不确定,即威胁发生的缘由、行为体、爆发点、演化过程、发展态势等难以把握。三是不单一,即威胁呈现"交织状",或以传统安全为手段,或以传统安全为目的,或与传统安全威胁相重叠,或与全球性问题相交织,或与改革发展相缠绕等。四是不易控,即威胁相互转化、交替出现或同时爆发,由此带来的历史渐进性与时间地点随机性导致局部性的预防与应急响应难以奏效。由此,我们有必要对传统安全与非传统安全的区别按安全指涉对象、安全威胁来源、安全维护主体、安全维护方式等做一个概述。

首先是安全指涉对象,即"谁的安全"?安全指涉对象是任何安全构想的首要问题,"如果没有指涉对象,那么就将没有安全的威胁与安全的讨论"[26]。传统安全的指涉对象是国家,而非传统安全的指涉对象是人(人类、人民)。中国发出的"全球安全倡议"以"共同维护世界和平和安全"为目标,把安全指涉对象扩展到全世界人民,并尊重和保障每一个国家安全;中国的总体国家安全观则明确以"人民安全为宗旨"。

其次是安全威胁来源,即"谁/什么威胁安全"?传统安全有

---

[26] Paul D. Williams (ed.), *Security Studies: An Introduction* (Third Edition), Routledge, 2008, p.7.

确定的来源或"敌人",而非传统安全没有确定的来源或"敌人"。"非传统安全威胁难以用一时、一地、一人、一事的方式说清,而是一种与地缘场域、利益场域和社会心理场域相交织的'场效应',它凸显了多重时空关系与多种活动性质在安全问题上的叠加、复合和交织,是一种整体复合性的、具有'场域安全'特征的威胁。"㉗当前,地区争端和恐怖主义、气候变化、网络安全、生物安全等全球性问题是安全威胁的主要来源。全球安全面临的问题与挑战往往多层次叠加、多领域交织,如何划定最紧迫的全球性问题是全球安全治理议程确立的关键。

第三是安全维护主体,即"谁维护安全"? 传统安全的维护主体是国家行为体,非传统安全的维护主体则包括国家行为体与非国家行为体。对全球安全来说,全球安全是超越"单元性"的安全,全球安全治理主体应具有多元性与平等性,尤其是作为"整体性"的全球安全不可分割;要建立健全全球安全治理体系,靠的是体系性的安全架构而不是体系中的某个"霸权"或"强权"。

第四是安全维护方式,即"如何维护安全"? 维护传统安全常以一国行动为主,多用军事武力方式,而非传统安全则以跨国联合行动为主,用非军事武力方式维护安全。治理方式折射出不同安全立场与原则的运用,直接反映着程序正义与过程合理性。

传统安全与非传统安全的区别还体现在:在安全理念上,传统安全是狭义的安全观,重点是防御危险与威胁,军事武力是主要手段,因而其安全理念必然是"危态对抗";非传统安全则是一种广

㉗ 余潇枫主编:《非传统安全概论》(第三版,上卷),北京大学出版社,2020年版,第32页。

义的安全观,重点是共同治理以获得良好的生存与发展环境,非军事武力是主要手段,因而其安全理念必然是"优态共存",追求"你安全我才安全"的和合共建安全模式。安全从以往的狭义安全观转向广义安全观,必然要求安全主体的扩展,在非传统安全中非国家行为体占有更多的角色,特别是非传统安全以人的安全为基,以社会安全为本,突破了传统安全的国家安全本位,非传统安全问题或威胁更多地综合了地缘因素、利益因素和社会心理因素,其语境比传统安全更为综合与复杂。

2. 非传统安全的边界划定

"非传统"是一个与"传统"相对而又动态变化着的概念。非传统安全与传统安全有着难以确定的领域边界。例如,非传统安全中的民族分离主义、宗教极端主义问题都涉及政治安全领域,恐怖主义问题都涉及军事安全领域。作为一个独立的概念,非传统安全与传统安全相区别;但作为一个动态的概念,非传统安全又与传统安全相联系、相交织,且相互转化、替代。"非传统"不断地从"传统"中分化出来,却可能在未来被归入"传统"之中,而未来社会又会创化出新的"非传统"让人们去认识与把握。

非传统安全问题边界的划定可以从狭义、广义、更广义和最广义四个角度理解。一是狭义的理解,指直接与传统安全问题相区别的非传统安全问题(图 2-1 中的 A);二是多数学者采用的广义的理解,指与传统安全问题相区别和与传统安全问题相交织的两部分之和的非传统安全问题(图 2-1 中的 B);三是更广义的理解,指包含传统安全以及一切安全的非传统安全问题,即在非传统的视野下,传统安全也是一种"非传统的'传统安全'"(图 2-1 中的C)㉘;四是最广义的理解,指安全的整体不可分,是传统安全与非传统安全复合交织的"总体安全"(图2-1中的D)。当然,也有学者把非传统安全问题与传统安全问题相互组合的安全直接称为"交织型安全威胁"㉙。

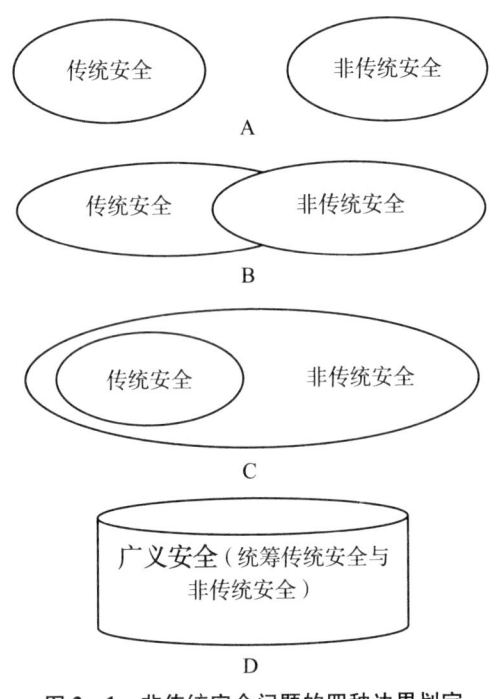

图2-1 非传统安全问题的四种边界划定

㉘ 参见刘跃进著:《为国家安全立学:国家安全学科的探索历程及若干问题研究》,吉林大学出版社2014年版,第179—190页。

㉙ 参见姜维清著:《交织:国家安全的第三种威胁》,世界知识出版社2011年版,第14页;巴忠倓主编:《和平发展进程中的国防战略》,学习出版社、海南出版社2014年版,第35—57页。

但不管从哪个角度理解,非传统安全问题在起因、手段、过程、特征、影响等方面均与传统安全有着诸多直接与间接的交织,从而表现为不同的"样式"。模型 A 的边界划定强调的是传统安全的"军事"特征与非传统安全的"非军事"特征,前者需要通过国防力量来解决,后者需要通过内政与外交相结合的方式来解决。

模型 B 的边界划定强调的是非传统安全与传统安全除了各有其自身的特征外,在很多方面它们是相互交织的。例如,能源安全中的石油资源在常态下属于非传统安全研究领域,但当该资源上升为国家战略性、军事性资源后,就成为了传统安全研究领域的议题。再如,海盗问题属于常规的非传统安全威胁,但当海盗泛滥严重影响到一个国家的经济贸易时,国家就会出动远洋海军予以打击,这时海盗问题就升级为传统安全问题,成为传统安全与非传统安全相互交织的主要威胁。

模型 C 的边界划定强调的是,即使是传统安全,其本身也在"非传统化"。例如,军队是用于"备战"的,但当军队要应对"非战争威胁"时,军事行动就具有了"非传统安全"的意义。再如,有些国家在国防部下成立网军,网军并不使用常规的军事武器,也不杀人伤人,但网军却能对一个国家的政权实施战略性的甚至是毁灭性的非军事打击,这也使得各种类型的"非传统战争"具有了传统安全"非传统化"的特征。

当然还可以有模型 D 等,其突现的是"广义安全"的含义,即把传统安全与非传统安全之间的关系用立体三维图形来表示,通过空间连通的方式来表征传统安全与非传统安全之间的区别、交织与互构关系。

二、非传统安全场域类型

1. 非传统安全的集合特征

非传统安全的"集合特征"有:非军事武力、跨国、普遍性威胁、非国家行为体参与、需要多国行为体共同治理等。要对非传统安全作深入研究,需要从场域安全的场景性、情景性、前景性三个维度把握其特征。

首先,非传统安全威胁有着其不同类型与层次的场景性特征。非传统安全问题大多是涉及地区安全、全球安全和人类安全的问题,或者是由一国内部的非军事和非政治因素引起并影响各国安全的跨国性问题,其"场景"跨越国界、跨越地区、跨越星际(例如人类的太空探索活动导致微生物的传播等),所以在地域上有明显的蔓延和扩散的特点,而不是单独某一个国家或地区的难题。例如非洲中部大湖地区的暴力与武装冲突就是由布隆迪和卢旺达两国的图西族和胡图族之间的矛盾冲突引发并波及其周边邻国的。又如,信息网络中的黑客攻击造成的破坏和影响会在极短的时间内迅速传递和扩散开来,甚至波及全球各地。场景的"跨界"使得非传统安全更具有其场域安全的"广义性",即指除了"和平","非传统"的安全更多地与风险、危机、紧急状态、日常存在性威胁相关联,更多地与自然灾害、事故灾难、突发公共卫生事件和社会重大安全事件相关联,凸显了全球安全、国家安全、社会安全、人的安全相互之间的关联性与转换性。

其次,非传统安全威胁有着其不同文明与文化的情景性特征。与传统安全威胁多来自国家行为体不同,非传统安全威胁的来源是多元的、复杂的,更多是来自非国家行为体,甚至个人。非国家行为体成为安全威胁的重要行为体是非传统安全的重要情景性特征,多元行为体的参与导致了不同文明与文化冲突的复杂性,因而非传统安全威胁所挑战的可能是某一个国家,也可能是某一区域、某个群体或个人;成因可能是某种自然客观的,也可能是某些与生存的文明方式与文化传统相关的社会主观的;其威胁的表现形式可能是传统方式,也可能是从未有过的非传统方式。鉴于非传统安全的情景性特征,它相较军事、战争威胁等较单一的形式,显得复杂多样而难以应对。非传统安全问题的情景性特征使其具有极大的破坏力与很强的蔓延性,而且还具有"不易控"的特点。

情景的"交错"使得非传统安全更具有其场域安全的"复合性"与"多维性"。场域安全的"复合性"是指,非传统安全威胁是以"社会安全"与"人的安全"为主要领域的各种威胁,从而原本属于"低政治"领域的安全被提升到了重要的位置,"社会"与"人"便成为安全的价值基点,"安全的核心将是日常生活的境况——食物、居所、求职、健康、公共安全和人的权利等,而不是国家外交政策与军事实力的专有物"[30]。场域安全的"多维性"是指人口安全、食品安全、复合性自然灾害、特大事故灾难、突发公共卫生事件、重大群体性冲突事件等,具有地域特定性、制度相关性、人口密集性、信息遮蔽性、资源稀缺性等"多维性"特征;而与传统安全交

---

[30] Andrew T. H. Tan & J. D. Kenneth Boutin (eds.), *Nontraditional Security Issues in Southeast Asia*, Select Publishing for the Institute of Defence and Strategic Studies, 2001, p.2.

织特征的非传统安全威胁,则表现为传统安全与非传统安全在手段、目的、内容、影响上的相互交叠与转化,甚至具有与军事武力相关联的"多维度"特征。

第三,非传统安全威胁有着其不同意愿与期待的前景性特征。前景的"未知"使得非传统安全更具有其场域安全的"不确定性"。场域安全的"不确定性"是指非传统安全威胁爆发的时间、地点、成因存在着极大的不确定性,所以常以突发性灾难或危机的形式给人们造成巨大伤害,常常给世界带来"意外"的震惊。因此,前景性安全需要考量的是:面对各类"始发"的安全问题,需要判明它是第一次但却是唯一一次出现,还是一个新的例常性危机的首次出现?这就涉及对风险前景的预估。人类面临的不安全风险有三类:一是凭借经验与能力可以事先判定的"可知风险"(known risk);二是曾经出现过但凭借经验与能力仍无法判定下次是否或何时出现的"不可知风险"(unknown risk);三是从来没有出现过,凭借经验和能力无法预知与判定,但其最坏境况又是可以想象的"不可知的未知风险"(unknown-unknown risk)。[31] 对应这三类风险的安全类型可以分为"现实性安全""潜在性安全""结构性安全"。其中"结构性安全"便是一种深层的具有认同建构意味的"本体安全"(ontological security)。

2. 非传统安全的"场域性"

对安全内涵进行扩展而不断重视非传统安全主要体现在两个

---

[31] 参见 Elke Krahmann, "The Market for Ontological Security", *European Security*, Vol. 27, No. 36, 2018, pp. 362-365。

方面:一是第三世界国家普遍认为,以往的抵御外来入侵与外力侵覆的国家安全观过于狭隘;二是以"人的安全"为主体内容的非传统安全观被联合国提出。相对于传统安全来说,非传统安全更具有"广义安全"的性质。以"场域安全"理论分析"非传统安全",则可发现非传统安全挑战所构成的不是单一的安全问题或安全威胁,也不是单一的危机事件或事故灾害,而是一个具有特定性质的场域,进而形成具有整体、交织、复合、时变性质的"场域安全",这就需要用"总体安全"思想来看待"大安全"问题,用"总体国家安全观"来统筹传统安全与非传统安全。

安全场域的总体性意味着要把非传统安全威胁置于某一"场域"中进行考察,即"场域安全"依据安全行为体的定位其范围可大可小,如果超越国家本位来思考安全,则"场域安全"可以是大于国家的区域安全、全球域安全、星际域安全,也可以是和合主义所要研究的"天-地""人-地""人-类""人类-非人类"间的场域安全,它们相对研究的指涉对象来说,均具有大于国家的"全域"意义,其范围甚至超过了"天下"而把"天上"也包括进来了。换言之,安全是一个"安全连续统""安全环",它们构成的不是单一的安全问题或安全威胁,也不是单一的危机事件或事故灾害,而是一个具有特定性质的"场域"。从经验上理解,这是一个具有复合网络特征的"安全场域";从学理上理解,这又是一个具有抽象性质规定的"场域安全"。

3. 非传统安全的类型划分

非传统安全问题分类研究上有"归一法"和"两分法"之分。"归一法"强调国家面临的威胁只有一种,即"传统与非传统安全威胁交织"的、作为"威胁新形态"的"交织型安全"。[32]"两分法"又分两种。一种是以安全的指涉对象为类型,把"国家安全"和"社会与人的安全"两分,把非国家行为体对国家的"军事威胁"也纳入非传统安全范畴。[33] 另一种是以安全的实质是否与军事武力及战争相关涉为类型,把非传统安全划分为典型性非传统安全与非典型性非传统安全,前者是与军事武力不相关涉的、"非战争"性质的,后者是与军事武力相关涉的、"战争"性质的。这里要阐明两点。一是"战争"性质的非传统安全问题或可被归为"交织型安全"[34],或可被传统安全研究归入"传统安全的新类型"中。二是所谓"战争"性质的非传统安全威胁,包括非国家行为体(非国家化行为体、非政府化行为体)威胁国际安全体系与国家安全的"暴力"行动。

如果把维护非传统安全作为未来世界安全发展的一种主导性安全趋势,特别是从中国和平发展需要更多的非传统安全合作而不是传统安全的对抗的方略选择来看,"典型性"与"非典型性"的"两分法"更具有价值的合理性与应对的可操作性。当然,还可以对"典型性"与"非典型性"的"两分法"做进一步的细分。如果从安全事件或安全威胁的发生源起地和国家应对方式(外交为主还是内政为主,或是并重)分析,典型性非传统安全还可以再细分为

---

[32] 参见巴忠倓主编:《和平发展进程中的国防战略》,学习出版社、海南出版社2014年版,第36页。

[33] 参见曹伊、赵小华著:《阿富汗与俄罗斯非传统安全问题》,载《俄罗斯学刊》,2013年第5期,第38—45页。

[34] 参见姜维清著:《交织:国家安全的第三种威胁》,世界知识出版社2011年版,第58页。

内源性、外源性和双源性三个类型。而非典型性非传统安全,主要是指与传统安全相交织,难以与军事力量相分离,可统称为"多源/元性"㉟非传统安全。这一细化为内源性、外源性、双源性和多源/元性的分类是为了更好地寻找类型特征与具有针对性的治理策略。事实上,有很多非传统安全威胁因其复合的、交叉的、交织的特点是超越上述细化划分的,或者说它们既可以是多源的(在发生源起地上的交叉复合),也可以是多元的(在与军事武力上的交叉交织),还可以是相互转化或相互重叠的。

4. 非传统安全的具体类型

从场域这一关系网络的整体性、交织性、强弱性、动态性的特征看,以下两类、六种非传统安全问题虽具有各自独特的内涵、特征、典型议题及其治理手段,但又并非截然分开、相互独立或非此即彼,而是在发生原理、演化特征、治理手段等方面存在相似甚至重合之处。

第一类是典型性的非传统安全,其主要指"非军事特征"比较明显的非传统安全威胁类型,具体分为三种。第一种是内源性非传统安全威胁。其指威胁源起于国内,直接对国内相关治理领域甚至整个国家安全与发展产生影响,或经过扩散,"溢出"国界而

㉟ 多源/元性非传统安全的内涵有两类。一类是多源性(heterogeneous),该词源于希腊的组合词汇,意思是"不同种类"。在物理学中它通常用来描述一种物质是多种元素构成的,如"混凝土"就是一种典型的物理学的多源性物质。在计算机网络中,"多源性"是指网络的运行协议、运行系统、运行平台的各不相同;在社会科学中,"多源性"曾被用来描述复杂的、不对称的各类复杂性"冲突"。另一类是多元性(multimeta),该词强调不同领域与性质的安全威胁相互交织,特别是指非军事性的非传统安全威胁与军事性的传统安全威胁相互交织。

影响他国或与他国安全场域相关联,继而再影响本国的非传统安全威胁类型,需要本国以内政为主、外交为辅进行综合回应,以消除其危害或负面影响。"内源性"非传统安全威胁是指发生"源"或"缘由"来自国家内部的非传统安全问题与事件,它会对国际社会产生影响,也会反过来再影响国内,如人口安全、食品安全、复合性自然灾害、特大事故灾难、突发公共卫生事件、重大群体性冲突事件等。这些安全威胁的应对以内政为主,具有地域场景性、制度相关性、人口密集性、信息遮蔽性、资源稀缺性等特征。这类非传统安全威胁的诱发因素往往是国内各种矛盾长期积聚而没有得到及时发现、疏导或妥善解决,或者应对不当、处置过度。内源性非传统安全问题的治理需要通过全面深化改革提升整合应对能力,特别是需要政府与社会力量的共同参与和复合联动。内源性非传统安全威胁既包括"政治安全"领域的腐败问题,还包括"社会安全"与"人的安全"领域广泛涉及的各种公共安全问题。这意味着日常生活中的食物、居所、求职、健康、公共安全和人的权利等"低政治"领域的问题会经过"安全化"而上升为政府十分关注的"高政治"议题。

第二种是双源性非传统安全威胁,其指同时源起于国内和国外,特别是源起于与边疆接壤的地区,需要国家同时从外交与内政两个方面予以应对的安全威胁。双源性非传统安全威胁的主要特征有以下四点。第一,威胁产生主体和诱发因素具有内外联动的"双重性",或是国外的因素影响到国内而导致威胁的产生,或者是国内本身的问题没有得到及时解决而在国际因素的介入下导致威胁的产生与扩大。第二,威胁的扩散与影响具有内外共振的"双向性",即威胁会同时对国内和国外产生影响。第三,威胁应对与治理具有"复合性",国家需要从内政和外交两个方面进行复合应对。第四,威胁形态往往与军事武力相交织而与多源/元性非传统安全威胁相互转化。当前的双源性非传统安全威胁主要表现为陆疆和海疆中的非传统安全问题,例如非法移民、跨国犯罪、海洋资源开发问题以及共同流域内的水资源和生态环境问题等。许多双源性非传统安全问题是传统安全问题直接引发的,如区域间的军事冲突导致非法入境的难民数量的增长。当然,一些双源性非传统安全问题也可能诱发传统安全领域的矛盾和冲突,如跨国有组织犯罪有可能引起国家间的军事紧张。

第三种,外源性非传统安全威胁,其指威胁源起于国外,经过扩散而进入本国或与本国安全场域相关联,需要本国以外交为主、内政为辅进行全链条应对,以消除其危害或负面影响的非传统安全威胁。这类源起于国外的非传统安全威胁涉及自然性的复合灾害与人为性的复合性事故、不安全事件、非军事性暴力冲突等。按安全场域的层次[如全球、区域(间)、国家(间)]进行分类,外源性非传统安全威胁呈现出不同的形态。全球性层面主要有:生物圈危机,气候变化危害(如全球平均温度上升、海洋酸化、北冰洋海冰融化、世界各地极端天气事件频发等),环境恶化(如大气和江海污染加剧、大面积土地退化、森林面积急剧减少、臭氧层空洞扩大、生物多样化受到威胁等),资源匮乏(淡水资源日益短缺、耕地面积缩小、能源供应不足等)。区域层面主要有:区域性经济危机(如金融危机、贸易危机),跨国犯罪(如海盗、非法移民、跨境贩毒),海洋安全问题(如岛屿主权争端、海洋资源争夺、海洋战略博弈),网络信息安全问题,太空安全问题,核事故安全问题等。国家间层面主要有:双边或多边性的边境河流、山脉等的主权争端,跨境水域污染恶化,重大海空灾难,边境(非法)移民问题,国际恐怖主义或跨国恐怖主义威胁等因历史、领土、宗教、文化、发展等因素而引发的冲突。

第二类是非典型性的非传统安全。当今时代,传统安全"非传统化"、非传统安全的"传统化"以及二者的相互交织,使得一切都与非传统安全相关联。非传统安全的非典型性类型较之于典型性类型更为多元与复杂。这类安全威胁的应对需要外交、内政和军队系统的整合,具有主体多重性、手段复合性、领域交叠性、目标综合性等特征。展开来说,这类安全威胁按国内与国际因素的相互作用分,有国内为主交叠国际因素、国际为主交叠国内因素、国内国际因素交织复合;按军事与非军事因素的相互作用分,有军事为主交叠非军事因素、非军事为主交叠军事因素、军事与非军事因素交织复合,从而体现出从未有过的复杂性。非典型性的非传统安全威胁可以分为三种:

第一种是多元/源性非传统安全威胁,其特指与军事武力相关涉的非传统安全威胁。由于源于不确定的"时空-关系"场域,这类威胁对国内乃至世界产生的危害足以引起国家在政治安全上的考量,甚至需要运用国防力量进行"军事武力"的介入。由于多源/元性非传统安全威胁是一种"混合性复杂威胁",它还有具有"主体多重性与领域交叠性,手段复合性与目标综合性,地缘多源性与威胁流动性,过程逐变性与属性变异性"㊱以及问题持久性

㊱ 廖丹子著:《"多源性非传统安全"与中国"现代民防"体制建构》,载余潇枫主编:《中国非传统安全研究报告(2012—2013)》,社会科学文献出版社2013年版,第328页。

与危害严重性等特征。传统安全威胁与非传统安全威胁的相互交织,或者军事武力的直接介入,使地缘上的"多源"叠加上性质的"多元",使安全问题升级。从全球范围来看,以军事武力介入相关的多源/元性非传统安全议题较多,包括核危机、国际恐怖主义危机、网络空间安全威胁及网络恐怖主义威胁、生物恐怖威胁、海盗威胁、极地安全问题、太空安全问题等。

第二种是"非传统化"的传统安全威胁。这是"交织安全"的一种特别形式,即传统安全本身在"非传统化",不仅与非传统安全相互交织,而且直接由军事武装力量来掌控。例如,网络虚拟空间成为国家安全权力争夺的"第五战场",诸多国家相继成立特别部门推出相应的网络安全战略,如美国组建"网络司令部","网军"虽不动用武器,但他们实施的攻击同样是毁灭性的。网络空间安全兴起了对"数据主权"(第五主权)的关注,并由此也引发了对"后斯诺登时代的全球网络空间治理"的广泛且持久的探讨。相比于领土、司法等其他主权内容,数据主权在内容框定、路径追溯、方法保障,以及法律依据等方面都面临更多的难题。网络安全威胁作为多元性非传统安全威胁中的典型议题,"其呈现了主权难以界定、合法性难以判定、身份难以限定、过程难以追踪、应对难以依靠单一主体的非常规特征"[37]。互联网不仅是国家维护"第五主权"的场域,也是全球反恐的重要战场。

第三种是"传统化"的非传统安全威胁。这是"交织安全"的

---

[37] 廖丹子著:《"多元性"非传统安全威胁:网络安全挑战与治理》,载《国际安全研究》,2014年第3期,第25页。

另一种特别形式,即非传统安全本身在"传统化",不仅与传统安全相互交织,而且直接转化为"非传统战争"或"传统战争"。众所周知,石油作为一种地球资源本归属非传统安全中的"资源安全",但人类历史上爆发的数次石油战争便是非传统安全转变为"传统安全"的典型例子。与此相关的还可以列举"水战争"等其他的资源争夺战。

第三章 安全理论扩展：
从"物质"到"理念"

非传统安全研究的兴起源于安全现实的挑战与安全理论的扩展，其关键是从对安全做"物质性"解读转向对安全做"理念性"解读。现实主义理论的扩展体现在"霸权稳定论""联盟政治观""道义-现实主义"等的提出上；自由主义理论的扩展体现在"复合相互依赖论""后霸权合作论"的建立上；和平理论的扩展体现在"结构暴力论""积极和平论"以及众多非传统安全研究议题的选取上。标志非传统安全理论形成的是建构主义"互构安全说"与哥本哈根学派"认同安全说"的形成，特别是"安全化""去安全化"理论开创了安全研究的新范式。

第一节 传统安全理论的扩展

一、现实主义安全观

1. 权力、安全是国家寻求的目标

现实主义的思想传统源自亚里士多德、修昔底德、马基雅维里、霍布斯等人。修昔底德所著的《伯罗奔尼撒战争史》被奉为现实主义的经典之作。现实主义不是单一的理论,而是有着共同理论倾向的众流派的理论总称,学界将现实主义划分为古典现实主义、新现实主义(Neo-realism,也称结构现实主义)和新古典现实主义(包括进攻现实主义和防御现实主义)。蒂莫西·邓恩(Timothy Junne)把它们的共同要素概括为3S,即国家主义(statism)、生存(survival)、自助(self-help)。①

古典现实主义[也称人类本性现实主义(human nature realism)]以人性本恶为理论前提,以权力和利益为理论出发点,认为国家的安全目标在于追求权力和利益的最大化,权力就是目的,拥有权力就获得安全。古典现实主义的集大成者汉斯·摩根索(Hans Morgenthau)在其代表作《国家间政治》(*Politics Among Nations*)提出了被奉为理论基石的现实主义六原则,其核心思想是权力政治(power politics)。② 在摩根索看来,国家和人一样,追逐权力和利益是本性使然。为了确保国家利益,寻求本国的生存与安全,国家的权力斗争在所难免。既然在国际政治中各国的利益冲突和实力不均必然导致权力争夺,那么对于国家以及国际社会来说,如何摆脱"安全困境"以维持自身和国际的和平与安全? 对这个问题,摩根索指出,要维持和平,首要的也是最为重要的是保持"权力均衡",它是国际安全与稳定的基本因素。首先,通过这种均衡机制,国际社会可以制约、协调各国的利益和权力争夺,避免

---

① 参见 John Baylis & Steve Smith (eds.), *The Globalization of World Politics*, Oxford University Press, 1997, p. 110。

② 参见 Hans J. Morgenthau, *Politics Among Nations: The Struggle for Power and Peace*, McGraw-Hill Companies, 1993, pp. 4-13。

和抑制大规模的冲突和暴力威胁;其次,各国必须对自身有理性的认识,不能去追求与自身实力不符的利益,否则将危及国家利益和安全;再次,国际法、国际道德会对权力有一定的限制作用。摩根索、卡尔(E. H. Carr)等现实主义者虽然批判理想主义者对国际道德、国际法、国际组织之于国际和平与安全的作用有着明显夸大的道德乌托邦倾向,但他们自己也承认道德和规范的价值只是发挥了有限的作用而已。卡尔特别强调了将历史和价值合一的重要性,在他看来,健全的政治理论应既包含乌托邦主义也包含现实主义,既包含权力也包含道德价值观。③

新现实主义修正了传统现实主义的人性中具有先天追求权力的倾向的假定,以国际无政府状态为分析的出发点,指出国家寻求的最高目标不是权力,而是安全;权力只是手段,安全才是目的,权力政治恰恰是由国家与国家组成的国际体系相互作用的结果。④新现实主义在国际安全的论争中又被分为"进攻型"和"防御型"两种:前者认为,国际体系培育着冲突与侵略,安全则是一种稀缺的资源,为了安全却要制造国际上的激烈竞争乃至战争,因而更多的是一种针对大国的理论,只有增强自身实力,比对手更为强大,才能获得安全;后者认为,国际体系并不必然地培育冲突与侵略,因而安全不是稀缺的资源,在加强对国际体系理解的基础上,国家的防御战略是通向安全最有效的途径,因而国家安全的获得并不

---

③ 参见〔美〕詹姆斯·多尔蒂、小罗伯特·普法尔茨格拉夫著:《争论中的国际关系理论》(第五版),阎学通、陈寒溪等译,世界知识出版社2003年版,第73页。
④ 参见〔美〕肯尼思·华尔兹著:《国际政治理论》,信强译,上海人民出版社2008年版,第93页。

是追求权力的最大化,而是通过对外政策和影响力防止他国权力的增长,力求自身权力损失的最小化而得以实现。

新古典现实主义对古典现实主义和新现实主义理论进行了拓展,"提供了表述清晰而且可以检验的假设,追求结构现实主义引入现实主义的实证科学严谨性,明确了无政府的国际体系发挥的首要因果作用"⑤,强调国家同时活动于国内和国际两个领域,应当把国际体系层次和国内层次结合起来考察,国家对外政策虽然是两个层次的变量互动的具体交叉点,但优先考虑体系变量而非单元层次变量;国家决策还可以通过多种不同的途径寻求安全:结盟形成权力制衡、跟随大国、进行外交谈判或妥协、发动战争等。新古典现实主义之"新"在于一方面主张当国家面对约束性战略环境时,体系(物质)变量对国家外交和安全政策的作用超过观念变量,而另一方面又强调当国家面对包容性的战略环境时,观念和意识形态会对国家的外交政策施加更大影响。⑥ 当然,克雷格·A.斯奈德(Craig A. Snyder)等学者认为,所有现实主义的根本观点都是基本一致的,均强调国家在无政府状态下使用军事力量以扩大其权力或安全。⑦

2. 现实主义理论的扩展

20世纪80年代初,罗伯特·吉尔平(Robert Gilpin)把查尔

---

⑤ 〔加〕诺林·里普斯曼著:《新古典现实主义国际政治理论》,刘丰、张晨译,上海人民出版社2017年版,第164页。

⑥ 参见同上书,第150—151页。

⑦ 参见〔澳〕克雷格·A.斯奈德等著:《当代安全与战略》,徐纬地等译,吉林人民出版社2001年版,第68—69页。

斯·金德尔伯格(Charles Kindleberger)在经济领域提出的"霸权稳定论"应用到国际安全领域。"霸权稳定论"以"古罗马治下的和平""英国治下的和平""美国治下的和平"为例,从经济的视角指出霸权体系可以带来霸权国主导下的国际合作,从而形成国际体系结构的均衡与稳定。霸权国制定国际机制,形成由它主导的国际政治经济体系,在该体系内所有国家均受益;霸权国家在给自己带来好处的同时,也使那些支持和参与该体系的国家得到好处;因此,霸权体系不仅有利于世界经济的发展,而且有助于国际体系结构的稳定。"霸权稳定论"体现了新现实主义在合作理论方面的扩展,但反对和批判它的声音也比较多。

21世纪初,国际安全研究领域中的"联盟政治"转型标志着现实主义理论的又一新扩展。联盟与反联盟是国际政治中经久不衰的主题,也是国家安全合作的一种基本方式。联盟最基本的功能是基于明确的军事安全义务和承诺来应对共同安全威胁,因此大国的结盟很大程度上能塑造国际关系的走向,小国参加结盟则可获得占据主导地位的大国提供的安全保护,特别是"联盟与国家间的安全互动及其后果紧密交织,从而导致国际安全领域绝大多数议题无法摆脱联盟的模式单独探讨"⑧。在新的背景下,大国竞争更多以非战争形式呈现,联盟政治向非传统安全领域延伸,"联盟的战略协调功能在安全以外的领域不断扩展,在技术竞争、供应链和海上安全等在涉及大国战略竞争的议题上尤为明

---

⑧ 刘丰著:《美国联盟政治研究与国家安全》,载《中国社会科学报》,2022年9月15日,第5版。

显。联盟的延伸效应使得联盟内外的互动形态变得更加丰富，但也要注意到非安全领域协调效果很大程度上受安全关切与获益的限制"⑨。

中国学者近些年来提出和发展的"道义现实主义"（或"道义-实力"论）是对传统现实主义理论的重大超越。阎学通认为，"道义优先"原则具有普适性，当然如摩根索所指出的，道义优先中的"道义"是具体的而非抽象的，是世界的而非民族的，因此，道义是容于现实主义的。"道义现实主义"首先是对中国古代"政治决定论"思想的传承，其次是对国际现实主义理论的深化，认为中国应建立以道义为优先、国家实力为基础的"德威并重的战略信誉"，丰富"亲、诚、惠、容"的奋发有为的外交政策。在中国，道义中的"义"有"正义"与"信义"双重含义，因而"在当今时代，中国要实现民族复兴就需要在'正义'和'信义'两个方面超越美国。'正义'的具体表现是，中国在国际冲突中比美国更多地维护弱者的合法权益；而'信义'的表现是，中国有比美国更高的战略可靠性。鉴于美国提倡的'平等、民主、自由'价值观目前在世界上占有主导地位，中国需要借鉴'仁、义、礼'三个中国古代概念，结合'平等、民主、自由'的现代政治概念，在世界上推行'公平、正义、文明'的价值观。'公平、正义和文明'对于'平等、民主和自由'来讲是包含和超越"⑩。

---

⑨ 刘丰著：《美国联盟政治研究与国家安全》，载《中国社会科学报》，2022年9月15日，第5版。
⑩ 阎学通著：《道义现实主义的国际关系理论》，载《国际问题研究》，2014年第5期，第127页。

二、自由主义安全观

1. 秩序、规范是国家寻求的目标

自由主义思想多传承于理想主义。公正与安全是理想主义的"最高理想"。柏拉图的《理想国》建构了一个"正义社会";康德的《永久和平论》探寻了人类理性最终通向的"永久和平"世界;罗尔斯的《万民法》则描绘了一幅超国家的"全球公正"蓝图。理想主义安全观的核心是"集体安全"(collective security),其主张用集体安全模式来取代以往的均势模式,通过建立国际组织,健全和倚重国际法和国际规范,形成集体安全机制。这对后来全球(安全)治理中出现的规范主义、世界主义、全球主义、全球人道主义、新自由主义、和平研究、英国学派等理论流派都产生了不同程度的影响。自由主义的基本假定是,人性是可以改善的,但同时也是自利的,认为国际体系虽处于无序状态;但世界政治是一片"可培育的原地,既存在战争的状态,但也有和平状态的可能性"[11]。自由主义的核心议题是,在国际交往中,冲突和共同的利益、强制和非强制的谈判以及道德和自我利益之间是如何达成平衡的。[12]

20世纪80年代以后,出现了挑战新现实主义的新自由制度

---

[11] Francis Fukuyama & Michael Doylce,"Ways of War and Peace:Realism,Liberalism and Socialism",*Foreign Affairs*,Vol. 76,No. 6,1997,p. 151.

[12] 参见 Mark W. Zacher & Richard A. Matthew," Liberal International Theory: Common Threats,Different Strands",in Jr. Charles W. Kegley (ed.) ,*Controversies in International Relations Theory: Realism and the Neoliberal Challenge*,St. Martin Press,1995,pp. 107 - 150。

主义,即新自由主义。其研究的重点置于跨国关系上,以"多边主义"范式超越传统的"单边主义"范式,针对世界的发展提出了"复合相互依存"的概念,强调国际制度对国际合作的促进作用,相信国际道德的约束力量,其精神实质是全球主义理念在相互依赖的国际社会中的全面体现。

区别于现实主义,新自由主义不仅关注以国家为中心的国际关系,还关注更广泛的行为体和更复杂的国际关系;不仅关注战争与和平问题,还关注经济、社会、生态等其他领域的问题。新自由主义理论的核心概念是相互依赖、国际制度、全球化和国际治理;其基本倾向是,世界尽管是以无政府状态为其前提的,但其主要的特征仍是相互依存,因而随着跨国公司、国际组织等国际行为体登上世界舞台,国家不再是中心角色;在分析框架上,它采用世界体系的层次分析法,认为权力不再是国家行为的唯一目标,而国际间的合作与和平共处将取代军事威胁,因而经济利益可以被认为是与国家安全同样重要的因素甚至是国家的优先目标,并强调国家在国际关系中获取绝对利益;它更强调国家在安全合作中的绝对获益(absolute gains),而不是相对获益(relative gains),积极认同在国际关系中国际机制是解决国际无政府状态的有效手段,国家在世界的无政府状态中能够通过国际机制及制度实现相互的合作,甚至人类能够克服国际无政府状态。

在国际合作问题上,与新现实主义的"国际合作取决于国家的实力,霸权主导下的国际合作最为可能"的观点不同,新自由主义强调"国际合作取决于国际机制和国内政治,而不是国家的实力"。[13] 因为"以规则为基础的国际制度可以影响行动者的行为。一旦行动者严格按照国际规则行事,那么它们的行为就呈现相似性,因之也就加强了可预测性。这样一来,既可以促成国家之间的合作,也可以稳定国际体系秩序"[14]。但新自由主义强调的规则治理仍存在三个重要缺陷:一是规则执行会增强行动者的依赖度,当对规则的依赖发展到极端,则会使行动者丧失主体性而使规则僵化;二是规则并非万能,规则不可能编织出一个没有缝隙的规则治理天网,把管理落实到每一个细节;三是规则治理忽视道德力量而使道德缺位,用工具理性压制了价值理性,从而否定了人之为社会人的社会的基本准则。[15]

2. 自由主义理论的扩展

罗伯特·基欧汉和约瑟夫·奈提出"复合相互依赖"的安全理论,认为全球化时代是相互依存的时代,国际联系是多渠道的,包括国家间联系、跨政府联系和跨国联系。这种联系的紧密化和多层次化使军事安全并非始终是国家间关系的首要问题,政府关注的问题变得更为广泛、多元。"复合相互依赖有三种特性:交往的多层次性、议题之间不存在等级性以及军事力量重要性的下降"[16],特别是当复合相互依赖普遍存在时,军事力量起着次要的

---

[13] 王正毅著:《国际政治经济学50年:现实变革、议题设定与理论创新》(代序),载〔美〕本杰明·J.科恩著:《国际政治经济学》,杨毅、钟飞腾译,上海人民出版社2022年版,第V页。
[14] 秦亚青著:《世界政治的关系理论》,上海人民出版社2021年版,第288页。
[15] 参见同上书,第439页。
[16] 〔美〕本杰明·J.科恩著:《国际政治经济学》,杨毅、钟飞腾译,上海人民出版社2022年版,第30页。

作用，一国政府不会对他国行使武力。⑰ 基欧汉认为，合作是一个与纷争相对的概念，但也不是和谐，"与和谐相比，合作需要积极的努力去调整政策，以满足其他人的需要。这说明合作不仅取决于彼此之间存在的共同利益，还说明合作是在一种纷争或潜在的纷争的模式中出现的。如果没有纷争，那么就没有合作，只有和谐状态了"，"在相互依赖的状态下，有些合作对获得最优水平的福利是必要的条件，但是它不是充分的，因为有时更多的合作并不必然就比更少的合作要好"。⑱ 随着非传统安全问题在全球的凸显，美国更加关注诸如金融稳定、核不扩散、反恐、气候变化、防止传染病扩散等关键议题。对于如何更好地应对这些非传统安全议题，约瑟夫·奈指出，要综合运用硬实力、软实力和巧实力，其中硬实力主要包括军事力量和经济力量，软实力主要包括影响力、说服力和吸引力，巧实力则是能够提出更清晰、更广泛的战略思考的能力，"巧实力是胁迫和收买的硬实力与说服和吸引的软实力的结合"；软实力与巧实力对于未来一国竞争力的变化更具决定性作用，在国家竞争力中的权重更为显著。⑲

那么在"后霸权时代"，或随着美国霸权的衰落，或在没有霸权国家存在的情况下，国际合作能否维持？基欧汉提出"后霸权合作理论"，同时批评了"霸权稳定论"，认为由于国际制度的存在

---

⑰ 参见〔美〕罗伯特·基欧汉、〔美〕约瑟夫·奈著：《权力与相互依赖》（第三版），门洪华译，北京大学出版社2002年版，"中文版序言"第25—38页。

⑱ 〔美〕罗伯特·基欧汉著：《霸权之后：世界政治经济中的合作与纷争》，苏长和、信强、何曜译，上海人民出版社2001年版，第12、10页。

⑲ 参见〔美〕约瑟夫·奈著：《权力大未来》，王吉美译，中信出版社2012年版，第XIX—XXV页。

和发挥的作用,后霸权时代的合作也是可能的,即国际制度是维持国际和平与安全的关键所在。基欧汉在以往的商业和平论、民主和平论和霸权和平论的基础上,扩展出一种新的"制度和平论"。他认为,国际机制的价值在于可以克服"政治市场失灵"问题,它虽不能强制实施,却有助于形成相互有益与稳定预期的"关系网",降低相对的交易成本,有效防止不确定性、不对称信息的道德风险、难以协商的外部性问题,以及不负责任的行为带来的"不安全"。[20] 与此相应,国际制度还能在不同的程度上改变行为者的利益偏好,协调和调整各国政府的政策和行动,减少因不确定因素而造成的不安全或对抗心理。

有学者指出,在告别霸权的时代,自由主义与现实主义有一些共同之处:"都采用理性主义的路径,却将权力与影响力混为一谈;都将国家视为主要的行为体,其研究计划关注美国的霸权;在分析的路径上,都将霸权的不同职能融为一体",即使自由主义内部也存在诸多不同的观点,但"自由主义的共同之处是:他们对美国霸权的预期是乐观的,即美国霸权能通过某种形式存续下去"[21]。事实上,自由主义与现实主义一样都没能很好地解释苏联解体与冷战的和平结束。随着2008年全球金融危机以及逆全球化思潮中民粹主义的泛起,现实主义回归,自由主义再次面临新的挑战与考验,因此需要从理论上来回答"世界秩序的变革""全球

---

[20] 参见〔美〕罗伯特·基欧汉著:《霸权之后:世界政治经济中的合作与纷争》,苏长和、信强、何曜译,上海人民出版社2001年版,第104—129页。

[21] 〔美〕西蒙·赖克、理查德·内德·勒博著:《告别霸权!:全球体系中的权力与影响力》,陈锴译,上海人民出版社2017年版,第4页。

治理的挑战""地区主义的困境"这些"宏观问题"。以全球治理挑战为例,困境有三:一是主权原则与"搭便车"或以邻为壑的困境;二是重新制定治理规则与依据何种理念的困境;三是治理结构上采用"分层级分问题领域的碎片化治理,还是跨层级跨功能的网络化治理"的困境。[22]

三、和平研究与和平学

1. 和平:人类追求安全的理性表达

战争是人类野蛮的象征与文明的前奏,是人类告别动物世界所必经的"血腥阶段"。若人类文明从人类诞生时起算的话,那么战争常被视为"文明生成"本身,"一旦诉诸暴力的期望在社会上盛行,不论是国内战争还是国际战争,不论是必要的'战争'还是出于权宜之计的'战争',都会成为体现我们文明进程的特点之一"[23]。在远古时代,"战争是万有之父和万有之王"[24]。因而荷马史诗有大量同时对战争双方的英雄进行讴歌的明证。"在荷马史诗中,不管一个首领的个人品质如何,当且仅当他真正履行了其的职责,他就是善的。"[25]黑格尔也认为,战争不唯是必然的,而且是

---

[22] 参见王正毅著:《国际政治经济学50年:现实变革、议题设定与理论创新》(代序),载〔美〕本杰明·J. 科恩著:《国际政治经济学》,杨毅、钟飞腾译,上海人民出版社2022年版,第XXII—XXIV页。

[23] 〔美〕哈罗德·D. 拉斯韦尔著:《世界政治与个体不安全感》,王菲易译,中央编译出版社2017年版,第58页。

[24] 〔美〕梯利著:《西方哲学史》,葛力译,商务印书馆1999年版,第21页。

[25] 〔美〕阿拉斯代尔·麦金太尔著:《伦理学简史》,龚群译,商务印书馆2003年版,第33页。

应然的,战争的崇高意义在于能保持各国民族的伦理健康,持续的甚或永久的和平会使民族堕落。㉖

人类从部落发展到国家,形成过上百万个社会,战争是人类社会的常态。然而,有战争必然有反战,必然有对和平始终不渝的追求。康德的《永久和平论》便是人类和平追求的哲学表达:"只会造成双方以及一切权利随之同时一起毁灭的一场绝灭性的战争,就只是在整个人类物种的巨大坟场上才能发见永久和平。因此,这样的一场战争以及使用导致这种战争的手段,就必须是绝对不能容许的。"㉗

人类在"战争—和平—再战争—再和平"的螺旋缠绕中发展自身,然而战争时期竟然远远多过和平时期。第二次世界大战给人类带来了空前的灾难,让人类产生了深刻的反省。如何防止此类战争再次发生?针对这一问题,安全研究领域形成了基本对立的两派:一是"战争研究"中的扩军备战派;二是"和平研究"中的裁军求和派。前者促成了"现实主义安全"理论的兴盛;后者促进了"和平主义"理论的兴起。克劳塞维茨的《战争论》、中国古代的《孙子兵法》均是战争研究的经典之作;美国芝加哥大学教授昆西·赖特(Quincy Wright)以社会学与历史学相结合的视角,于1942年撰写出版了巨著《战争研究》,使得战争研究进入了学科领域的学术领地,之后的现实主义学者亦多介入战争问题研究。

㉖ 参见〔德〕黑格尔著:《法哲学原理》,范扬、张企泰译,商务印书馆2019年版,第386—387页。

㉗ 〔德〕康德著:《永久和平论》,载《历史理性批判文集》,何兆武译,商务印书馆1990年版,第102页。

相比之下，现实主义的战争研究占据着国际政治研究的舞台中心，而和平研究基本处于舞台边缘，"由于学者们总是通过分析'战争'来理解'和平'，一部巨型国际关系教科书向学生展示的就只是无数场生动鲜活的战争和同一种模糊不清的和平"㉘。

世界各地的和平思想是和平研究的重要理论渊源。《易经》最早提出了"保合太和""万国咸宁"的安全理想，与儒家的"仁爱""和为贵"、道家的"顺道""齐物""无争"、墨家的"兼爱""非攻"、佛家的"慈悲无我"融合成东方和平思想的精华。西方具有代表性的和平思想有莫尔的"乌托邦"理念、康德的"永久和平论"、格劳秀斯的"战争与和平法"等。可以说，和平思想与战争、冲突相伴而生，是人类追求安全的理论性表达。

和平运动与和平研究可以展现为这样一个历史演进的逻辑：以奥林匹克运动会的"体育即和平"为标志的古希腊"和平象征"时期；以《乌托邦》《和平的诉求》《永恒和平方案》《论永久和平》等为代表作的欧洲"和平构想"时期；以反对战争为使命的国际"和平政治"时期；以制止战争、消除暴力、构筑希望与超越"人类世"为标志的全球"新和平理想"时期。然而，相对于世界来说，"和平研究是欧洲国际关系学的核心内容"㉙。到 2000 年，和平研究已扩展到欧洲、美洲、亚洲及非洲的众多国家，据统计全球约有

㉘ 李英桃著：《女性主义和平学》，上海人民出版社 2012 年版，第 11 页。
㉙ 刘毅著：《和平研究的"北欧方式"及其实践进路》，载〔瑞典〕彼得·瓦伦斯滕主编：《和平研究：理论与实践》，刘毅译，北京大学出版社 2014 年版，"译者序言"第 1 页。

42个国家的381所高校开展了和平研究,其中美国约有136所高校设置了和平研究专业,于是和平研究上升为具有独立学科性质的"和平学"。

2. 和平理论的扩展

和平研究的主要理论贡献是使康德的"永久和平"问题转化成"持久和平"问题,不仅更具时代性,而且更具操作性。尤其是"结构暴力"理论的提出,和平实践的"最大化主义"与"最小化主义"的比较等,使和平研究成为了安全研究中与战争研究相对的重要替代。和平研究的使命不仅仅是"制止战争",还是"消除暴力",甚至更是"构筑希望"。正如"健康不仅仅是没有疾病"一样,和平也不仅仅是没有战争。

约翰·加尔通(Johan Galtung)是和平研究的集大成者,也被称为"和平学之父"。1959年,加尔通组建了挪威奥斯陆国际和平研究所,集合了一批跨学科的人士,以《和平研究杂志》为平台,努力推进和平研究的理论建构。加尔通对和平研究的理论贡献在于三方面。一是提出了"积极和平"理念。积极和平是相应于积极安全而言的。法国学者雷蒙德·阿隆把和平定义为"政治单位之间暴力形式的竞争的某种持续性中止的状态"[30]。加尔通则认为,这种状态呈现的只是"消极和平",而"积极和平"应该是没有直接暴力和间接暴力(结构性暴力)的状态,其实质是要以和平的合法性代替暴力的合法性。[31] 二是提出了"结构性暴力"理论。加尔通

---

[30] 〔美〕詹姆斯·多尔蒂、〔美〕小罗伯特·普法尔茨格拉夫著:《争论中的国际关系理论》,邵文光译,世界知识出版社1987年版,第136页。

[31] 参见 Johan Galtung, *Peace by Peaceful Means*, IPRI, 1996, pp.31-32。

指出，暴力存在的空间有六种，即"自然、人、社会、世界、文化、时间"，与此相应的暴力有五种，即自然暴力、直接暴力、结构暴力、文化暴力、时间暴力。[32] 其中，结构性暴力是指由社会结构严重不合理所造成的没有具体"犯罪者"的暴力，这种暴力是非肉体上的直接伤害。结构性暴力更多地与社会结构性因素相关联，多导致贫富差距的发展不平衡，或者导致疾病、饥饿、贫穷、污染等的社会不公正，或者导致尊卑等级与权利差别的经济和政治权力不平等。因而，防止、避免、废止战争是一种"消极安全"或"消极和平"；而消解、消除间接暴力——引发战争背后的结构性因素——则是一种"积极安全"或"积极和平"。三是在"积极和平"与"结构性暴力"的研究之上进行了"和平学"的创建。1971年，加尔通发表《帝国主义的结构理论》一文，强调世界由中心国家和边缘国家组成，而这两类国家内部又可以分别划分出中心地区和边缘地区，进而揭示了当时世界的两大特征，即结构性不平等以及对这种不平等的抵抗，这也标志着关注全球结构的和平理论初步形成。

当全球非传统安全问题凸显，"安全研究"从更广的角度涵盖了战略研究与和平研究。战争研究的实质是战略研究，着重关注国家及其军事力量的运用以及如何获得胜利，其研究议题主要集中在武力运用、核威慑、理性、战略文化等；和平研究着重关注的是包括直接暴力和间接暴力在内的暴力的消除，其研究议题集中在

---

[32] 参见〔挪〕约翰·加尔通著：《和平论》，陈祖洲等译，南京出版社2005年版，第44—46页。

如何探讨缔造与维持和平;而安全研究的视角侧重于"已获得价值的保护程度",主要涉及安全的主体、外部威胁类型和需要保护的价值,这三者构成了一道"从战争状态的极度不安全到接近和平状态的绝对安全"的"长长的频谱"。[33]

和平研究归属传统安全研究,但随着研究议题的扩展,其为非传统安全研究提供了全新的视角。首先是"无战争即和平"的传统观念被打破,"无冲突即和平"成为了非传统安全研究更为宽广长远的新议程。例如,奥地利和平与斗争研究中心的创始人兼主席、1995 年联合国教科文组织和平教育奖获得者杰拉德·梅德(Gerald Mader)博士于 1991 年创立"和平研究"课程,内容涉及和平与冲突转化、人权、统治、参与、全球经济、和平与发展、跨文化交流、反对暴力、安全、废除军备、联合国改革、和平文化、调解、和平教育、和平与媒体、战后和解等,这些扩展性的主题越来越多地与非传统安全相交织。用非传统安全理论来解读和深化和平研究,可从更广泛的意义上超越和平研究的议题,提出和平研究新范例。"各种安全语言随之出现,如共同安全、综合安全、合作计划、食品安全、环境安全、社区安全、人类安全以及女性安全。与此同时,安全的更多象征说法逐渐形成:稳定、平衡、毒品战争、向贫穷宣战、扫盲战争、反恐战争、移民威胁、气候变化威胁、安全控制、社区监控、安全墙、安全社区、闭路电视等等。它致力于将免于匮乏的自

---

[33] 参见崔建树著:《战略研究、安全研究与和平研究——概念内涵、研究范式与学科议题》,载《世界经济与政治论坛》,2018 年第 5 期,第 96 页。

由和免于恐惧的自由相结合,并将之作为更传统的安全,如国家安全的基础。"㉞

巴里·布赞与琳娜·汉森(Lene Hansen)把和平理论与中国乃至亚洲的发展专门做了关联,并强调了非传统安全议程的优先性。"至于中国和平崛起,不管是冷和平/消极和平还是温和平/积极和平胜出,非传统安全研究议程都将保留""亚洲追求'温和平',非传统安全研究议程将是建立区域与全球国际社会的潜在富有成果的议程。相比于传统安全议程,非传统安全研究聚焦于'共建安全'和建立共同利益以对抗共同威胁;而非'免于……的安全',除了联盟,威胁是一个零和游戏。这使非传统安全研究自然而然地伴随于温和平/积极和平的建设中。"㉟

"积极和平"与中国传统思维有异曲同工之处。一方面,"积极和平"对问题的总体理解与中国的整体性思维相同,深化了和平是"暴力的不存在"的内涵界定,力求寻找造成暴力的根源,创造一种"终止暴力行为的条件",建构一个总体的、可以长久的和平环境。另一方面,"积极和平"对事物的共存和互补的理解与中国阴阳互补论相同,超越了西方"两分法"的思维方式,试图通过不同的辩证思维来探讨和平、暴力、冲突、融合等问题之间的关系。第三方面体现在"积极和平"是以和平的手段实现和平,与和而不

㉞ 李大勋著:《和平研究教学:批判安全研究的启示》,载〔日〕君岛东彦、〔印〕维迪亚·杰恩著:《和平学研究的新范式》,南京出版社2015年版,第10页。

㉟ 〔英〕巴里·布赞、〔丹〕琳娜·汉森著:《国际安全研究的演化:中国的反思与借鉴》,载《国际政治研究》,2012年第1期,第62页。

同观相同,从而超越了传统威胁与冲突中的"暴力的循环"的非良性方式。㊱

第二节 互构安全说

一、如何确定国家安全的目标?

1. 从"反映论"到"互构论"

传统安全理论的"扩展"为非传统安全理论的起步提供了基础。建构主义虽仍以国家为安全的指涉对象,但通过超越安全研究的"物质""权力"观,开辟了考察安全的"观念"视角,提出了"互构安全说",推进了安全研究从传统转向非传统的进程。

建构主义的思想渊源也可以追溯到古希腊。巴门尼德认为,探寻真理之路有两条,一条是"(它)存在",另一条是"(它)非存在";后一条路不可认知,因为你无法认识和指出非存在,而前一条路可行,因为被思考的必定是存在者,存在者不是生成的,也不会消亡,而是"完整、单一、不动、完满的,只是(它)现在作为整体存在"。㊲ 巴门尼德为了超越"意见之道"而寻求"真理之道",建构起"基于逻辑的形而上学",并影响了后来包括黑格尔在内的大

㊱ 参见崔顺姬著:《"积极和平"对非传统安全研究的启示》,载《国际政治研究》2012年第1期,第39—43页。

㊲ 参见〔古希腊〕巴门尼德著:《巴门尼德著作残篇》,大卫·盖洛普英译,李静滢汉译,广西师范大学出版社2011年版,第73—82页。

多数形而上学者。㊳无论是笛卡尔基于"我思"的"唯思模式",康德基于"物自体"的"二元结构",黑格尔基于"正反合"的"三重韵律",还是德里达基于"解构运动"的"四段思维",都传承和影响了建构主义理论的形成。㊴

生存于世界中的人如何认识世界?起初人们比较多地从感性的角度来解释人的认识,认为世界是"客观实体",外在的客观世界反映到人的大脑,便产生了关于世界的基本图景。古希腊智者中有的认为世界的本源是水,有的认为是火。早期的人们大多持这种拍照式的"反映论"来认识"实体世界",即使是非实体的东西,也要千方百计通过分解、溯源而使其还原到实体本源上去。

于是,"反映论"遇到了自身不能克服的认识论悖论:人要认识世界,而人恰恰又置身于被认识的世界之中。那么,建立在这一认识悖论之上的"反映论"会是科学的吗?由于人的有限理性,休谟提出了著名的"因果难题"——凭什么说,太阳照在石头上,石头热了的原因就是太阳?再进一步可追问,人看到的世界与其他动物看到的世界肯定不一样,那么人看到的世界为何一定就是世界本身,而不是相对于人的一个侧面?柏拉图在《蒂迈欧篇》中表达的宇宙观是,物理学的命题、实际测量、实验测定总是"近似的",可感觉的世界由于感觉得到,是"成为"的,或者说是一个"事

㊳ 参见〔英〕罗素著:《西方哲学史》上卷,何兆武译,商务印书馆1982年版,第78页。

㊴ 参见〔美〕尼古拉斯·格林伍德·奥努夫著:《我们建构的世界:社会理论与国际关系中的规则与统治》,孙吉胜译,上海人民出版社2017年版,第36页。

件"或"事变"的世界,我们只能要求"象是可靠的叙述"。[40]

面对把握世界的认识悖论,特别是柏拉图的"摹本"说与休谟的因果难题,康德完成了被称为认识论的"哥白尼革命",也为建构论奠定了哲学基础。康德认为,人是理性的存在物,理性是有限度的,因而人的理性达不到世界内在的本质场面,即世界(物自体)本来面目不可知,呈现于我们面前的只是一个由理性建构且经过经验证实的"表象世界",人是依据时空性、必然性等的内在纯粹先验理性,加上外在经验感知的确证,才形成对表象世界的认识。康德认为,人认识世界的过程只是先把意义塞进世界之中,然后再把它找出来而已,因而原来外在的"客观"其实是主观的建构,而原来的"主观"却是先天客观的。值得一提的是,康德既非"实在论"也非"心灵论",而是"二元整合论",先天的理性判断与后天的经验判断的整合,才形成对表象世界的基本认识,但"二元整合"的全过程本质上是理性"建构"的,康德的《永久和平论》就是在这一二元整合论的基础上建构起来的伟大构想。

理性的主动"建构"优于感觉的被动"反映",而"人在社会之中要认识社会"与"人在世界之中要认识世界"是同样性质的认识论难题,只有"建构论"能较好地解决这一难题。当然认知社会比认知自然复杂得多,因为人在认知社会的同时,还在建构着社会,甚至还在建构着"建构者"自身。因此,真正的建构其实是"互构",人在本质上是一种生存于世界中的"互构性存在"。世界呈

---

[40] 参见〔英〕A.E.泰勒著:《柏拉图:生平及其著作》,谢随知、田力苗、徐鹏译,山东人民出版社1990年版,第625—626页。

现于人的是一种"互构性现实",这种"互构性现实"既取决于认识者的观察角度与价值立场,又取决于多种可能性世界面向建构者的即时涌现。"互构"是人的一种基本生存方式,是人自由意志的实现方式,也是人的创造性的根本来源。无论是追求理想还是适应现实,都需要人类的这种特殊能力,即互构。其实,任何一种理论,即使是反对"互构"说的理论本身,都是人对认识的一种互构。

人作为施动者不仅与对象世界的要素互构,而且与对象世界的结构互构,这一对象世界的"结构"本身又是与施动者自身"互构"而成的。当我们讨论到国家权力、国家利益、国家安全、国家集体自尊时,不仅权力、利益、安全、集体自尊是由观念建构的,就连国家本身也是由"施动者-体系结构"的"互构"而来的。国家具体的功能和制度与精英结构相比较只是第二位的,从历史社会学的视角来理解国家,"国家可被视为精英和各阶级追求各自利益的场域。国家内部充满了由主体能动性带来的'如果',这些'如果'正是由以往的人类行动所形塑。我们只有分析国家内部的结构才能确定'那么'会怎样展开"[41]。"互构安全说"正是建构主义安全理论学说的根本性特征。

2. 安全前提:"共有观念""共有知识"

波普尔把世界划分为三个类型的组合。世界 1 是纯粹的与人无关的自然世界,世界 2 是人的纯粹的精神世界,而世界 3 才是自然与精神相交融的、人生活于其中的"文化世界"。如一本书,其

---

[41] 〔美〕理查德·拉克曼著:《国家与权力》,郦菁、张昕译,上海人民出版社 2021 年版,第 152 页。

内容是精神的,其纸是物质的,这两者的交融便是世界3的一种具体形式。当然,个体不能建构出一个世界3,但人类整体却能够建构出世界3,因而不仅自然世界对人来说是"客观世界"(客观的客观),而且世界3对个人来说也是"客观世界"(主观的客观,也即康德的"表象世界")。

那么人类创造或建构世界3主要靠的是物质元素还是观念元素?在建构主义者看来,主要是观念元素,物质元素只是基础性的、构成性的、被选择与支配的。与此相应,建构主义强调权力在本质上只是知识的分配,利益在本质上也只是观念的分配。由于观念因素,如认同、规范等,是由主体间的互动建构起来的,所以任何安全的终极状态不是由所谓的客观物质因素"先定"和"支配"的,而是由观念因素"施动"和"建构"的;由于社会结构是主体间互动的结构,因而身份建构先于利益界定,体系建构先于安全界定,利益、威胁或者安全都是一种"施动者"和"社会结构"的"互构",其中"共有观念""共有知识"与"行为体的身份及由身体界定的利益"共同模塑社会结构本身。

其实,建构主义和物质主义之争的关键不在于肯定还是否定物质力量,而在于物质力量在多大程度上能决定社会建构。物质主义认为这种程度很高;建构主义认为这种程度很低,而且物质力量的意义本身恰恰是由施动者的社会实践来定义的,特别是当把社会力量与物质力量相分离之后,"就可以发现物质基础在国际关系中的作用相对来说是比较小的"[42]。

---

[42] 〔英〕亚历山大·温特著:《国际政治的社会理论》,秦亚青译,上海人民出版社2000年版,第91页。

个人观念在建构社会中不起什么大的作用,而"共有观念""共有知识"作为构筑社会秩序的黏合剂,对社会的建构却是决定性的。"共有观念"不仅改变社会事实,而且创造社会事实,这是建构主义的强烈信念。

在国际关系理论的发展过程中,建构主义是继理想主义、现实主义、自由主义之后的又一大学说流派。所谓建构主义,就是把观念作为其理论的元范式,从认识论变革出发,用社会结构范式颠覆物质结构范式,强调"社会关系"规定国家的角色,"社会规范"创造行为的模式,"社会认同"建构国家的利益与安全,"社会文化"影响国家的安全战略。

与国际关系理论中的国际制度主义有着紧密联系的话语制度主义和建构制度主义,都十分关注观念对制度及制度中个体行为塑造,并认为制度是观念塑造的结果,制度的变迁都是通过改变观念和规范实现的。话语制度主义虽然是以观念为基础的,但与观念是外部施加给制度参与者的规范制度和历史制度主义不同,"话语制度主义的观念则是由制度参与对话话语中产生出来的。也就是说,观念本身是重要的,但当它们在制度成员之间交流和论辩时则更重要。因此,对于制度成员而言,观念并非等级秩序的,而是制度成员的互动产物",是"制度内的商谈创立观念"[43]。

3. "集体自尊"是互构的"国家利益"

建构主义学者是从信仰、感知、身份、意识形态、话语、文化

---

[43] 〔美〕盖伊·彼得斯著:《政治科学中的制度理论:新制度主义》,王向民、段红伟译,上海人民出版社2016年版,第119—120页。

在外交政策制定中的作用开始质疑物质主义而重视观念性因素的。他们首先考虑的是观念能否作为一个独立的变量代替权力、利益和制度；其次考虑的是，即使看上去是"物质因素"，其本身是否也是由观念建构起来的；再次考虑的是，社会运动是否不受自然客观事实的制约，而观念对社会事物的建构不是在反映客体而是在"创造客体"。建构主义对上述问题的回答均是肯定的。

这里需要分两步来论证观念、利益、权力之间的关系，即权力被利益建构，利益又由观念来建构。第一步，利益建构权力。现实主义明确地认为，物质力量构成权力，权力关系决定国际关系的本质，因而基于世界的无序性与国家单元的相似性，权力是国家为之而斗争的目标，国际体系结构是一个以权力分配为特征的结构。第二步，观念建构利益。如果利益使权力具有解释力，那么又是什么使得利益具有解释力呢？温特认为，证明观念、规范、制度等因素具有解释力就成为新自由主义的初衷，而理性选择理论在这方面起了重要作用。理性主义强调偏好、预期决定行为，而偏好又是由信念建构而成的，预期又源于意愿，所以观念不仅是一种独立的因素，而且对权力和利益还有着建构有作用。

完成了这两步论证，就比较容易理解"集体自尊"是互构的"国家利益"这一命题了。自尊是基于"他者"为前提的"自者"身份与地位的确证，集体自尊同样是以集体为单元的自者与以集体为单元的他者相比较而产生的集体身份与地位的确证。在相互依存、共同命运、单元相似性的国际体系中，集体自尊是集体身份获得的标志，集体身份又是源于自者与他者关系的认同。

为此温特认为,"国家"寻求的是趋向追求利益本身的"观念自我"或"理想自我",生存、独立、财富和集体自尊这些国家利益的"真正意义也在于它们驱使国家认知它们,解读它们的涵义,并依次决定应该怎样定义主观安全利益"[44]。这使得"共有观念""共有知识"与"社会认同"成了安全的根本变量,也使得国家的观念性因素上升到了新的高度。如果说摩根索视权力为国家为之而斗争的根本利益,华尔兹强调生存安全是国家的唯一利益,基欧汉在生存安全作为国家利益的基础上还强调独立与经济财富必须作为国家利益,那么温特强调的"集体自尊"(collective self-esteem)则是国家的"第四利益",而且是解读前三者的更重要的国家利益。

二、建构主义的类型、路径与展望

1. 类型:"理论群"

建构主义与现实主义、自由主义一样,均为"理论群"。除了以"观念""身份""互构"为共同的本体论立场外,不同的建构主义的价值取向与方法选择各不相同。

建构主义的最早探索源自国际关系学者对现实主义理论的质疑,特别是对无政府状态假定的质疑。尼古拉斯·格林伍德·奥努夫(Nicholas Greenwood Onuf)认为,世界不管是如何的"无政府",但它却是有规则的。"规则具有限定的作用,实际上所有规

---

[44] Alexander Wendt, *Social Theory of International Politics*, Cambridge University Press, 1999, p.237.

则都是这样,它把施动者与一个不断变化的世界联系在了一起。而且,当这些同样的规则同时发挥它们的建构作用时,世界的结构也在一直被重构。"⑤奥努夫通过规则与国际关系的相关性研究,开启了建构主义理论的开创之路。他用"我们建构的世界"来意指建构主义关于国际关系的独特见解,提出了与法律相关联的"指令性规则"、与预期获得相关联的"指导性规则"、与保证得到共同预期结果的"承诺性规则",并与语言、认知、文化、秩序、权力、统治方式相结合,把国际关系研究引向了建构主义。

亚历山大·温特较早认可并接受了"建构主义"这一术语,并把奥努夫的"施动者-结构关系"(agent-structure relation)转变为"施动者-结构问题"(agent-structure problem)。但奥努夫并不认同这一"转变",认为根本不存在"施动者-结构问题"。⑥亚历山大·温特的理论贡献是提出了"身份-结构-施动-文化"的分析框架,揭示了"观念建构利益,利益建构权力"的建构主义命题。温特认为:"大部分国家置身于其中的重要结构是由观念构成的,不是由物质力量构成的。观念决定权力的意义和内容,决定国家实现利益的战略,也决定利益本身。所以,我们不是说无政府体系没有结构或逻辑,而是说导致产生无政府体系结构和逻辑的是文化结构,不是无政府体系本身。"⑦

---

⑤ 〔美〕尼古拉斯·格林伍德·奥努夫著:《我们建构的世界:社会理论与国际关系中的规则与统治》,孙吉胜译,上海人民出版社2017年版,中文版序言第Ⅳ页。

⑥ 参见同上。

⑦ 〔美〕亚历山大·温特著:《国际政治的社会理论》,秦亚青译,上海人民出版社2000年版,第383页。

玛莎·费丽莫(Martha Finnemore)在分析社会结构与行动的逻辑中,还提出了社会结构与行动者互构的重要观点,认为在结构和行动者的互构中,"适当性逻辑"(logic of appropriateness)与"推论逻辑"(logic of consequence)密切关联,前者由社会结构驱动并控制所有考虑和采取的行动,后者由行动者驱动并预先设计出效用最大化的战略;前者是基于规则和规范对不同的行为体提出同样的行为要求,并从不同的行为体中预测"系统的行为",后者是基于不同效用功能和能力的行为体的行为是不同的,并从不同的行为体中预测"不同的行为"。因此,"行为体一旦创造了结构,结构就开始独立存在,它反过来塑造了以后的行动。社会结构创造了行为体,交赋予行为体权力"[48]。

建构主义的理论特色是解释国际政治或国际关系时用理念主义与整体主义的观点取代物质主义与个体主义的观点,而理念主义与整体主义不是单一的理论,而是理论群。秦亚青在与温特的通信中,把建构主义"理论群"分为四种不同的类型:体系层次的建构主义和单位层次的建构主义中,前者强调的是一种社会性互构互动,即施动者和结构之间的互构,后者强调自上而下的相互建构,即国际体系的观念结构建构了国家的身份;现实建构主义与自由建构主义,前者是建构主义和现实主义的融合,后者则是建构主义与自由主义的融合。此外还有,鲁杰(Ruggie)按本体论、认识论和方法论将建构主义分为新古典建构主义、后现代

---

[48] 〔美〕玛莎·费丽莫著:《国际社会中的国家利益》,袁正清译,浙江人民出版社2001年版,第38—39页。

建构主义和自然建构主义。齐菲斯（Zehfuss）则以核心理论概念为标示，将建构主义分为认同建构主义、规范建构主义和言语行为建构主义。[49]

从本体论、认识论的转换看，可以把建构主义与温特称之为的"结构理念主义"（structural idealism）直接画等号。共有观念（共有知识、共有理解、共有预期）建构规范和身份，规范和身份建构利益，利益建构行动，行动建构世界，是建构主义初期的逻辑信条；话语建构认同，认同建构规范和身份、利益、行动，行动建构世界，是建构主义后期的逻辑信条。对建构主义来说，现实主义建构的安全观念大厦应该倒置，既定的、物质的安全理解是莫大的误区，而"无政府状态"是国家塑造与接受的观念，"敌意"是非物质的特定社会关系，"身份"不是既定的而是互构的，"权力"首先是一种文化符号，以及"安全"的实质是一个社会建构的观念，因而建构主义解构了现实主义安全观所揭示的一度被奉为圭臬的无政府状态逻辑的"永恒性"。

作为一个"理论群"，建构主义表现出的理论向度是多样的。建构主义对安全研究的重要性"不仅在于将安全理论化了，而且提供了对安全的替代性解释"[50]，成为了国际关系和安全研究的主要路径。但之所以把它归入为"温和"或"不激进"的非传统安全理论，是因为其在传统安全向非传统安全深化、扩展的进程

---

[49] 参见秦亚青、〔美〕亚历山大·温特著：《建构主义的发展空间》，载《世界经济与政治》，2005年第1期，第8—12页。

[50] Alan Collins, *Contemporary Security Studies* (Third Edition), Oxford University Press, 2013, p. 87.

中,仍与传统安全研究保持着较近的距离,既没有在安全指涉对象上超越国家自身,又没有在安全实现路径上做出重大扩展,除了"国家"仍然是其最重要的安全"单位"外,也没有使安全研究跨越传统军事和政治领域。然而,建构主义毕竟开启了安全研究的理念主义与社会建构论先河,挑战了传统安全研究中新现实主义与新自由主义的主导地位,成为后冷战时代安全研究演化的重要力量,也为后来安全研究的深化与扩展奠定了全新的理论基础。

2. 路径:"常规的"与"批判的"

建构主义安全研究(constructivist security studies)很大程度上是在20世纪90年代理性主义和反思主义论争的基础上发展起来的。在安全指涉对象的不同关注与路径选择上,建构主义总体上可以分为两类:一是以国家为主要安全指涉对象的常规建构主义(conventional constructivism);二是以共同体为主要安全指涉对象的批判建构主义(critical constructivism)。

常规建构主义的"常规"是指安全指涉对象仍是国家,它的研究重心与战略研究相似,即重视对国家行为的研究并且置国家于安全的中心地位,它的研究方法仍然是实证主义,并以此来解释安全现象。

常规建构主义者试图在经验主义实在论与后现代主义反实在论之间选择一条"中间道路"。经验主义者认为,我们无法观察到国家和国家体系这样的事物,所以也就无法确认它们的存在,但它们至少独立于话语而存在,可以通过科学加以认知;后现代主义者认为,我们无法知道貌似可观察的事物是否真正存在于世界中，世界只是话语的结果，是理论建构了世界。而常规建构主义者则认为，国家和国际体系虽然不可观察，但它们的深层结构是可以探知的。[51]

常规建构主义作为传统安全向非传统安全扩展、深化中相对不激进的理论，并不像其他非传统安全理论那样把安全指涉对象扩展至"个人的""性别的""社会的"，或把安全领域扩展到军事和政治以外的经济、社会、文化、环境领域。其主要特征是：首先坚持实体性的传统安全议题，致力于解释国家的安全行为；其次坚持以观念性因素解释现实主义者无法解释的特殊现象；再次坚持结构化的个案研究以及突出政策导向的当代安全问题研究。总体上，常规建构主义"并未对'安全'进行批判性的建构"，"它可以补充现实主义但却无法取代现实主义"[52]。

批判建构主义的"批判"是指安全的指涉对象从国家转向"安全共同体"，安全的研究方法是后实证主义，并十分重视通过话语分析、认同建构来研究安全。

批判建构主义作为传统安全向非传统安全扩展、深化的桥梁，与冷战时期的和平研究紧密相关，首先是借鉴社会理论和历史社会学，对经典的和平研究以及国际安全研究的主题和概念给予解释，其重点是对"安全共同体"的理论建构；其次是借鉴语言学的和平研究，将自身描述为一个更深化、更偏向于认同和安全、采用

---

[51] 参见〔美〕亚历山大·温特著：《国际政治的社会理论》，秦亚青译，上海人民出版社2000年版，第63—64页。

[52] 〔英〕巴里·布赞、〔丹〕琳娜·汉森著：《国际安全研究的演化》，余潇枫译，浙江大学出版社2011年版，第207页。

话语及后结构主义个案化的研究路径,其重点是分析外交和安全政策的话语建构。[53]

批判建构主义者不认为经验主义实在论与后现代主义反实在论之间有一条"中间道路",而认为倾向于后实证主义的"认同建构"才是安全研究的关键。施动者基于认同的互构实践既建构安全体系中的规则、政策、行动方案,也建构施动者之间的安全关系与结构——或形成"安全困境"或构成"安全共同体"。批判建构主义者把"认同"视为具有实体性的核心安全变量,认为"'认同'是一个国家(或其他国家)已经将之明确定义了的或者所将追求的,或者可以被保护或者可以被'杀死'的对象"[54]。

3. 展望:"国家心灵"

建构主义的"建构"立场与现实主义的"现实"立场相对峙,前者持理念主义本体论与整体主义认识论的立场,后者持物质主义本体论与个体主义认识论的立场,因此它们对安全的理解各不相同,可谓是"异向而行"。这两种立场的理论假说的对立之处在于:无政府状态是先在自存的,还是后在建构的。现实主义认为,无政府状态是先在自存性语境,是国家为权力和利益而斗争的现实依据所在;而建构主义则认为,无政府状态不是先在自存的,而是由国家建构的,甚至连权力、利益包括国家本身都是由观念塑造的。

---

[53] 参见〔英〕巴里·布赞、〔丹〕琳娜·汉森著:《国际安全研究的演化》,余潇枫译,浙江大学出版社2011年版,第208—209页。

[54] 同上书,第210页。

建构主义安全研究提出的"安全互构说"为西方国际安全研究的扩展提供了重要的理论路径。建构主义把社会的"关系""结构""规范""认同""文化"置于国际关系理论的核心地位,充分相信规范、法律、习俗、技术发展、学习和机构等可以从根本上改变国家的行为和利益,文化的"共存"与伦理道德的"认同"可以成为国家安全保障的举足轻重的因素。西方国际安全研究的传统主义理论经过建构主义安全研究的"安全互构说"的扩展与深化,为哥本哈根学派的"安全化"理论以及后结构主义安全研究的"话语安全说"开出了理论先河。哥本哈根学派正是运用建构主义理论提出了"安全化"理论,后结构主义则在哥本哈根学派的基础上大大推进了一步。

然而,建构主义的进一步发展主要是量子理论的运用。国际关系建构主义理论的奠基者亚历山大·温特在研究了量子理论之后,提出了更为惊世的命题:"国家是一种波函数,它只是一种潜在的实在,而非确实的实在。"⑤温特的《量子心灵与社会科学》一书不仅颠覆了社会科学的经典本体论,而且也颠覆了其自己创建建构主义理论时所坚持的"科学实在论",代之以量子本体论以及"生机论社会学和政治学"。温特在《国际政治的社会理论》一书中还坚持认为:国家和国际体系虽然不可观察,但却是实在的、可知的;与之相应,国际关系理论可以探知国际客观事物的深层结构。但在量子生机论的观照中,国家成为了只是具有潜在实在而

---

⑤ 〔美〕亚历山大·温特著:《量子心灵与社会科学》,祁昊天、方长平译,上海人民出版社2021年版,第306页。

非确实性质的"波函数",国家只是隐含的事物,"'作为一个国家是什么感觉?'是一个比'作为一只蝙蝠是什么感觉?'更奇怪的问题。……群体'意识'似乎可以还原为个体的意识,在这种情况下,国家是名副其实的'僵尸'","我们将意识到,'国家'是一个意向性客体或概念。因此,即使我们不能真正看到国家,但因为他被全息地包裹在我们的头脑和实践中,通过关注它,我们仍然可以感知它。简而言之,国家就像一道彩虹——只有当人看着它时,它才存在"。㊋

温特用生机论本体论建构起一个国家的"全息模型"。也就是说,国家是一种与人工全息图及全息投影不同的、看不见的"全息图",在实践中,国家被视作确实而定域的现象,只是瞬间的,并且并不是作为一个整体的国家;在思想中,国家被想象为意向性客体-全息国家,是'波前重构'的,这时才是一个整体的国家。㊌

温特认为,如果说生物学通过昆虫群落中的认知研究发现了"群体智能"(swarm intelligence),那么人类群体或国家就可以有拥有其"群体心灵"和"国家心灵";如果没有集体意识的物理基础,那么把国家作为一个有机体来对待,恰恰是有问题的。更接近集体意识的物理基础的论点是:"'我们感'并不还原到可分个体的意识,但也没有预设一个存在于可分个体之上的集体客体或主

㊋ 〔美〕亚历山大·温特著:《量子心灵与社会科学》,祁昊天、方长平译,上海人民出版社2021年版,第314、311页。

㊌ 参见同上书,第306—311页。

体。所预设的仅仅是一种社会波函数,这种波函数可以从一个具体情境的共存中产生,或者,更多的时候,从先前的社会化中产生。然而,作为一种潜在性的社会波函数本身并不构成'我们感';只有当个体在坍缩中实现它时,个体才会体验到'我们'。如同任何经验一样,在这样做的过程中,他们将自身构成了可分的个体,但是由于纠缠关系,这种经验也与他人非定域地联系在一起,因此,它不仅是'我们感'对我而言是什么样的,而是对'我们'而言是什么样的。因此,集体意向的客观或主体并不先于集体意识,而是从集体意识中涌现出来,是量子意义上的。"[58]最近,温特又与德里安合作主编了《量子国际关系》一书,探讨了量子安全、量子主权、社会理论的量子化等。[59] 至此,安全互构形成了"升级版"的新样态:跃迁、纠缠、非定域、逆因果、波函数、叠加态、群体心灵、量子意识、生机论本体论。

第三节 认同安全说

一、安全化理论

1. 安全化理论内涵

哥本哈根学派成功地把建构主义理论运用于安全研究中,提

---

[58] 〔美〕亚历山大·温特著:《量子心灵与社会科学》,祁昊天、方长平译,上海人民出版社2021年版,第317页。

[59] 参见 James Der Derian & Alexander Wendt, *Quantum International Relations*, Oxford University Press, 2022。

出了基于"主体间性"的"安全化"理论,把认同视作安全的重要变量,从而进一步"深化"国际安全研究。哥本哈根学派的安全研究主要源起于 20 世纪 80 年代后期与 90 年代初期的哥本哈根和平研究中心。安全化概念最早由奥利·维夫(Ole Wæver)提出,巴里·布赞随后进行了全面的阐述。奥利·维夫指出,安全问题的产生不是先在"既定的",而在很大程度上是于建构中被"认定的",这种被认定的过程即是安全化的过程。[60] 安全化的本质是把公共问题通过"政治化"途径上升为国家的安全问题,"一个问题作为最高优先权被提出来,这样一来将它贴上安全标签,一个施动者就可以要求一种权利,以便通过非常措施应对威胁"[61]。

可见,安全化是这样一个过程:某个公共问题只要尚未成为公共争论与公共决策问题以及国家并未涉及它,这一问题就还不是安全问题;当这个问题被政府部门作为"存在性威胁"而提出,并需要多方采取紧急措施,甚至这些措施超出了政治程序的正常限度而仍然被证明不失为正当,则这个问题就成为安全问题了。为此,安全化不仅使"宣布或认定为危险"成为一个合理的施动过程,而且还能很好地解释为何不同的国家会有不同的安全重点,不同的历史阶段会有不同的安全重心。哥本哈根学派的主要研究聚焦于安全化研究,要求扩大安全指涉对象的范围,更多地关注地区

---

[60] 参见 Ole Wæver,"Politics, Security, Theory", *Security Dialogue*, Vol. 42, No. 4-5, 2011, p. 469。

[61] 〔英〕巴瑞·布赞、〔丹〕奥利·维夫、迪·怀尔德著:《新安全论》,朱宁译,浙江人民出版社 2003 年版,第 36 页。

层次的安全分析,并针对传统安全研究中物质主义的威胁分析,从建构主义的视角将安全扩展到了个人和全球层面,并认为安全是言语行为建构的,使"社会"也成为了社会安全的指涉对象,从而开辟了"认同安全"(identity security)研究领域(关于认同与安全的关系的论述详见第七章)。

安全化理论给安全研究带来三方面的理论突破。一方面是通过凸显安全的"主体间性",增加了安全研究的新维度。长期以来,安全通常被理解为"客观上不存在威胁,主观上不存在恐惧"的状态。[62] 而安全化理论超越了对安全的"主-客"两分,通过对安全的"社会认同"要素的研究,在安全分析中引入了"主体间性"视角,使得安全议题形成的"选择性"与"建构性"特征凸显出来。另一方面是通过凸显安全的"社会建构性",确立了"认同安全"的新视域,诸多原属于'低政治'领域的非传统安全问题被纳入既有的安全框架。经由安全化路径,国家安全与社会安全、人的安全、全球安全等安全议题被整合进同一个思考框架。第三方面是通过凸显安全的"话语分析",开创了"话语安全"新语境。哥本哈根学派借用语言学建构主义理论分析工具提出,"安全化"过程中,安全威胁的"被判断"和安全议题的"被提出"是一种典型的"言语—行为"过程,一旦"使用'安全'一词,就意味着国家给某事物贴上了一个'标签',主张行使特殊权力、动用资源来抵

---

[62] 参见 Arnold Wolfers,"National Security'As an Ambiguous Symbol'",*Political Science Quarterty*,Vol. 67,No. 14,1952,p. 485;Alan Collins,*Contemporary Security Studies*(Third Edition),Oxford University Press,2013,p. 3。

御和消除威胁”(63)。

哥本哈根学派的安全化理论的提出得到了国际关系学界的广泛重视，并随着全球化的深入与国际关系格局的转型，不断得到充实与发展。哥本哈根学派引入建构主义的安全分析元素，聚集于安全化概念的研究，以认同作为安全化的重要变量，强调“用言词表达‘安全’本身即是（与安全相关的）行为”(64)，从而使得“言语行为”成为安全建构的重要途径，“认同安全”成为安全的核心论题，进而又使得经济、社会、环境等广泛的议题被提升为安全的指涉对象，安全从国家层面扩展至个人和全球层面。在西方，安全化理论发展在总体上形成了两大路径：一是以语言为核心变量的被称为“哲学安全化”的哲学化路径；二是以非语言为核心变量的被称为“社会学安全化”的社会学化路径。(65)

2. 安全化理论质疑

安全化理论的贡献是独特但又富有争议的。其独特性在于为安全研究拓展出了新维度、新视域与新语境，把传统安全与非传统安全纳入统一的分析框架之中；其争议性集中体现在安全价值判定、安全理论结构、安全政策制定与安全治理实践诸方面的对立与交锋上。“人们难以想象能有一种安全研究的视角能像安全化理

(63) 崔顺姬著：《区域安全复合体理论——基于“传统安全”和“人的安全”视角的分析》，载《浙江大学学报（人文社会科学版）》，2008 年第 1 期，第 18 页。

(64) Ole Wæver, “Securitization and Desecuritization”, in R. D. Lipschutz (ed.), *On Security*, Columbia University Press, 1995, p. 55.

(65) 参见 Thierry Balzacq (ed.), *Securitization Theory: How Security Problems Emerge and Dissolve*, Routledge, 2011, pp. 18-28。

论那样涵盖对军事、环境、性别、移民和沟通等理论领域的分析,同时又在理论结构与经验应用中引发如此多样而聚集式的争议。"⑥在亚洲,安全化理论的发展更多地体现在实证路径中。与欧洲的政治领域与安全领域相对区分的语境不同,亚洲在政治与安全话语同时被国家权力决定的背景下,安全化受众往往成为弱参与的"相关受众"或"无助受众","言语-行为"往往容易演变为一个"符号-行为",因而亚洲学者通过实证的路径,对安全化理论的实践运用及困境超越做出了重要拓展。⑰

安全化理论在开创了安全研究的新范式的同时,也引发了学术界的诸多质疑。主要有以下四个方面。

第一是安全化理论笼统地分析了安全化的基本过程,但没有为具体政治实践提供可供操作的路径。许多西方学者指出,哥本哈根的安全化定义排斥了大量当代的安全实践,因而安全化只局限在对存在性威胁的认同与建构上,没有随着安全实践的拓展而深化自身,使安全化理论陷于某种"空洞"选择的困境之中。甚至有学者提出了与"哲学安全化"模式相对应的、超越言语行为文本主义模式的、呈现"非语言学"路径的"社会学安全化"模式,以期

---

⑥ Micheal C. Williams,"The continuing evolution of securitization theory",in Thierry Balzacq (ed.), *Securitization Theory: How Security Problem Emerge and Dissolve*, Routledge,2011,p. 212.

⑰ 参见〔菲〕梅里·卡拉贝若-安东尼、〔美〕拉尔夫·埃莫斯、〔加〕阿米塔·阿查亚编著:《安全化困境:亚洲的视角》,段青译,浙江大学出版社 2010 年版,第10页。

提高安全化理论在现实选择中的有效性。[68]

第二是在安全化理论中,安全只是一个消极的符号,而谁来实施安全化和谁能够达成安全化一直是个问题。[69] 特别是在安全的维护上过多推崇去安全化手段。[70] 沙哈尔·哈梅里(Shahar Hameiri)与李·琼斯(Lee Johns)认为,安全化理论由于其强调话语而忽视现实语境中的物质元素,强调"无时间性的类型化过程"而忽视实际安全问题的治理解决,因此显得过于狭窄,特别是很多新的非传统安全问题往往不是紧迫的"存在性威胁",而是潜在的、有一个很长历史生成过程的"生存性风险",而安全化"非传统安全问题"并不需要"超常措施"(exceptional measures),因而"言语行为"理论假设的"目标受众"(identifiable audience)的一致"同意"在此失去了效用。[71]

第三是对安全化"他者"的可能风险缺乏足够的重视。哥本哈根学派不仅在对安全治理实践经验研究上存有不足,而且对"安全化"与"去安全化"政策的有效性评估也没有予以特别的关

---

[68] 参见 Thierry Balzacq (ed.), *Securitization Theory: How Security Problem Emerge and Dissolve*, Routledge, 2011, pp. 18-28。

[69] 参见 Rita Floyd, "Towards a Consequentialist Evaluation of Security: Bringing Together the Copenhagen and the Welsh Schools of Security Studies", *Review of International Studies*, Vol. 33, No. 2, 2007, p. 330。

[70] 参见 Ole Wæver, "Securitization and Desecuritization", in R. D. Lipschutz (ed.), *On Security*, Columbia University Press, 1995, pp. 46-86; Barry Buzan & Ole Wæver, *Regions and Powers: The Structure of International Security*, Cambridge University Press, 2003。

[71] 参见 Shahar Hameiri & Lee Jones, "The politics and Governance of Non-traditional Security", *International Studies Quarterly*, Vol. 57, No. 3, 2013, pp. 463-464。

注,因而对安全化可能带来的不同结果与可能风险缺少深入分析,对事实上拥有隐藏利益的行为体可能会间接地利用"安全化""他者"来掩盖其真实意图的"安全化图谋"缺乏揭示。

第四是安全化理论的"欧洲中心"立场使得非西方安全问题被忽视。安全化理论的提出者不想把非西方国家的"发展问题"纳入"安全"研究的议程之中,尽管当今社会的许多安全问题是发展不足或发展不当而引发的,但哥本哈根学派强调纳入发展问题会使安全的定义与安全研究的边界过于宽泛。安全化理论的首创者奥利·维夫甚至公开批评把发展问题、环境资源、人权问题、经济不公平、社会不公正等问题纳入安全议题的"积极和平"研究,认为"想要通过正常渠道来处理安全问题并把安全作为积极价值进行最大化,就无法真正理解安全化与去安全化的动力"[72]。

3. 安全化理论扩展：选择性安全化

既然安全化是一种安全认同的形成以及在安全认同基础上的安全政治的建构,那么"选择"就是理解安全化理论的重要支点,也是超越安全化困境的关键所在。作为"政治选择"与"社会建构"的过程,显然,与"建构"相比,安全化理论针对选择的理论准备尚显不足,由此会带来的选择上的三类困境:一是"选择过度"的困境,在认知上或决策中,"过度安全化"对现实安全问题的"夸大"、"欠缺安全化"对现实安全问题的"降级",均导致了安全政治

---

[72] 崔顺姬著:《"积极和平"对非传统安全研究的启示——基于中国传统文化的视角》,载《国际政治研究》,2012年第1期,第44页。

的"选择"失当;二是"选择欠缺"的困境,即把安全问题作为公共问题来处理,在一定程度上轻视甚至忽视"安全问题"存在的情况;三是"选择敌对'他者'"的困境。对任何"自我"威胁的安全化都将产生一个特定的"他者",因而当威胁不甚明显时,安全化必然会面临选择"他者"的困境。总体来看,"偏执"与"回避"的双重取向导致了安全化困境的产生,即"在安全化的启动阶段,安全化的施动者往往执迷于将所有公共议题上升为安全问题或拒绝将理应安全化的议题安全化;在安全化的互动阶段,安全化的施动者执着于追求安全的实施目标,回避良性互动的理性决策;在安全化的导向阶段,安全化的施动者虽致力于去安全化或'安全常态化',却逃避'不安全常态化'的负外部性"[73]。基于此,选择性的再建构就成为拓展安全化理论的必然要求,也是凸显安全化理论张力的逻辑深化。

从安全化理论的要件来看,选择性再建构的基本路径主要包括以下五个方面。[74] 一是安全化行为体的多元选择与主体间结构的拓展。安全化主体对安全化过程起着导控作用。伊拉维尼尔·拉米亚(Ilavenil Ramiah)在《亚洲艾滋病问题的安全化》一文中将安全化主体分为启动行为体、催化行为和实施行为体三类,从而拓展了主体间的结构。其中,中央政府是承担首要责任的启动行为体;国际组织和其他国家行为体是积极说服政府采取行动的催化

---

[73] 魏志江、卢颖林著:《"偏执"与"回避":安全化困境的形成研究》,载《世界经济与政治》,2022年第1期,第27页。

[74] 参见余潇枫、谢贵平著:《"选择性"再建构:安全化理论的新拓展》,载《世界经济与政治》,2015年第9期,第110—115页。

行为体；地方政府、非政府组织或政府组织、宗教组织、媒体、私人企业和工会则是在实现有效安全化中起关键作用的实施行为体。[75] 鲍伯·哈迪维纳塔（Bob Hadiwinata）在研究贫困的安全化时指出："与哥本哈根学派相比，似乎贫困的安全化进程使得在对待非传统安全因素时需要将国家之外的行为体（非政府组织）当作合法的机构。"[76]

二是安全化议题的多层扩充与安全体系的拓展。安全化理论较早地对非传统安全议题进行了理论扩展，但由于其分析仅源于欧洲经验，所以其所依托的发达国家安全视域的局限性导致其安全议题的局限性。而安全化议题的扩充与安全体系的拓展能使人们对安全的理解从一般的、局部的、单一的、静止的、线性的事件、状态与能力的理解，上升为整体的、交织的、动态的、非线性的关系、结构与场域的理解。而安全化议题的多层扩充与安全化指涉对象的多样化不仅使得安全体系更具"广义性"特征，而且使得安全化的选择性内涵更加丰富，选择方式更为多样。

三是安全化实现路径的多样选择与安全治理的拓展。路径选择涉及安全化目的的预设。安全化行为体既可能为了全球安全、国际安全、国家安全、社会安全、人的安全等目的将公共问题安全化，以达成真正的安全治理的目的，也可能是为了大国霸权利益、

---

[75] 参见〔菲〕梅里·卡拉贝若-安东尼、〔美〕拉尔夫·埃莫斯、〔加〕阿米塔·阿查亚编著：《安全化困境：亚洲的视角》，段青编译，浙江大学出版社2010年版，第58—62页。

[76] Bob Hadiwinata, "Poverty and the Role of NGOs in Protecting Human Security in Indonesia", in Mely Caballaro-Anthony, Ralf Emmers, Amitav Acharya (eds.), *Non-Traditional Security in Asia: Dilemmas in Securitization*, Ashgate Publshing, 2006, p.141.

政治集团利益、打击异己政治力量等目的而将公共问题或"他者"安全化,以实现自身的安全战略与利益。因此,安全治理的拓展需要有明确的价值导向。

四是安全化行动方案的多向选择与去安全化路向的优先确定。安全化行动方案可以按安全化正向路径选取,也可以按安全化的反向路径——去安全化——选取,当然也可以正向与反向同时运用。一个合理的去安全化行动方案往往比不合理的安全化行动方案更具有现实的有效性。

五是安全化价值向度的多元探索与社会化、国际化、网络化的路径拓展。安全化的本质是把公共问题通过"政治化"途径上升为国家的安全问题,而在现实中,社会化、国际化、网络化同样可以是使公共问题上升为国家安全问题的重要途径。当然,不同的安全化途径有不同的价值向度,并由此形成安全治理不同的价值基点、价值排序、价值判据等。

近些年来亚洲的安全化实践业已证明,安全化行为体的多元选择、安全化指涉对象的多层拓展、安全化实现路径的多样选取、安全化行动方案的多种考虑、安全伦理价值取向的多重探索均表明"选择性"是安全化理论价值实现的内在尺度,任何针对安全现实及其安全治理的有效选择都是安全理论与安全话语在特定安全语境中的选择性建构和再建构。

二、去安全化理论

1. 去安全化理论的内涵

与安全化过程相反的是"去安全化"过程,即把问题由紧急事件模式转变为政治领域的一般性商谈的过程。奥利·维夫认为,"'安全研究'的主要聚焦点应当是对安全化与去安全化的考察:精英们标识的问题何时、为何、如何发展为'安全'问题;他们又是何时、为何、如何成功或失败的;其他行为体又是如何在这一议程中为安全化做出努力的;我们又是否能够做到让一般问题不进入安全议程,或者让被安全化的问题去安全化"[77]。奥利·维夫曾明确指出,只有去安全化的完成才是成功安全化的终点。[78]

传统安全研究的惯性思维对去安全化概念的认识造成的局限是:仅仅把去安全化看作被动地去消除已经发生的"威胁"的过程,而忽视了在安全化事件发生之前分析去安全化动机的重要性。将安全议题移出安全领域这一过程本身与原安全议题和安全领域密切相关,甚至会引发新的安全问题,但去安全化动机则更多地与安全议题产生之前的"预备"状态相关联。如果说狭义的去安全化概念是针对已经实施的安全化进行消解,让进入安全议题的安全问题还原或降格为非安全议题的公共问题,以消除和减少硬权力的使用,那么广义的去安全化还强调,在安全化实施之前,努力使公共问题不被上升为进入安全议题的安全问题,或者使安全问题不进入需要使用硬权力的安全议题范围,而通过使用软权力的方式或合作的方式解决。也就是说,去安全化更多的是运用"积

---

[77] Ole Wæver, "Securitization and Desecuritization," in R. D. Lipschutz (ed.), *On Security*, Columbia University Press, 1995, pp. 57-58.

[78] 参见 Ole Wæver, "The EU as a Security Actor: Reflections from a Pessimistic Constructivist on Post-Sovereign Security Orders", in Morton Kelstrupand & Michael C. Williams (eds.), *International Relations Theory and the Practice of European Integration*, Routledge, 2000。

极安全"的方式来消解"威胁"与解决"问题",这其中具有去安全化特征的"话语"以及建构由这种"话语"构成的"话语体系"是去安全化的关键。⑲

菲利普·布赫博(Philippe Bourbeau)和沃里·尤哈(Vuori A. Juha)认为,"'去安全化'可以通过三种方式实现。一是仅仅不在安全范畴内讨论问题;二是对已经被'安全化'了的议题做出回应以不造成安全困境或其他形式的恶性循环;三是使安全议题回到'常态政治'领域"⑳。琳娜·汉森尝试将安全政治的概念解释与实现方式结合起来,试图将对去安全化概念的解释及其实证应用联系起来,并归纳了四种去安全化形式,即"基于稳定的现状改变""替代""重新表达"以及"沉默"。㉑

对广义"去安全化"理论来说,去安全化的施动者在寻找共同利益的同时,更重要的是要基于各国家行为体互动而形成"共有知识"来建构持久性的价值认同,从而使得去安全化的施动者能较大可能地获得以建构语境、整合价值与促进合作为核心内容的规范性力量。这一建构性过程包括认知、判断、界定、接受、回应与商谈等步骤。一定程度上,决定"去安全化"可能与否的是其背后

---

⑲ 参见余潇枫、张伟鹏著:《基于话语分析的广义"去安全化"理论建构》,载《浙江大学学报(人文社会科学版)》,2019年第4期,第25页。

⑳ 参见 Philippe Bourbeau & Vuori A. Juha, "Security, Resilience and Desecuritization: Multidirectional Moves and Dynamics", *Critical Studies on Security*, Vol. 3, No. 3, 2015, pp.253-268。

㉑ 参见 Lene Hansen, "Reconstructing Desecuritization: The Normative-Political in the Copenhagen School and Directions for How to Apply It", *Review of International Studies*, Vol.38, No.3, 2012, pp.525-546。

体现价值认同的"话语结构"和"话语环境",而话语的政治影响力受其表达方式的影响,与国家行为体对"共同语境"的定位与建构密切相关,这就为国家行为体在任何语境下建构去安全化战略提供了可能。

实现去安全化不仅需要国家行为体在价值认同上的对接,也需要在方略层面上的对接。值得指出的是,在去安全化理论的实践运用中,需要防两种观念的"诱惑",一种是无限扩大的"普遍主义",另一种是绝对的"例外主义"。前者将自己的文化强加于世界各地,而不顾其他国家行为体的资质,甚至滥用安全化来寻求介入他国事务的合法性,这实际上是一种源自文化帝国主义和意识形态帝国主义的极端路径;后者把自身的文化看作拥有"特殊体质"或"特殊禀赋"的文化基因,但实际上大大降低了民族文化与世界对话的可能性,而提升了发生矛盾和冲突的可能性。

2. 去安全化理论的扩展

哥本哈根学派虽然明确解释了去安全化的概念和实现方式,但在认识论层面存在明显缺陷,即既无法确定去安全化概念的使用范围,也不清楚"安全领域"与"常态政治"领域的边界。这就导致学术界依然没有就何时需要去安全化的合法性依据以及去安全化的程度与其效用的关系等问题达成一致。另外,蒂埃里·巴尔扎克(Thierry Balzacq)、霍尔格·施特里策尔(Holger Stritzel)、丽塔·弗洛伊德(Rita Floyd)和迈克尔·威廉姆斯(Michael C. Williams)等学者也做出了许多有影响力的成果。他们的研究主要关注:什么是去安全化(现象识别问题),为什么应该去安全化(道德和规范性问题),以及如何实现去安全化(转化性实践问题)。[82]但他们忽视了对另外两个重要问题的探讨:一是塑造去安全化政治影响力的途径是什么;二是在去安全化过程中,国家行为体间的善意互动能否解决驱动力不足的问题。讨论这两个问题非常重要,因为它们不是根植于冷战思维,而是在新的时代背景下挑战了"去安全化"现有研究的议题和议题所处的语境。

对去安全化理论建构、解构、重构的研究不仅要阐明理论本身如何发展的问题,也要反映理论在其发展过程中对国际关系史、领导人行为方式以及国际体系的变迁所产生的影响。去安全化理论的发展不应局限于同质文化的内部互动,而应将其研究范围扩展至异质文化之间的互动关系,这为我们重新认识外交政策、国家安全环境以及国际体系的变迁开辟了新路。亚洲多数学者认为,无论是安全化还是去安全化,都是为了更好地解决安全问题本身,但在对安全化和去安全化做出良好理解的基础上,如何把握好安全化行动方案的方向十分重要,一个合理的去安全化行动方案往往比不合理的安全化行动方案更具有现实的有效性。安全化本身会规避一些安全化启动行为体所讳的事件,这些事件与"沉默的安全"或安全化的边缘化语境直接相关联。

印度学者普里杨卡尔·乌帕德亚雅(Priyankar Upadhyaya)通过研究移民问题,发现南亚地区跨境移民问题如果以国家至上的范式为参照,即按照安全化路径进行考虑,跨境移民则是对移民接

---

[82] 参见 T. Balzacq, S. Depauw, S. Léonqrd, "The Political Limits of Desecuritization: Security, Arms Trade, and the EU's Economic Targets", in T. Balzacq (ed.), *Contesting Security: Strategices and Logics*, Routledge, 2015, pp. 105-121。

纳国的重大威胁；但如果以生命至上的范式为参照，即按照去安全化路径进行审视，跨境移民则可被解释为"当地居民跨境寻求美好生活的人类长期问题"，因而它可能在变成国家安全问题之前就得到控制。[83] 继而普里杨卡尔·乌帕德亚雅对这一议题的去安全化路径提出具体行动构想：放弃单一的主权至上的观点，控制移民的共有原因，在有迁移征兆之前解决或缓和局势，不是简单地关闭整个边界，而是进行勘察，给从事某些特定工作的人发行身份证，加强地区级别的双边对话；更积极的做法是给移民发放工作证，让其有序进入、合法工作和暂住；或者承认已经进入印度的孟加拉人为阿萨姆社会的一部分，实施同化政策等；为此，虽然安全化路径也有其效用，但去安全化更应当被视为一个长期的政治目标，是一种解决问题的美好前景。[84] 对移民问题的去安全化选择不仅超越了哥本哈根学派安全化理论中单一性行为体的局限，而且为其他的非传统安全问题的治理提供了有意义的扩展性样本。

广义去安全化不仅是安全化的逆向过程，也是国家行为体通过创设以"和合共生"为核心的共同语境、建构适合双方的价值认同和合作机制，进而将（安全）议题排除在安全领域之外或将其移出安全领域而归置于常态政治的过程。这更多地是一种"言语行为"的结果。去安全化的关键在于准确把握国家行为体制定外交

---

[83] 参见〔印度〕普里杨卡尔·乌帕德亚雅著：《南亚的安全化矩阵：孟加拉移民问题》，载〔菲〕梅里·卡拉贝若-安东尼、〔美〕拉尔夫·埃莫斯、〔加〕阿米塔·阿查亚编著：《安全化困境：亚洲的视角》，段青编译，浙江大学出版社2010年版，第103页。

[84] 参见同上书，第104—106页。

政策所确定的立场,以及国家行为体与受众对这一立场的理解之间如何沟通,同时还在于国家间如何打造良性的"交往生态"(communicative ecology)。在国家间的外交沟通中,交往生态的良性或恶性取决于以下三个因素:一是国家行为体间关系的紧密度(同盟、伙伴关系、关系正常化、冲突);二是处于良性交往生态中的国家行为体针对突发安全事件而体现出某种应急能力的响应度;三是对共同价值的认可度。[85] 由于以去安全化为特征的交往行为倾向于获得基于价值认同的相互理解,国家行为体需要重视政治目标、受众期望和情绪诉求以及与需要共同应对的问题间的关系,建构起具有去安全化性质的良性交往生态。

---

[85] 参见余潇枫、张伟鹏著:《基于话语分析的广义"去安全化"理论建构》,载《浙江大学学报(人文社会科学版)》,2019年第4期,第24页。

第四章 安全理论深化：从"在场"到"批判"

对非传统安全研究的推进主要体现在安全理论的不断深化中。针对安全研究中"性别""人""实践"的不在场，"性别安全说""人的安全说""安全实践说"相继问世，并被称为"较激进"的安全理论，其主要包括：倡导"性别"视角的女性主义安全研究、以"人"为指涉对象的人的安全研究、强调"日常安全实践"的巴黎学派。当"性别""人""实践"在场后，安全研究开始对"国家中心论""非话语安全论""西方中心论"展开了批判，故而后继的安全理论被称为"激进"的安全理论，其主要包括：高举"解放"旗帜的批判安全理论、关注"话语"的后结构主义安全研究、开创"非西方安全说"的后殖民主义安全研究。不同安全研究的学派都对安全理论的深化做出了贡献，西方非传统安全理论对中国非传统安全理论的发展虽起到了一定的借鉴作用，但其存在的问题仍需要被克服或超越。

第一节 "在场"的安全理论

一、性别安全说

1. 性别与安全

让性别"在场"是女性主义安全研究的最大贡献。女性主义始于18世纪法国资产阶级大革命,它的兴起标志着人类社会从母系时代的母权制度发展到父系时代的父权制度后,进入到了全面向父权制度挑战以实现男女平等的"平权时代"。19世纪末之前,早期女性主义的使命是批评父权制度,争取包括选举权与被选举权、受教育权利和就业权等在内的女性权利;19世纪20世纪中叶,女性主义从批判男性转向反思自身、寻找受制于男性的原因,同时继续争取政治、经济的权利,以获得平等的社会地位;20世纪中叶后,女性主义从争取权利的社会运动转向更深层的理论建构,以女性特有的经验和立场分析传统性别制度与不平等社会地位的根源,参与人文社会科学的学术争论,为女性主义理论建构寻得一席之地。

女性主义学者第一次把性别从生物学解读上升到文化学解读,把"女人是子宫"①的简单生物学认知上升到"女人是人类性别的另一半",进而使人们认识到性别不只是一个简单杂合的生物身份,而是通过社会实践产生的理论范畴。"性"是一个生物性

---

① Simone de Beauvoir, *The Second Sex*, Everyman's Library, 1993, p. xli.

的且最初更多是关联妇女的词,而"性别"则是统一了男性气质和女性气质的词。蒂克纳(Tickner)认为,"性别"是社会性的而不是生物性的。女性主义通过寻求"我们是女人还是女性"这一问题的答案,促成了女性主义安全研究发端于对性别是一种社会建构的认识,"'性别'指的是文化、政治、社会和话语的结构。男性与女性的概念并不代表'男人'与'女人'事实上怎么样,而是他们通过复杂的政治历史形成,并将女性置于私人领域而将男性置于公众领域"②。

女性和性别都是安全研究的指涉对象,但相对于男性而言,女性是一个预先给定的、在先前结构中处于不利的指涉对象,尤其是在一个突出军事化的男性主义的社会语境中,女性的安全问题在经济领域、政治领域和社会领域中都处于边缘地位。从20世纪下半叶起,关于"女性"的争论在学术界出现,但在与结构暴力相关的问题研究中,性别一直不占重要位置。在斯德哥尔摩国际和平研究所等和平研究组织中鲜有关于性别方面的研究主题;加尔通的结构暴力理论也存在性别缺失;马克思主义的阶级关系理论中,性别也是被淡化的。与此相应,无论是整个国际关系研究,还是国际安全研究,都存在"性别缺失""性别遗忘"的事实。

卡罗琳·肯尼迪认为,性别包含多元含义,研究性别与安全需要有两个层次的视角。一是实践层面的视角,即对女性在军事冲突中作为牺牲品、旁观者、参与者的考察,当妇女自杀式袭击者出

---

② 〔英〕巴里·布赞、〔丹〕琳娜·汉森著:《国际安全研究的演化》,余潇枫译,浙江大学出版社2011年版,第150页。

现,女性与暴力而非和平倾向的关系被复杂化了;另一个是话语层面的视角,即对女性与男性、和平、家庭关系的考察存在性别中立化的趋势,特别是当现代电子化的"虚拟"战争出现后,战争和战斗却变得"性别中立"了。因此,"通过理解性别观念并将其置于任何关于安全的辩论中心,我们可以对男人和女人如何看待不安全、暴力和战争得出一系列环环相扣的理解"③。

形成于20世纪80年代中期的女性主义安全研究从美国和英国传播至全球,其研究工具包括从和平研究到后结构主义等各种研究方法,其研究路径是采取自下而上的方式来分析战争在微观层面的影响。女性主义安全研究批判了传统安全研究中的"男性中心主义",其贡献在于不断指出传统安全研究中的"性别盲"(gender-blind),④提出了具有鲜明特色的"性别安全说"。

2. 女性主义安全研究的特点与发展

女性主义安全研究的主要特点是把安全研究的宏大叙事转换成日常生活的体验性叙事,让"沉默的安全"不再沉默。"女性主义构成了一个多元共同体,其成员有激进的怀疑者、宽容的反对者、主体生活体验的知识探索者、社会安全认同体制的抵制者,他们破除原有边界的行为使得享有特权的安全防御难以为继。"⑤因此,"女性主义将自己定义为一种政治学范式,不单纯是一种性别

---

③ Caroline Kennedy,"Gender and Security",in Alan Collins,*Contemporary Security Studies*(Third Edition),Oxford University Press,2013,pp.117-118.

④ 参见 Brooke A. Ackerly,Maria Stern,Jacqui True,*Feminist Methodologies for interntional Relations*,Cambridge Press,2006,p.1。

⑤ 〔美〕克瑞斯汀·丝维斯特著:《女性主义与后现代国际关系》,余潇枫、潘一禾、郭夏娟译,浙江人民出版社2003年版,第225页。

政治学,而是一种体验政治学、一种日常生活的政治学"⑥。女性主义安全研究特别关注来自性别领域的特殊安全问题,关注身份建构和性别,其研究更多地是采用"知识论视角",⑦其研究的领域与体现"低政治"的非传统安全领域有更多的交集,越来越多的日常生活中的"常态危机"进入女性主义安全研究的视野。种族歧视、性骚扰/强奸、人工流产、家庭暴力、儿童问题、营养不良、机会不均、经济剥夺、秩序混乱、环境危险、流行疾病、生活焦虑等问题都曾是长期"沉默的安全"而成为女性主义安全研究的重要议题,进而在研究中提倡"互相依赖的国际安全"和"星球意义上的全球安全"。⑧

女性主义安全研究发展的第一个标志是以"体验"为标志的经验主义认识论的确立。许多女性主义安全研究学者指出,"性别盲"正是国际关系理论与国际安全理论的困境所在。在国际安全领域,人们熟知的是男性的声音,"男性"的角色常常是政治家、决策者、战士以及那些权力比女性大得多的人物,男人生活在政府、社会契约的"利维坦"中,而"女性"处于政治之外的私人领域中,只是"男权"政治的辅助而已。女性主义安全研究学者发现,现实主义安全研究中存在着严重的性别缺席,如卢梭在《爱弥儿》中告诉人们"女性是性欲激情的永久奴隶",马基雅维里看到的是"女性如何毁灭国家",霍布斯认为女性仅有的是不独立的"自然

---

⑥ 〔美〕克瑞斯汀·丝维斯特著:《女性主义与后现代国际关系》,余潇枫、潘一禾、郭夏娟译,浙江人民出版社2003年版,第42页。

⑦ 参见 Brooke A. Ackerly, Maria Stern, Jacqui True, *Feminist Methodologies for Interntional Relations*, Cambridge Press, 2006, p. 21。

⑧ 参见〔美〕克瑞斯汀·丝维斯特著:《女性主义与后现代国际关系》,余潇枫、潘一禾、郭夏娟译,浙江人民出版社2003年版,第225页。

状态中的母权",摩根索坚持认为要把人类欲望放在国际关系中国家的权力欲中,而不要放在某个典型的"男人"或"女人"领域内。而事实是,在早期,一些"女性"帮助形成了主权国家,她们也通过明智的王室通婚帮助保卫了毗邻的国土;在近现代,很多女性主义者在追求国际和平事业的同时,公开追求参政议政并积极投入与国家利益相关的事业。因而,对性别与安全展开理论研究,拒绝的是用"要做爱,不要战争"这样的标语来取代理性的分析,而强调的是对安全进行体验式的解释学考察。

女性主义安全研究发展的第二个标志是理论研究方法论的借用。"一个研究领域怎么被人理解,以及怎样被划分为不同的认识论视角,并不取决于跨历史的客观因素,而是取决于自身在其他研究方法出现时受启迪后所做出的改变。"⑨20世纪80年代起,女性主义强烈呼吁将"女性"和"性别"作为安全研究的指涉对象,以个人安全对应"身体暴力",以群体安全对应"结构暴力",不同学科的方法论随之被引入性别与安全的研究之中。蒂克纳将指涉对象从国家转向个体,试图改变国家安全优先于个体的社会安全传统,超越国家中心主义与军事主义的安全观。女性主义安全研究者"质疑国家作为安全提供者的角色,认为在今天的战争中,国家实际上可能正在对自己的人民形成威胁"⑩。这一分析视角与批

---

⑨ 〔英〕巴里·布赞、〔丹〕琳娜·汉森著:《国际安全研究的演化》,余潇枫译,浙江大学出版社2011年版,第143页。

⑩ J. Ann Tickner,"Feminist Response to International Security Studies", in Barry Buzan & Lene Hansen (eds.), *International Security* (Volume Ⅳ), SAGE Publications, 2007, p. 274.

判安全研究和人的安全研究的分析视角有着共同之处。总体来看,女性主义安全研究基于女性经验基础之上使分析手段多维度化,进而超越了以往的定量研究以及和平研究的实证主义分析手段。换言之,方法论的扩展使得女性主义文献在人文科学领域有了显著增长,并且形成了与其他安全研究理论相区别的较激进的特征。

3. 女性主义安全研究的扩展

作为"战士"的男性与作为"美丽心灵"的女性在后现代主义视角看来存在着话语中的身份交织性与角色解构性。《女人与战争》(Women and War)的作者琼·埃尔施坦(Jean Elshtain)认为,战争就像叙事,围绕着惯常的角色将性别概念统一起来,如在战争与和平的故事里,好的士兵就像好的母亲一样,两者都努力完成他们的职责,但又怀着工作可以做得更好的不安,两者都深陷在寻求健康与保护的世界里;女人被排斥在战争话题之外的同时,男性同样地被排斥在孩童话题之外,而当一个真正的战士大肆杀戮或当一个母亲残酷地虐待她的孩子的时候,他们都丧失了理想,原有的身份与角色都被解构,都从原来的保护者变成了攻击者。[11]

女性主义安全研究的进一步扩展是后现代主义视角的融入。随着对传统性别观念的解构,以往的自我、性别、知识、文化和社会关系等被彻底怀疑,性别的隐喻与安全的符号化被揭示,进而使得女性与人文社会科学研究的"文本隔离性"得到某种消

---

[11] Jean Bethke Elshtain, *Women and War*, Basic Books, pp. 222-225. 转引自〔美〕克瑞斯汀·丝维斯特著:《女性主义与后现代国际关系》,余潇枫、潘一禾、郭夏娟译,浙江人民出版社2003年版,第74页。

解。一般情形中,"女性"安全地处于政治之外的私人领域中,也即"女性"通常只在受国家控制的"家庭"领域内是"安全的",而男性生活在政府、社会契约式的"利维坦"和共同意志中。即使男女平权后,女性在效力于国家军事部门时,尽管她们能做得很好,但在国际关系的互动中她们仍处在非互惠的不平等地位。历史上有很多"知名女性","没有被束缚在'家庭'内,没有孤独地留守家园,在某种程度上,她们从没有在国家集权的战争中躲避,换一个角度说,正是她们支撑了那些战争"⑫。但在传统的认识论视角中,性别经验的怀旧一直存在,女性永远是一个边缘化的存在,甚至在男性的政治世界里她们毫无地位可言。

哈佛大学国际安全研究学者达拉·凯·科恩(Dara Kay Cohen)多年聚焦于性别与冲突研究,基于 1980—2012 年发生的内战写成的《内战期间的强奸》(*Rape During Civil War*)一书是她的成名之作,并获得了多个奖项。⑬ 达拉·凯·科恩认为,近些年超男性化权威领导人(hypermasculine authoritarian)的涌现表明了性别视角对理解国际政治的重要性,由于性别等级制度(gender hierarchies)并非独立存在,而是种族、民族、宗教和其他身份的交织,因此,关注女性主义安全研究议程中的生理性别和社会性别不平等与战争之间的关联机制,将揭示未来更广泛的国际安全研究议程

---

⑫ 〔美〕克瑞斯汀·丝维斯特著:《女性主义与后现代国际关系》,余潇枫、潘一禾、郭夏娟译,浙江人民出版社 2003 年版,第 11—12 页。

⑬ 参见 Josh Burek, "Spotlight: Dara Kay Cohen", Harvard Kennedy School Belfer Center Newsletter, Fall/Winter, 2018—2019 (https://www.belfercenter.org/publication/spotlight-dara-kay-cohen)。

的研究方向。达拉·凯·科恩指出,国际安全研究的一个基本问题是"生理性别和社会性别的不平等导致战争,还是战争导致生理性别和社会性别不平等"。基于前者从"机制"的角度分析有两种观点:一是文化解释,把女性理想化为国家的"母亲",而保护她则是"好士兵"的工作,于是这一战略文化决定了领导人的战略决策,也解决了集体行动难题;二是社会规范解释,把妇女理解为能产生更强大的社会网络和资源的投资对象,或使年轻男性受工作与婚姻束缚,帮助社会更和平地处理冲突。基于后者从"微观"的角度分析也有两种观点:一是在舆论上,支持战争的"性别差距"(gender gap)的根源不是生理上的而是态度上的;二是在信念上,个人的身份和有关性别的偏见会影响对"暴力是解决冲突"态度的取舍。综合起来的结论是:"在某些条件下,生理性别和社会性别的不平等会增加战争的可能性;而在某些条件下,战争会改善或恶化某些形式的生理性别和社会性别的不平等。"[14]

当今女性主义的安全研究议程扩展到了许多方面,较经典的主题有性贩运、战争中的强奸行为及其他形式的性暴力、大男子主义、维和、人道主义及冲突后的重建、娘子军/童子军问题;较现代的主题有女性自杀炸弹与恐怖行动、战争的去性别化、贫困与女性解放以及数智社会女性的角色再定位等。安全议题的多样性使得

---

[14] 〔美〕达拉·凯·科恩著:《更多的女性平等是否会减少战争?》,陈想译,载《国政学人》,2022 年(https://new.qq.com/rain/a/20220721A0B41100)。原文参见 Dara Kay Cohen & Sabrina M. Karim, "Does More Equality for Women Mean Less War? Rethinking Sex and Gender Inequality and Political Violence", *International Organization*, Vol. 76, No. 2, pp. 414-444。

很多关于性别与安全的研究并非理论性的,有时也并非直接关涉安全的概念,而只是一些低理论度的、经验性的相关性类型研究。

二、人的安全说

1. 安全研究:以人为中心

让"人"在场,是人的安全研究的最大贡献。"人"在属人世界中是一个永恒的主题;"人的安全"在安全维护中是一个至高的议题。自 20 世纪 70 年代起,"人的安全"理念开始在一些重要的国际倡议中得到体现,如勃兰特委员会(Brandt Commission)、布伦特兰委员会(Brundtland Commission)、全球治理委员会(Commission on Global Governance)以及人类安全委员会(Commission on Human Security)。联合国开发计划署在 1993 年《人类发展报告》中首次使用人的安全概念,并在 1994 年《人类发展报告》中对"人的安全"做了全面阐述。"人的安全"概念包括人类整体与人类的个体,从而在最广的意义上凸显了"以人为中心"的安全认知。2003年,人类安全委员会在其题为《人的安全现状:保护和赋权于人民》的报告中把"人的安全"定义为"以增进人类自由和成就的方式保护全体人类生活的重要核心。'人的安全'意味着保护基本自由,也就是保护作为生命本质的自由。它意味着保护人民免受重大(严重)和普遍(广泛)的威胁和情势之害。它意味着使用以人民的力量和愿望为基础建立的进程。它意味着创造综合起来可以构建人们生存、生计和尊严的政治、社会、环境、经济、军事和文化体系"[15]。

---

[15] 参见联合国官方网站文章《人的安全:如何界定人的安全》(https://www.un.org/zh/issues/humansecurity/index.shtml)。

21世纪,人类安全形势不断恶化,环境污染影响了全人类,气候变化给人类带来了复合安全风险,经济危机与地区冲突导致的粮食安全威胁正在成为全球性挑战,难民问题越来越严重与紧迫,多发的全球卫生安全事件更使人类发展遭受了一次又一次重创,使得"人的安全"与人类可持续发展越来越紧密相关。因此,一方面,我们必须扩充对非传统安全威胁的了解,其中包括政治、经济、社会、卫生和环境方面的因素;另一方面,必须强调人的生命的普遍性和首要性,从而能以一种多层面和全方位的方式处理对安全的威胁。⑯ 可见,"人的安全"有赖于"人的权利"受到普遍保障的历史性前提的确立,而安全研究从以国家为中心转向以人为中心,既是对新出现的多重、复杂、跨国、全球、代际性威胁的深刻反映,也是把对人民的保护落实到"免于恐惧、免于匮乏、免于耻辱"的具体安全议题中去的认知提升。

安全研究转向以人为中心,是人类安全、国家安全、人民安全的价值整合。对国家来说,安全治理是分层次的。在国家安全层面,全球性危机、国家利益冲突与安全摩擦、国内分裂主义等都会导致国家的不安全;在人类安全和人民安全层面,国家也可能成为某种不安全的来源。联合国提出"人的安全"理念,包括七个方面的内容:经济安全、粮食安全、健康安全、环境安全、人身安全、社群安全和政治安全,标志着人类安全具有价值的优先性。安全研究以人为中心,并不是要把人的安全与国家安全、国际安全割裂开

---

⑯ 参见同亮著:《2030年可持续发展议程下"人的安全"及其治理》,载《国际安全研究》,2018年第3期,第66—71页。

来,相反它们之间是相互包容与促进的;或者说"人的安全"致力于了解对个人和社区的各种威胁的特定组合如何会转化为更广泛的国内和国家间的安全漏洞,以预防和缓解未来威胁的发生,而且可以成为实现国家安全和国际稳定的一个关键要素。[17] 因此,"国家安全与人的安全是相互支持的两个概念,提高一国民众的'人的安全'也会增加国家的合法性、稳定和安全"[18]。

2. "人的安全":安全研究的新类别

"人的安全"研究议程一经提出,在学界立即引起了争议。反对一方认为,"人的安全"概念存在以下几个方面的问题。一是太宽泛,似乎无所不包,反而使得安全研究无从下手;二是太空洞,虽然可以列出一长串"清单",但缺乏与安全相关的实质性内涵,对政策制定或理论分析作用都不大;三是太模糊,与人权、平等、发展等概念相重叠,而使得安全研究议程与发展研究、人权研究、平等研究等议程难以区分;四是太片面,在强调国家中心视角的安全缺陷的同时,"它对国家间持续冲突关注不够""过低估计了国家作为人类安全保护者的作用"[19],但"过于关注与不发达相关的威胁,忽视了暴力冲突导致的人的不安全"[20]。鉴于以上种种理由,

---

[17] 参见联合国官方网站文章《人的安全:原则和办法》(https://www.un.org/zh/issues/humansecurity/principles.shtml)。

[18] Department of Foreign Affairs and International Trade (Canada), "Human Security:Safety for People in a Changing World", Ottawa, 1999 (http://www.summit-americas.org/Canada/HumanSecurityenglish.htm).

[19] 〔英〕阿兰·柯林斯主编:《当代安全研究》(第三版),高望来、王荣译,世界知识出版社 2016 年,第 169 页。

[20] 〔加〕阿米塔·阿查亚著:《建构全球秩序:世界政治中的施动性与变化》,姚远、叶晓静译,上海人民出版社 2021 年版,第 143 页。

巴里·布赞撰文直接表达了自己对"人的安全"概念的怀疑态度，认为"人的安全"概念所"产生的问题，恰恰是把对国际安全的理解推向了一种'还原主义'视角，即把个人构建为最终的安全指涉目标；同时还强化了另一种错误倾向，即把国际安全的理解推向一种'理想主义'立场，亦即把安全问题理想化为某种可期望的终极目标。因而，他认为，'人的安全'在国际安全研究中缺乏作为分析框架的理论价值"[21]。

而赞同的一方认为，"人的安全"的提出是一次安全研究的范式创新，也是以国家为中心的传统安全向以人为中心的非传统安全跨越的历史性转型；"人的安全"凸显了对人的现实境况的关切，也凸显了安全研究中的伦理维度，任何社会的伦理建设都是基于社会安全的建设基础之上的，安全可以说是社会的"第一伦理"；"人的安全"在"免于威胁的自由""免于匮乏的自由"基础上，增加了第三个维度——"免于耻辱的自由"，即安全是"有尊严地活着"的自由，由此"保护的责任"或"作为责任的主权"被进一步提出，并被作为国家提升人的安全所应遵循的规范，进而引发了国际社会的强烈反响。针对反对方提出的质疑，有学者提出了反驳和改进，认为解决人的安全涵盖范围过广、过空洞以及边界过于模糊的担忧不难，只要把"人的安全"集中于"脆弱性"并以此作为其本质特征就行，因而要着重关注三类受害者，即陷于战争与内乱者、生活于生存线及以下者、困于自然灾害者；还

---

[21] 〔英〕巴里·布赞著：《"人的安全"：一种"还原主义"和"理想主义"的误导》，崔顺姬、余潇枫译，载《浙江大学学报（人文社会科学版）》，2008年第1期，第7页。

有学者认为,直接将"人的安全"限于"在冲突中遭受身体暴力的脆弱性"即可。㉒

也有观点认为,以人为中心和以国家为中心的两种分析路径都存在缺陷,应试图把以人为中心的安全与以国家为中心的安全做双重概念化的处理。例如,挪威国际事务协会主任路甘德(Lodgaard)提出了"可以将安全重新定义为一种'国家安全与人的安全的双重概念'——前者涉及领土防御与决定本国政府形式的自由,后者关系到人类免于物理暴力的自由"㉓。当然,更有学者认为,"人的安全"提出的意义在于它的价值性,其最大价值在于它为安全研究提供了全新的视角,为安全研究摆脱传统安全思维与路径束缚做出了重大贡献。帕里斯(Paris)指出:人的安全对于扩展和深化安全研究具有特别重要的意义,"尽管人的安全因概念界定上的扩展性和模糊性而使其未能成为有用的分析工具,且那些或许喜欢运用它的学者和那些必须在各类政策议程中选择这一概念的决策者,都可能发现这一概念只能提供些许微弱的实际帮助,然而此概念却仍旧富有生命力,它因涵盖一系列非军事性威胁的属性而独一无二和具有包容性,且尤为重要的是,这一概念优先考察个人、团体和社会的安全,而非聚焦于国家的外部威胁"㉔。

事实上,如果从更为综合与合理的立场来认识人的安全这一

㉒ 参见〔菲〕梅里·卡巴莱诺-安东尼编著:《非传统安全研究导论》,余潇枫、高英等译,浙江大学出版社2019年,第8页。

㉓ 〔英〕阿兰·柯林斯主编:《当代安全研究》(第三版),高望来、王荣译,世界知识出版社2016年,第169页。

㉔ 〔菲〕梅里·卡巴莱诺-安东尼编著:《非传统安全研究导论》,余潇枫、高英等译,浙江大学出版社2019年,第9—10页。

安全研究新类别的必要性,那么人的安全这一范式将"人"作为安全的指涉对象,对安全研究所带来的意义是积极的,是具有政策运用价值的。人的安全与国家安全在实质上并不是对立的,国家安全以人民安全为宗旨,人的安全又是对国家安全的一个重要补充,它们之间的兼容与互包,才能提升总体安全的水平。

3. "人的安全"研究的贡献

人的安全研究的贡献之一在于直接把"人"(类及个体)确定为安全的指涉对象,并被明确为联合国认可的安全指涉对象,超越了"国家对其公民可能造成不安全时"的传统安全理论的困境。"人"这一指涉对象的确立标志着安全研究的历史转型,标志着其与以保障国家主权和政权安全为核心的传统安全的基本分界。甚至可以说,"'人的安全'是一个很有挑战性的'叛逆'概念,它挑战的是《威斯特伐利亚合约》签订以来国际社会达成的共识——不干涉别国内政的原则,即国际法的基本准则",因此,"国家主权的概念本身是为保护个人而设计的。个人是国家存在的理由,而不是反过来。我们再也不能接受一些国家的政府以主权为借口无视公民权利"[25]。"人的安全说"突破了传统安全研究的国家中心主义局限,成为了非传统安全领域内最具"非传统"的理论。

人的安全研究的贡献之二是把"安全"与"发展"合并研究,使国际安全研究的议题扩展至包括贫困、不发达、饥饿和其他威胁人类整体的问题。这一转向极大地扩大了威胁的类型和安全适用的领域,粮食、健康、环境、人口增长、经济机会的差距、移民、毒品运

---

[25] 王缉思著:《世界政治的终极目标》,中信出版集团2018年版,第63页。

输和恐怖主义等均在其中,安全进而被视为一种根除"贫困"和"不发达"的全球性努力。而且通过"人的发展"达到安全与通过"人的安全"达到"人的发展"具有等价性,从而加强了安全与发展的关联,突出了统筹安全与发展的重要性。

人的安全研究的贡献之三是把"人类安全""人民安全"与"国家安全"统合起来。对国家来说,安全治理是分层次的。在国家安全层次,全球性危机、国家利益冲突与安全摩擦、国内分裂主义等都会导致国家的不安全;在人类安全和人民安全的层面,国家也可能成为某种不安全的来源。尤其是巴里·布赞认为,个人安全与其他层次的安全存在着永恒的张力,因为"个人安全受困于一种牢不可破的悖论,即它部分依赖于国家,但又一定程度上为国家所威胁。个体被国家威胁的方式多种多样,并且他们会因为自己所在国家和国际体系中其他国家的互动结果而受到威胁。国家安全问题不能简化到个人层次,因为国家和体系层次都有着不同于其个体总和的独特性"[26]。尽管如此,"人的安全说"标志着人类安全在"战争-和平"非此即彼中的"两极思维的终结"[27],进而把人类安全、国家安全、人民安全统一在"人类发展议题"上。对中国来说,"中国的安全应该是复合的和双向的,即人的安全得到充分保障的国家安全,国家安全得到有效维护下的人的安全"[28]。

---

[26] 〔英〕巴里·布赞著:《人、国家与恐惧》,闫健、李剑译,中央编译出版社2009年版,第345页。

[27] 颜烨著:《安全社会学》,中国社会科学出版社2007年版,第250页。

[28] 刘中民:《西方国际关系理论视野中的非传统安全研究》,载赵远良、主父笑飞主编:《非传统安全与中国外交新战略》,中国社会科学出版社2011年版,第77页。

三、实践安全说

1. 巴黎学派的形成与特点

让"实践"在场是巴黎学派安全研究的最大贡献。国际安全研究中的"欧洲主义"主要有三大理论分支,即哥本哈根学派、威尔士学派(阿伯里斯特威斯学派)和巴黎学派,它们分别把安全研究的重心问题锁定在对"安全化""去安全化""在场安全化"的探讨上。巴黎学派兴盛于20世纪90年代中期以后,尤其是"9·11"事件以后,其影响逐渐扩大。奥利·维夫之所以称其为"巴黎学派",是因为大部分研究者都在巴黎,主要以迪迪尔·彼戈(Didier Bigo)、杰夫·胡斯曼(Jef Huysmans)、菲利普·克鲁菲尔斯(Philipp Klüfers)、丽塔·弗洛伊德等学者为代表,他们着力将社会学理论运用于安全研究,关注安全的"场域"语境,重视内部安全与外部安全的融合,形成了以"安全实践说"为核心的"安全社会学"理论视角。

自冷战结束后,欧洲面临的安全问题出现了重大变化,东西欧融合、移民、边界控制等成为了重要的安全研究议题,日常生活实践中的安全问题亦日益凸显并进入学者视野。为了使安全研究理论化,福柯(Michel Foucault)的权力观和布尔迪厄(Pierre Bourdieu)的场域论等受到了安全研究学者们的重视。迪迪尔·彼戈是巴黎学派安全研究的主要代表人物,他在《文化与冲突》期刊上发表了许多有关"在场安全化"(in-securetigation)的理论成果,对欧洲内部安全与全球安全展开新的反思,开启了社会安全治理的新研究;杰夫·胡斯曼对"巴黎路径"的观点和影响有

大量的著述。㉙

巴黎学派主要借用的是著名法国社会学家布尔迪厄的社会学理论,并对"场域"(field)的安全化作用做了较多的理论阐发。"场域"是社会学、人类学的重要范畴。在布尔迪厄看来,场域是一种特定的社会关系网络,在这一网络中,不同位置之间的关系变量有着其对支配性资源的紧张与争夺,进而体现出社会行为背后潜在而不可见的关系性逻辑。巴黎学派认为,"安全场域不是固定不变的,施动者的位置和它们的影响决定了背景的状况、问题的性质和专业人员的权力斗争,而安全化实践因其实施时所处的场域或社会领域而不同。例如,'边境控制'至少在三个不同的社会领域中实施——军事战略场域、国内安全场域和全球网络监视社会场域,这三个不同的社会领域与控制边境的过程交织在一起,但就所涉及的各个行业的特征而言又有明显不同"㉚。因而,"场域"范畴的运用有利于采取更加全面的关系性方法去摆脱安全研究的还原论、本质论方法,正是以权力关系为主要特征的场域决定了安全化实践的内容和形式。

巴黎学派"在场安全化"的"安全实践"主要体现在对日常安全治理、安全技术、安全专家、安全监控等的关注上,特别是对网络监控、视频监控、传感设备、身份识别和证明技术相关的高科技安全设施给予了较多讨论。巴黎学派认为,安全不是"例外的政

㉙ 参见李明月、刘胜湘著:《安全研究中的巴黎学派》,载《国际观察》,2016年第2期,第31—33页。

㉚ 艾喜荣著:《话语与话语之外:安全化理论发展述略》,载《世界经济与政治论坛》,2016年第6期,第62—63页。

治",而是切切实实"在场"的"不安的政治",这种"不安"不是存在于重大事件的紧急应对中,而是存在于日常的习惯、互动、标准化操作中。甚至"整个社会时刻处于一种'永久例外状态'之中","'例外已经成为常规',预防、监控和处理机制的普遍存在让整个社会时刻处于安全危机之中"[31]。以现代监控技术的普遍使用为例,现代社会形成的"全方位监控"恰如福科所说是无人可逃逸的"环形监狱"(panopticon),"监控并不能带来安全,却在事实上带来了不安,对不安全的管理也因此而出现,而这只不过是利用可用的程序和技术打造而成的一种形式上的治理手段。同时,监测与数据挖掘网络有助于创建一个人人处于电子监视下的'安全国家'"[32]。由此"巴黎学派设想出一套难以取代的安全组合。在其理论中,国家创建并维持着一个结构紧密的工作机制以从事监督和惩戒,官僚机构和安全专家提供合法化的知识和技术,普通大众则通过自我治理的话语和微权力实践接受和强化这一机制"[33]。

如果说哥本哈根学派和威尔士学派重视安全的语言建构与人类学回归,强调安全是话语的自我指涉的实践,引发了批判安全研究的语言转向,那么巴黎学派则重视安全的场域建构,强调

---

[31] Mark Salter,"When the Exception Becomes the Rule: Borders, Sovereignty, and Citizenship", *Citizenship Studies*, Vol. 12, No. 4, 2008, pp. 365-380. 转引自袁莎著:《"巴黎学派"与批判安全研究的"实践转向"》,载《外交评论》,2015年第5期,第143、140页。

[32] 李明月、刘胜湘著:《安全研究中的巴黎学派》,载《国际观察》,2016年第2期,第35页。

[33] 同上书,第41页。

安全恰恰是"不安"管理专家造就的,不当的"安全实践"也会导致社会陷入某种"安全陷阱",进而开启了批判安全研究"实践转向"之路。

2. 巴黎学派与"在场安全化"

"在场安全化"理论强调安全化的意义"在场",即在安全实践进程中凸显其积极或消极的意义。"安全化"的"在场"基于安全场域的流变性本身。在强调"在场安全化"的过程中,巴黎学派力求用"日常实践"来替代哥本哈根派的"言语行为"在安全化中的核心地位。哥本哈根学派强调安全是一种"自我指涉"的话语实践,即在某种特定的政治和社会背景下,通过某种权威性话语把某一问题界定为当下的"存在性威胁",并建立特别程序进行超常的紧急处置和应对。在这一过程中,安全化施动者的话语或"言语行为"起决定性作用,受众作为对"呼"的"回应"虽然也有着积极作用,但往往只是处在信息不对称的受动地位,因而安全在其实质上不是一种客观状态,而是一种主观性的建构,确切地说是一种基于话语实践的"主体间互构"。巴黎学派对此的批评是:这种安全化比较狭窄。正如迪迪尔·彼戈所强调,实践工作、学科和专业知识与所有形式的话语同样重要,甚至不借助于语言或话语,也有可能使某些问题安全化,这一点军队和警察早已知晓。因此,生存和紧急之外同样有着安全问题,安全不仅是一种"例外的政治",更是"风险的管理"和"不安的政治";不仅是"政策执行者的日常实践如何通过把一个问题嵌入特定的安全领域而把之建构成为安全问题",更是"安全机构专业网络专家们定义威胁和风险的实际能力塑造了安全",而这里的安全专家包括"如军队、警察、边防、海关、法官、检察官、治安、移民、情报、反间谍、信息技术、侦察、媒体、心理专家等",可见"巴黎学派"重视的是范围广泛的"日常实践",强调的是安全专家(security professionals)在安全化过程中的中心地位,从而把安全化理论对语言的关注转向了对治理技术(techniques of governance)的关注,故被称为是"第二代"安全化理论。㉞

需要指出的是,巴黎学派认为,"在场安全化"在重视安全专家的同时,也必须重视安全专家可能带来的负面效应,因为"安全专家"所结成的网络利用权力和知识联合垄断会阻碍安全化的合理启动或不合理推进。㉟如果把"安全场域"与市场进行类比,那么安全专家就会如同贩卖"安全"与"不安"的商家,不仅遵循争夺各种资本的逐利行动逻辑,而且会垄断"安全化的施动权",不但不利于解决最迫切的安全威胁,甚至会导致安全防控的"市场失灵",最终使整个社会无法在安全利益上实现帕累托最优。㊱与此相应,巴黎学派还对"在场安全化"互动过程中的"筛选监视机制"提出尖锐批评,认为这种手段存在损害社会公平正义的风险,既无法回应社会群体的安全诉求,也没有兼顾社会公平与正义。当然,"巴黎学派也不认为去安全化能够减少民众的不安全感,并指出去安全化接受国家通过将民众长期置于不安全境地

㉞ 参见艾喜荣著:《话语与话语之外:安全化理论发展述略》,载《世界经济与政治论坛》,2016年第6期,第59—64页。

㉟ 参见Claudia Aradua et al.,"Critical Approaches to Security in Europe: A Networked Manifesto", Security Dialogue, Vol. 47, No. 4, 2006, p. 457。

㊱ 参见魏志江、卢颖林著:《"偏执"与"回避":安全化困境的形成研究》,载《世界经济与政治》,2022年第1期,第32页。

以及运用监视手段来实现统治的事实,默许必须以民众的不安来换取某种意义的安全”㊲。

巴黎学派的“在场安全化”理论还有其他丰富的内容,例如强调安全化中语言因素与社会背景因素的融合。以菲利普·克鲁菲尔斯为代表的社会语用学视角的学者认为,安全化不是施动者的单一化独白,而是施动者与受众的“对话式建构”;安全化的成功不是行为体实施行为本身,而是实施的行为如何有效嵌入所处的具体社会政治“场域”;安全化的完成不是止于存在性威胁在话语中得到认可,而是止于威胁或危机应对的紧急措施的采用。再如,强调“特定安全化的道义正当性”或“正义的安全化”,以丽塔·弗洛伊德为代表的规范视角的学者认为,安全化的正当性有三个标准:一是存在性威胁的客观性是否成立;二是安全指涉对象的道义合法性是否呈现;三是安全维护对于所受威胁的适当性是否合理,说到底为了多数人而不是少数人的安全才表明是“积极的安全化”或“正义的安全化”。㊳ 又如,强调安全不是威尔士学派所解读的“解放”,安全在某种程度上是一种控制和主导的“压迫装置”或“惩戒机制”,“其用于证明在某种秩序下,某些特定的个人和群体受到压制,而社会中的大部分都被规范化或处在监控之下”㊴。

㊲ 魏志江、卢颖林著:《“偏执”与“回避”:安全化困境的形成研究》,载《世界经济与政治》,2022 年第 1 期,第 36 页。

㊳ 参见艾喜荣著:《话语与话语之外:安全化理论发展述略》,载《世界经济与政治论坛》,2016 年第 6 期,第 64—66 页。

㊴ 李明月、刘胜湘著:《安全研究中的巴黎学派》,载《国际观察》,2016 年第 2 期,第 41 页。

当然,巴黎学派在丰富安全化理论内涵的同时仍存在欠缺。主要表现在"巴黎学派把实践与话语截然分开,在对实践强调的同时,对话语的作用太过忽视。社会语用学视角安全化理论则更具有折中性,强调了话语在一定的社会背景下的作用。而规范视角的安全化理论则弥补了以上几种安全化理论中规范性的缺失,但是其对语言作用完全忽略的观点说服力不强"[40]。

第二节 "批判"的安全理论

一、解放安全说

1. 批判安全理论

批判安全研究的贡献是以人的安全为基点提出了"解放安全说"(security as emancipation)。[41] 批判安全研究是国际关系批判理论的一个分支,出现于20世纪90年代初期;冷战后,该理论分支在英国特别兴盛并形成了"威尔士学派"。批判安全研究在方法论路径上源自马克思主义,或者更确切地说,源自被称为"法兰克福学派"的新马克思主义。国际关系中的批判理论使用的主要是后实证主义方法,它否定实证主义的三个基本假定,即外部世界的客观性、主体与客体的二分性、社会科学价值的中立性,强调所

---

[40] 艾喜荣著:《话语与话语之外:安全化理论发展述略》,载《世界经济与政治论坛》,2016年第6期,第67页。
[41] 参见 Soumita Basu & Joao Nunes, "Security as emancipation", in Laura J. Shepherd (ed.), *Critical Approaches to Security*, Routledge, 2013, pp.63-76。

有知识均反映了研究者的利益、价值、群体、党派、阶级、民族等,因而所有的国际关系理论都存有其偏见。㊷ 批判安全研究在此基础上对安全的指涉对象进行扩展,批判"传统安全研究本体论上的国家主义,认识论上的客观主义和方法论上的实证主义"㊸,重视安全的"主体间"维度的分析,以"解放"作为核心概念,特别强调个体安全甚于国家安全,认为国家并非安全的可靠提供者,"作为个体的人"才是安全的最终指涉对象。

批判安全理论认为,国家及其相应的制度在安全问题上具有双重性。国家及其相应的制度既是人的安全的维护者与人的解放的实现者,又是人的不安全的来源与人的解放的压制者。为此,肯·布思(Ken Booth)在《世界安全理论》(*Theory of World Security*)一书中强调,国家安全的这种双重性源自于安全的社会建构性,而这种安全的社会建构性又与后马克思主义批判理论的八个主题相关:一切知识都是一个社会过程;传统理论加剧了自然主义和简化论的错误;批判理论提供了政治和社会进步的基础;解放是检验理论的标准;人类社会是由自身创造的;回归的理论主导了国家间政治学;国家和其他机构必须被非自然化;国际政治学的手段和目的可以从进步性世界秩序价值观中获得启发,以增进国际安全。㊹ 可见,"批判安全理论既是一种理论上的承诺,也是一种关

㊷ 参见 Robert H. Jackson & Georg Sørensen, *Introduction to International Relations: Theories and Approaches*, Oxford University Press, 2010, p. 248。

㊸ 郑先武著:《人的解放与"安全共同体"》,载《现代国际关系》,2004年第6期,第55页。

㊹ 参见〔英〕阿兰·柯林斯主编:《当代安全研究》(第三版),高望来、王荣译,世界知识出版社2016年,第111—112页。

注建构世界安全的政治倾向。作为一种理论承诺,它是一种源于批判全球理论化过程的一个思想框架,包括两个主要流派:批判社会理论和激进国际关系理论……作为一种政治倾向,它受到了通过解放政治沉迷和各种层次上的共同体网络来提升世界安全的目标的启发,这一共同体网络包括所有共同体的潜在共同体——人类共同体"[45]。

2. "人的安全"与"人的解放"[46]

在未来的维度上,"人的安全"更多的是与"人的解放"相关联。"人的解放"是人类从野蛮走向文明的现实标志,也是马克思主义人类解放理论的要旨所在,"人的安全"是"人的解放"的必然性前提,而人类社会发展的历史证明,没有"人的安全"就没有"人的解放"。马克思的人类解放理论分两个部分:首先是制度解放理论,其批判的指向是资本主义对人的剥削与压迫制度;其次是人的解放理论,其建构的逻辑是人从制度中解放后再从制度本身的异化中解放出来。可见,人的解放是一个逐步实现的过程,其中制度解放是人的解放的条件与保障。人的解放的实现一方面是要通过生产力的发展实现相对贫困现象的消除,另一方面是要通过上层建筑的革新,以防止由制度"异化"引发的"结构性暴力"对人的权利与自由造成的新压迫。

没有"人的安全"何来"人的解放"?20世纪的人类社会图

---

[45] 〔英〕阿兰·柯林斯主编:《当代安全研究》(第三版),高望来、王荣译,世界知识出版社2016年,第113页。

[46] 引自余潇枫著:《"人的安全"与"人的解放"》,载李佳著:《人的安全:理念、评估与治理模式重塑》,中国社会科学出版社2023年版,序言二第8—9页。

景是：随着科学技术的迅猛发展与资本主义国家上层建筑的不断调整，绝对贫困现象被相对贫困所替代；而社会主义国家则先从根本上实现制度的革命与转换，然而再进行经济基础的建设与补课，以确保人民群众既当家做主又走向共同富裕。进入21世纪，联合国提出2030年可持续发展议程，呼吁世界各国在人类、地球、繁荣、和平、伙伴关系这五个关键领域采取行动。然而，在人类文明不断演进的进程中，现实并没有让人类从"不安全"的阴影中走出来，恐怖主义威胁、地区性军事冲突与战争、金融危机、能源危机、粮食危机接踵而至，特别是近几年全球性的新冠肺炎疫情蔓延，将人类拖入史无前例的大危机之中，人的解放的理想深陷于人的不安全的现实泥潭中。在"世界怎么了""人类怎么了""人类向何处去""安全向何处求"的时代之问中，"人的安全"与"人的解放"再次被提上了历史议程。非传统安全研究中的批判安全理论传承了马克思主义的批判性，开始把理论批判的指向转至制度对人的压制本身，把"人的安全"视作安全研究的核心，特别是当本应保护公民的国家制度本身成为了人的不安全的某种来源时，"人的安全"作为"人的解放"之必然性前提更需要被强调。

从以国家为中心转向以人为中心是安全研究的一次思想革命。由此，"人的安全"成为了建构"解放安全说"的基点，在方法论路径上传承了源自于马克思主义或者更确切地说是源自于被称为"法兰克学派"的新马克思主义，扩展了安全指涉对象，重视安全的"主体间"维度的分析，认为国家并非安全的可靠提供者，而"作为个体的人"才是安全的最终指涉对象，并以"解放"为安全研究的核心,提出"人的解放"的目标是消除"存在性焦虑"与保障"本体性安全",安全的终极状态是"人类共同体安全"或"真正的安全全球化"。[47] 肯·布斯认为,要用解放的政治来建构人类共同体进而确保世界安全的实现,因为"安全意味着威胁的不存在。解放是人民(个体或群体)从物质和制度的限制中获得自由,因为这些限制阻止了他们的自由选择。战争和战争的威胁是这种限制之一,其次是贫困、缺乏教育机会、政治压迫等。安全和解放是一个硬币的两面。解放,不是权力和秩序,而是产生真正的安全。从理论上讲,解放就是安全"[48]。

二、话语安全说

1. 后结构主义

后结构主义安全研究在建构主义和哥本哈根学派的安全研究基础上又向前推进了一大步,提出了具有独特理论视角的"话语安全说"。后结构主义安全研究源于80年代中期的北美,但90年代初期在欧洲更加流行,其主要特征是凸显"话语""认同"等范畴在安全中的特定作用。后结构主义认为,由于安全化的权威主体往往是国家,所以会出现种种"沉默的安全"问题,但身处不安全中的行为体往往无权把现实苦难安全化为安全问题。由于"'认同'是由话语构成的,国家(或者国家的代表机构)可以通过指引

---

[47] 参见余潇枫著:《共享安全:非传统安全研究的中国视域》,载《国际安全研究》2014年第1期,第17—18页。

[48] 〔菲〕梅里·卡巴莱诺-安东尼编著:《非传统安全研究导论》,余潇枫、高英等译,浙江大学出版社2019年,第24—25页。

和动员认同来实现其外交政策的合法化"[49],因而决定"安全化"成立与否的是其背后的"话语环境"与"话语结构"。

在后结构主义者看来,安全是一种话语,甚至威胁本身也是一种话语,其基本的理据是任何物质都无法离开话语的表征而独立存在,比如将何种对象建构为威胁,其实就是创造一种关于"危险和安全的话语",并将威胁自我的那个他者置于一种特殊的重要地位。事实上,当今世界大量的媒介信息与话语正在不断模塑和创造出一个个关于我们-他们、牺牲者-拯救者、发达-不发达、文明-野蛮的认同标识与安全图景。因而,无论何时当我们表述无政府世界、冷战结束、权力的性别关系、全球化、人道主义干预、金融资本这些概念时,我们就开始进入抽象、呈现和解释的过程之中,即使是所谓客观的"镜像"理论,也不可避免其解释的必然性与不可或缺性,从而政治领导、社会活动家、学者和学生都被卷入对"世界"和"安全"的解释之中,"知识"也就成了一种具有合法性的"权力",甚至"知识即权力"(knowledge is power)成为了一种常识。[50]

"话语安全"的独特视角与理论创新非常有意思,这是一种完全不同于过去的方法论路径,强调了安全是一种(指涉对象)被建构的实践活动,即安全威胁可以被评估的"客观安全"转变为了安全主体可以被建构的"安全实践"。这意味着安全思维的转变,

---

[49] 〔英〕巴里·布赞、〔丹〕琳娜·汉森著:《国际安全研究的演化》,余潇枫译,浙江大学出版社2011年版,第210页。

[50] 参见 Tim Dunne, Milja Kurki, Steve Smith, *International Relations Theories: Discipline and Diversity*, Oxford Press, 2007, p.204。

行为主体或身份不再是安全理论家所指认的稳定与给定的实体。"简言之,国家安全不再是简单的分析国家面临的威胁,而是分析特定'国家'的具体身份是如何产生及再现的。因此,威胁本身也是话语:'将事物建构为威胁'就是使用'安全和威胁的话语',将'事物'置于威胁自身的特殊重要性之中。"[51]

"话语安全"作为一种完全不同于过去的安全语境,改变了人们对知识与权力、认同与政治、国家与安全之间关系的认知,使得安全化理论建立在全新的方法论基础之上,从而带来了安全研究方法、范式的突破乃至"革命"。

2. 后结构主义理论特征

后结构主义的主要表现是其话语的本体论、认识论和方法论。后结构主义被称为"理论化的后现代主义""后现代主义的方法论"。正是后结构主义思潮为后现代社会理论提供了方法论原则。[52] 作为一种方法论,后结构主义的特征主要表现为:第一,反形而上学或反"基础主义"(foundationalism),即拒斥传统哲学或传统文化中的关于世界的本原或本质、知识的起源或基础、道德上的善与恶及人性和社会之超验存在的种种抽象概念;第二,主张去中心化和反二元对立的,倡导开放性、流动性、可变性和多元性,主张没有中心、没有边缘、没有对立的状态;第三,通过"语言"理解现实,甚至把语言等同于现实本身;第四,强调人与人之间的关系或

---

[51] 〔英〕巴里·布赞、〔丹〕琳娜·汉森:《国际安全研究的演化》,余潇枫译,浙江大学出版社2011年版,第154页。
[52] 参见夏光著:《后结构主义思潮与后现代社会理论》,社会科学文献出版社2003年版,第32页。

"主体间性"。[53]

在安全研究领域,后结构主义采用话语而不是观念作为概念,它认为国家主权和安全是政治实践的结果;批评国家中心主义限制了其他安全指涉对象,但又拒绝传统的和平研究转向个体安全。[54] 虽然后结构主义对现实主义的批判是激烈的,但其批判多于建构,是一种不折不扣的"激进型非传统安全研究"。[55]

这种激进式研究首先超越了"外在威胁论"的传统安全视角。由于安全认同在话语交互中是"关系性"的,因而安全在本体性上是"双重"的,安全同时关涉"他者"与"自者"两个方面,话语实践不但发生在对外部他者(其他国家行为体)是否有威胁的建构上,而且也发生在对自者(不同的内部他者行为体)有否威胁的建构上。通过话语分析,后结构主义安全研究揭示了一个"他者-自者"关系的安全特征:"'安全'成为了一个本体性的双重诉求:即国家需要安全,但又需要一个威胁性的他者去定义国家自身的认同,以便提供国家的本体安全"[56]。

其次,它超越了"客观安全""主观安全"的经典概念。客观安全指对外部威胁的抵御,主观安全指心理意义上不存在恐惧;前者

---

[53] 参见夏光著:《后结构主义思潮与后现代社会理论》,社会科学文献出版社2003年版,第95—99页。

[54] 参见 Barry Buzan & Lene Hansen, *The Evolution of International Security Studies*, Cambridge University Press, 2009, p.37.

[55] 参见李开盛著:"西方非传统安全研究的流派",载余潇枫主编:《非传统安全概论》(第三版,上卷),北京大学出版社2020年,第106页。

[56] 〔丹〕琳娜·汉森著:《非传统安全研究的概念和方法:话语分析的启示》,李佳译,载《世界经济与政治》,2010年第3期,第92页。

强调物质能力的获得,后者强调心理和知觉的重要性,两者之间存在着一定的对立。但国家安全往往是两者的结合,是对客观存在的威胁做出符合理性的主观评估。值得深思的是:"安全的主观概念并未摒弃其客观定义,它只不过使安全的内涵经过了主观的'过滤'。相反,话语分析方法认为安全不能用客观术语来界定,因此客观安全和主观安全均是误导。"[57]由于任何物质都无法离开话语的表征而独立存在,那么安全、和平,甚至危险、威胁都可以被看作一种话语,这样安全成为了一种"言语-行为",即指涉对象被话语建构的实践活动。与此相应,安全行为体及其认同也同样可以被话语建构。也就是说,一国对自身安全的评估不再从对国家面临的威胁的分析中获得,而是从国家对特殊认同进行建构和再建构的过程中获得。可见,话语不仅可以描述现实,也可以改变它所描述的现实,这也正是话语安全与"客观安全""主观安全"相区别而得以成立的关键所在,因为安全议题在本质上是一种话语的建构,施动者可以借助话语的施事性对受众的行为施加影响。当然,对于话语安全来说,并非意味着什么都可以成为"安全",关键是看同一时序中其有否安全排序的优先性,以及有否基于国内外语境的对安全话语的响应性。

第三,它超越了"国家中心主义"的分析立场。第三世界国家具有特殊性,因而基于西方中心论的国家中心主义安全观并不具有普世性。传统现实主义的国家中心安全观主要奠定在欧洲国家

---

[57] 〔丹〕琳娜·汉森著:《非传统安全研究的概念和方法:话语分析的启示》,李佳译,载《世界经济与政治》,2010年第3期,第105页。

形成的特殊历史之上,因而对国家安全和公民安全有明确的区分,往往把安全问题的理解直接指向国家外部的威胁。而对第三世界的战争、非西方区域冲突、种族间的安全困境、不发展导致的不安全等,国家中心安全观均难以给出有效解释,从而导致以美国为首的西方国家基于自己的安全立场,针对所谓"无赖国家""失败国家""恐怖主义""大规模杀伤性武器扩散"等发起各类干预与"人道主义战争",以其建设"世界新秩序"的名义开启了一个"世界新失序"的时代。

三、非西方安全说

1. 后殖民主义安全研究

后殖民主义是源自20世纪70年代西方学术界的一种学术思潮,它最早源自文学、史学、政治学、社会学中对种族、族性及殖民话语、殖民关系的研究,批判矛头主要指向帝国主义、西方资本主义、欧洲中心主义、西方霸权主义。殖民话语的冲突表现在被殖民的属民可以"既是野蛮人(食人生番)又是最顺从高尚的仆人(抬食物的人);既是旺盛性欲的体现又如同孩子般清白;他既是神秘、原始、头脑简单的,又是最世故、老练的说谎者以及社会力量的操纵者"[58]。同一时期,在政治理论中首次出现了"后殖民"一词的使用,随之"后殖民主义""非殖民化""非西方"等学术用语不断出现且被广泛使用。

---

[58] 〔英〕巴特·穆尔-吉尔伯特著:《后殖民理论:语境 实践 政治》,陈仲丹译,南京大学出版社2007年版,第107页。

后殖民领域研究较有影响的代表作有爱德华·萨义德(Edward Said)的《东方主义》(Orientalism)和《文化与帝国主义》(Culture and Imperialism)、加亚特里·斯皮瓦克(Gayatri Spivak)的《在他者的世界》(In Other Worlds)、霍米·巴巴(Homi K. Bhabhal)的《文化的定位》(The Location of Culture)、法侬(Frantz Fanon)的《黑皮肤 白面具》(Black Skin, White Masks)和《地球上不幸的人们》(The Wretched of the Earth)、罗伯特·杨(Robert J. C. Young)的《殖民欲望:文化、理论和种族的混杂》(Colonial Desire: Hybridity in Theory, Culture and Race)等。萨义德认为,西方的文化霸权把真实的"东方"(East)改造成了推论的"东方"(Orient),以实现"统治东方领地和民族的意愿""控制、操纵甚至合并一个明显不同(或另类新奇)的世界";东方主义通过推论东方是低于西方的他者,"结果,东方就被东方主义的话语典型地制作成(形象多样)沉默、淫荡、女性化、暴虐、易怒和落后的形象。正好相反,西方则被表现为男性化、民主、有理性、讲道德、有活力并思想开通的形象"[59]。

自20世纪70年代,在西方中心主义受到挑战的同时,第三世界的"非殖民化"和"安全"问题日益受到关注。到了90年代,产生了国际安全研究中的后殖民主义视角,形成了"非西方主体"对安全问题的不同理解和对国际安全研究中的西方中心主义的批判。后殖民主义主要研究的是殖民时期之"后",宗主国与殖民地

---

[59] 〔英〕巴特·穆尔-吉尔伯特著:《后殖民理论:语境 实践 政治》,陈仲丹译,南京大学出版社2007年版,第31页。

之间的文化话语权力关系以及有关种族主义、文化帝国主义、国家民族文化、文化权力身份等新问题。[60] 因此,后殖民主义安全研究一反传统安全研究的"西方中心主义",而是强调"非西方本体"的安全研究,提出了"'非西方'安全说"。

后殖民主义安全研究认为,非西方国家具有与西方国家不同的发展轨迹,因此亦应该把非西方世界的殖民史、第三世界国家的形成等纳入安全理论。虽然国家作为安全的指涉对象,是本国公民安全的保障,但许多后殖民国家仍需要努力建设有活力的民族国家,"这些国家往往不是保障国民安全,国家本身就是建设过程中不同企业和权力角斗的场所""这就导致了这些国家更倾向于使在社会层面本可解决的问题安全化"[61]。虽然后殖民主义安全理论包含很多具体的、不同的立足点,但在承认第三世界的特殊性与力求超越西方国家安全研究方面都是共同的。特别是后殖民主义安全研究对西方政界和学术界构造"南方""东方""不发达""失败"的他者意象进行了批判,并把一些非西方国家的"失败"或"不发达"看作西方殖民主义的某种"打压",其实质是体现了西方与世界其他地区在经济、社会、文化上的不平等,从而开创了一种关于"非西方主体"的不同理解,建构了一套"安全"研究的"非西方"词汇。

---

[60] 参见王岳川著:《后殖民主义与新历史主义文论》,山东教育出版社1999年版,第1—28页。

[61] 〔菲〕梅里·卡拉贝若-安东尼、〔美〕拉尔夫·埃莫斯、〔加〕阿米塔·阿查亚编:《安全化困境:亚洲的视角》,段青编译,浙江大学出版社2010年版,第86、87页。

2. 后殖民主义安全研究的特征

后殖民主义安全研究路径强调,历史上曾被殖民的国家应该在西方治下的世界秩序中开展独立的斗争,并赞同马克思主义和平研究者对帝国主义及结构暴力的解释。但是,相比于传统现实主义强调物质结构与权力,它在研究方法的路径选取上更重视对认同的话语建构。在后殖民主义研究者看来,西方中心主义是西方权力在知识领域的产物,只有充分分析西方中心主义在解释力和政治上所产生的问题,才能为西方的安全研究发展打下基础。[62] 然而在现实中,后殖民国家之间的安全状况与发展需要在后殖民安全研究中显得特别有意义。对于那些贫穷的非洲国家来讲,食品安全、艾滋病等带来的威胁要更为现实和迫切,在西方国家所突出的安全问题,如核武器、恐怖主义和社会认同等问题,反而都不是非西方国家首先要关注的议题。

后殖民主义安全研究形成初期受到批判建构主义、批判和平研究(即马克思主义和平研究)的助推,因而可以被视作激进的非传统安全流派。第三世界的特殊性和安全的重新概念化,引发了许多国际安全研究学者对西方中心主义的国家安全观的反思。这一方面是由于后殖民主义在人文社会科学领域的广泛发展,另一方面是由于后殖民主义与其他安全研究扩展路径的相互渗入与推动而形成的"批判性"趋势。批判建构主义认为,"失败国家"之所以"失败",是"西方殖民主义打压的后遗症";

---

[62] 参见 Tarak Barkawi & Mark Laffey, "The Postcolonial Moment in Security Studies", *Review of International Studies*, Vol. 32, 2006, pp. 329-335。

而马克思主义和平研究认为,安全研究中对认同的话语建构,比强调物质结构来得重要。[63] 但后殖民主义安全研究与后殖民主义理论一样具有一定的"混杂性",因为"后殖民社会、文化组成和运动是在不同的时间,以不同的形式,在全球不同的地点出现的。因为殖民主义具有多种形式并有着诸多历史,并不时随之出现过多的内部和相互矛盾的话语,非殖民化也同样有着多种形式并且是复杂——其话语可能也不时是相互不一致的——和相互补充的"[64]。

后殖民主义安全研究形成之后,较多地与后实证主义相呼应,指出西方对非西方国家构造"低劣的身份"是企图抹杀"非西方主体"的存在,从而限定安全指涉对象与安全话语,借此来反对所谓落后国家的安全议题设置与第三世界的独立性安全行动。后殖民主义安全研究要求重构指涉对象并确立基于自身语境的认识论,于是出现了一种比较矛盾的现象:一方面,反对普适的、全球共享的安全概念,但其安全指涉对象仍未摆脱传统安全的研究框架,即仍视国家作为主要行为体,虽然这个"国家"是非西方和第三世界的,并且与其结构性不平等、资源稀缺性紧密关联;另一方面,在认识论、方法论上又借用后结构主义话语分析方法,重视民族志研究、地方性安全研究,并将人类学融入自身的安全研究中。这样前者属于传统安全成分多些,后者属于非传统安全理论成分多些,虽

---

[63] 参见〔英〕巴里·布赞、〔丹〕琳娜·汉森著:《国际安全研究的演化》,浙江大学出版社2011年版,第211—212页。
[64] 〔英〕巴特·穆尔-吉尔伯特著:《后殖民理论:语境 实践 政治》,陈仲丹译,南京大学出版社2007年版,第187页。

然总体上可以把它归于"激进的安全理论",但也可以把后殖民安全研究概括成"半传统的安全理论"⑥。

第三节 西方非传统安全理论的启示与问题

一、西方非传统安全理论的启示

西方非传统安全理论构建起了有别于传统的安全指涉对象,不同程度地对安全研究的国家中心主义进行了批判,不仅关注人的安全与个体安全,更加关注包括发展问题、贫困问题、饥饿问题等更多涉及低政治领域中的安全问题。后殖民主义则对西方中心主义安全话语进行了深刻的反思与批判。这些非传统安全理论在安全的指涉对象、安全的实现途径、安全研究的方法视角等方面做出了新的理论创新,特别是批判安全理论、人的安全研究、女性主义安全研究、后结构主义安全研究等对超越传统国家安全的本位与追求"人的安全"的取向十分明显与强烈,使得西方非传统安全理论具有了新的视角、范畴、内容与特色。

西方的非传统安全理论对中国的启示主要包括:一、安全指涉对象的重新寻找;二、安全研究领域的多向扩展;三、安全实现路径的创新式探索;四、人的安全话语的构建;五、全球安全话语的不断凸显。首先,以安全化理论为例,"安全化理论的贡献在于可以把

---

⑥ 参见李开盛著:《人、国家与安全治理》,中国社会科学出版社2012年版,第16页。

诸多原属于低政治领域的非传统安全问题纳入既有的安全框架，或者非传统安全问题可能通过安全化的路径成为重要的新安全议题，从而把国家安全与社会安全、人的安全、全球安全整合在一个思考的框架内"[66]。然而，基于亚洲的语境来看，安全化理论能否在以下的追问中得以扩展：当安全化的行为体不作为时，安全化如何达成？"安全化"的实现路径除了"政治化"，是否还可以有"国际化"和"社会化"？安全化行为体的建构是否可以扩展为启动行为体、催化行为体和实施行为体？当安全治理的主体变得多元时，或者即使安全化对安全问题的解决有效果，是否以去安全化的路径作为长期的政治目标更为合理？

其次，以批判安全理论为例，批判安全研究指出国家可以是不安全的一部分，强调开放的全球政治与全球安全，认定个体是安全的最后指涉对象，并探寻以"人的解放"来实现"人的安全"与"真正的安全全球化"的理路，为非传统安全研究提供了独特的视角。但批判安全理论仍把个体安全与国家安全视为"二元对立"与不可调和的，其实从安全作为"关系性实在"的本体论视角看，个体安全与国家安全在总体上是相互包容的、双向复合的，或者说"总体安全观"要实现的正是人的安全得到充分保障的国家安全，及国家安全得到有效维护下的人的安全。推而广之，即在全球范围内，要实现的正是人类安全得到充分保障的全球安全，及全球安全得到有效维护下的人类安全，只有这样才有人类的持久和平与世

---

[66] 〔菲〕梅里·卡拉贝若-安东尼、〔美〕拉尔夫·埃莫斯、〔加〕阿米塔·阿查亚编著：《安全化困境：亚洲的视角》，段青编译，浙江大学出版社 2010 年版，译丛主编序第 3 页。

界的普遍安全。

再次,以后结构主义安全研究为例,后结构主义开辟了完全不同于客观安全与主观安全的研究路径,后结构主义关于"话语安全"的理论创新,为人们重新认识认同与政治、国家与安全提供了独特视角,安全作为一种实践活动建构起来的特定"指涉对象",被置于安全理论研究的核心,"认同"成为了影响安全的核心变量。中国的国际关系理论与国际安全研究从理论进口、问题进口到议题进口走了很长的弯路,迫切需要在客观安全与主观安全之上对话语安全进行深入的研究,形成安全研究的自主性话语体系。后结构主义的启示意义是:共同体对自身安全的评估不再从对共同体面临威胁的客观分析中获得,而是从共同体对特殊认同进行建构的过程中获得,同样,共享安全也可以在对全球认同和类认同进行建构和再建构中得以实现。

二、西方非传统安全理论的不足

虽然西方非传统安全理论大大超越了传统安全理论的局限,丰富了国际安全研究的内容,并且在安全指涉对象、安全威胁来源、安全维护方式等方面做出了学术创新,但西方的非传统安全理论也存在严重的本体论与方法论缺陷,主要问题有三:一是以"原子主义"为特征的本体论局限;二是以"二元对立"为特征的方法论局限;三是以"西方中心"为特征的价值立场局限。后两者在某种程度上又是前者的延伸。基于"原子主义"本体论思维的安全研究非常重视行为体的"单位"界定与不同行为体"单位"建构起来的"体系"性质,至于单位之间的"关系"则是从属的、第二位的。

这种研究思维方式的好处是权利的边界比较清晰,体系中的"层次"比较明确,安全变量的设定有比较"客观"的依据。但这种思维方式的问题是对"行为体"间冲突的消解,对体系中的"异质"性"单位"的处置,难以超越传统安全研究的"国家本位"立场,或者难以超越行为体冲突消解过程中的"二元对立"模式,致使西方非传统安全理论在不同程度上超越传统安全困境的同时又陷入新的安全困境。

比如,后结构主义颇具理论深刻性地解构了僵化的国家安全概念,但是在根本上又把国家与其他安全行为体对立起来,国家不但是安全威胁的来源,而且实现安全还要以消除国家为前提,这种非此即彼的"二元对立"的方法论导致其理论研究的新安全困境。不少西方学者没有看到国家安全对人的安全维护的独特作用;没有看到人的安全与国家安全之间互补的可能性与可行性;更多关注个体安全而忽视类安全,甚至一味用个体安全来代替一切。人类安全委员会(GHS)认为,人的安全并不替代国家安全,其对国家安全的补充有:关注个体、共同体和社会,关注那些常常被认为是没有危及国家安全的威胁,关注国家以外的更多的行为体,提供给人们的不只是保护还有授权(empowering)。[67] 在中国,"人的安全"研究被视为是与"国家安全"研究相互补充的,也被认为是促进发展研究与安全研究联系的重要方面,甚至还能够帮助政府切

---

[67] 参见 Georg Frerks & Berma Klein Goldewijk,"Human Security: Mapping the Challenges," in Georg Frerks & Berma Klein Goldewijk (eds.), *Human Security and International Insecurity*, Wageningen Academic Publishers, 2007, p. 30。转引自李开盛著:《人、国家与安全治理》,中国社会科学出版社 2012 年版,第 97 页。

实有效地提升非传统安全危机的治理能力,以致使长期研究中国"人的安全"议题的专家承认,"中国在改善人的权利的努力中会发现(不同于西方)的中间道路,即能整合与和谐其面临的特殊性与普遍性"⑱。

再如,建构主义安全研究在安全实现路径上做出了重大扩展后,在安全指涉对象上却没有超越国家自身,"国家"仍然是其最重要的安全"单位",因而不仅没有使安全研究跨越军事和政治领域,也没有使自身成为独立于传统安全的"非传统安全理论"。

还如,后殖民主义理论展现了与西方立场不同的新视角,它们都反对"大国"的强权安全政治而重视"小国"和"弱国"的安全困境,都支持超越国家安全和政治安全以承认第三世界的特殊性与获得和平的正义性。⑲ 后殖民主义还与后结构主义相呼应,更强调对认同的话语建构,但后殖民主义安全研究把南北、东西问题对立起来,认为现存的资本主义体系过去是、现在是、将来也是发展中国家的压迫者,而没有看到在全球化过程中两者的相融之处以及可以相互促进之处。后殖民主义安全研究试图用"非西方"来取代西方,同样陷入了另一种安全研究的方法论困境。

---

⑱ Mikyoung Kim, *Securitization of Human Rights: North Korean Refugees in East Asia*, Praeger, 2012, p. 52.

⑲ 参见 Shampa Biswas, "Post-Colonial Security Studies", in Laura J. Shepherd (ed.), *Critical Approaches to Security*, Routledge, 2013, pp. 89-117。

第五章　广义安全新范式：和合主义

和合主义范式是广义安全论的理论内核，也是国际关系理论的中国范式。人类的"和合"文化源远流长，不论是希腊城邦伦理与"世界公民"观的世界主义，还是印度神灵伦理与"戒杀至善"观的非暴力主义，都是"和合"精神的体现。"和合"文化更是中国传统文化的精髓之一，而作为理论范式的"和合主义"，其思想源头可追溯至中国的《易经》，其形成与发展均源自中国的历史实践。《易经》是世界上最早的一部"安全之书"，不仅确立了阴阳之道的安全本体，而且提出了"预警安全观"与"保合太和""万国咸宁"的广义安全理想。"宇宙-和合""生态-和合""类群-和合"的理论假定为和合主义的当代建构提供了本体论前提。人类安全的总体历史趋势符合本体意义上的"和合共生"演化规律。和合主义作为广义安全新范式，是众多学者从不同的学科与研究角度所汇聚成的"理论群"。与现实主义、自由主义、建构主义相比较，和合主义对全球国际关系演进与世界安全发展更具独特的解释力与理论的统合性。

第一节 和合主义的思想渊源

一、《易经》是一部"安全之书"

1. 大道至简"安为先"

《易经》被中国人认为是一本广大悉备的"百科全书"。首先,《易经》是一本哲理之书,阐述的是以关系为本体的"天人合一"的通变之道,启示人们如何"弥纶天地之道""崇德而广业",帮促人们得天下之理,通天下之志,成天下之务,定天下之业,断天下之疑,以致达到圣人之境界。其次,《易经》是天文、地理、生物之书,宇宙乾坤的大化流变尽在其中,无极、太极、二仪、四象、八卦之作始于对天文、地理、生物的考察,"仰则观象于天,俯则观法于地,观鸟兽之文与地之宜,近取诸身,远取诸物",并通过八卦所组成的关系结构认知天、地、物,"以通神明之德,以类万物之情"。第三,《易经》是一本文学之书,其言辞的表达体现出种种修辞,许多卦辞多有韵辙之用。第四,《易经》是一本医理之书,揭示了作为人体基元的阴阳之共生、合体、转换之理。第五,《易经》是一本数学之书,其开创了"二进制""三进制"算法,并形成了《易经》研究中象、数、义理、占诸派中的"数"派分支。第六,《易经》更是一本占卜预测之书,这也是秦始皇焚书坑儒之所以没有烧毁《易经》的原因。

《易经》之所以无所不包,是因为它本质上是一本符号学之书,以一阴一阳两符号的交合、互变、重组来象征一切,故可演化出天地大化之道与万物演进的算法。特别值得重视的是,从安全研究的角度来看,《易经》还是中国历史上第一部充满安全哲理的"安全之书"。

《易经》在成书上与"安全"密切相关的理由在于三方面。一是《易经》的成书是出于"忧患"意识与"惧危"情状,《易》之道在于警惧始终、善于补过。"《易》之兴也,其于中古乎。作《易》者,其有忧患乎。"①"是故其辞危。危者使平,易者使倾。其道甚大,百物不废。惧以终始,其要无咎,此谓《易》之道也。"②"生生之谓易,成象之谓乾,效法之谓坤"③,圣人效仿的是天地变化、吉凶万象、河图洛书,正是生活实践中的吉凶、失得、悔吝、咎过、忧虑启示了中国先哲对大道之变、避凶求吉的深层次思考。

二是《易经》的主体内容是明了吉凶得失、消灾避难。"系辞焉以断其吉凶""辩吉凶者存乎辞"。中国的先贤圣人"设卦""观象""系辞"的目的非常明确——明吉凶、知得失,察悔吝、晓忧虞,观变化、懂进退。只有遵循"易之序",才有君子的"居之安";只有懂得"变之占",才有君子的"天之祐"。所以《易经》用不同价值排序的"安全词",如表达失得的"吉凶"、表达小疵的"悔吝"、表达善补过的"无咎"等来刻画卦象的本质,指出爻辞的险易之所在。《易经》六十四卦可以说就是关于天地人安全与否的六十四种"安全算法",其分别揭示了与天、地、日、月、山、河、风、雷之卦象相关联的运演规律与安全法则。

三是《易经》的安全规训指向圣人、君子,要求圣人不违、不

---

① 《周易·系辞上》,《周易》,郭彧注译,中华书局2006年版,第394页。
② 同上书,第399页。
③ 同上书,第361页。

过、不忧而有爱,要求君子"安而不忘危,存而不忘亡,治而不忘乱",因而是中国古代被用于安邦治国理政以确保长治久安的最重要的典籍之一。圣人要"崇德""广业",必须掌握行乎天地之中的"易"理。《易经》蕴含的安全思想极为丰富,对人来说,只有似天地之德,才能不违;能道济天下,方可不过;能乐天知命,才有不忧;能安土敦仁,方能有爱。

《易经》在学理上与安全密切相关的理由有五个方面。一是《易经》最早在本体论上提出了以阴阳交合的"道"为宇宙的本体。"一阴一阳之谓道。继之者善也,成之者性也",阴阳和合交变之道是《易经》安全哲学的元命题,而"《易》与天地准,故能弥纶天地之道"。太极阴阳鱼图(河图)是一个"正弦波"。量子理论证明,"正弦波"正是宇宙万物之"本源",这就凸显了一阴一阳之谓道的本体论意义。天地之道源自"太极",易有太极而生两仪,两仪生四象,四象生八卦,八卦定吉凶,吉凶生大业,故而吉凶安危源自阴阳交合的"太极"本体。

二是《易经》在认识论上最早提出了独特的"预警安全观",强调人对世界认知的某种"先验性"。《易经》通过"以象取义"的方法,强调"(吉凶)预卜在先,(处置)预防在前",为危机应对提供了"预警"思维原型。占卜算卦在形式上看起来是一种毫无根据的纯主观性行为,但实质上蕴含天人一体、主观与客观同构、对未来可能性进行"预知""预判""预警"的重要认识论取向。

三是《易经》在方法论上通过揭示"吉凶悔吝者,生乎动者也"强调"动则有吉凶",为此君子要"安其身而后动,易其心而后语,定其交而后求",倘若"危而动""惧而语""莫之与"则"伤之者至矣"。④ 由是,《易经》提出了贵静少动、以静制动以及先安后动、无惧而动的"求安保全"方法与危机管理原则。

四是《易经》在安全论上强调"未来反求"的超越性安全思维。高级的安全思维不是"趋势外推"式的算计,而是"原始反终"⑤式的预判,未来反求即依据逻辑的"开始"而反推事实的"终结",即以安全理想为价值"起点",反推当下安全诉求的切实实现,从而做到真正的"知死生",尽人事。

五是《易经》在价值论上最早提出了"保合太和"的"和合安全论"及"万国咸宁"的"广义安全律",推举"知崇礼卑""安土敦乎仁"的社会安全训诫,崇尚"乐天知命""道济天下"的生活安全法则,以达成"吉凶与民同患"的共享安全理想。

如果说"安全梦"是"人类梦"序列中的"第一愿景",那么《易经》则描绘了中国历史上先人对安全的最早"梦想"。《易经》通过"以象取义"的方法,最早提出了"吉凶预卜在先,处置预防在前"的独特的预警安全观,建构了由六十四卦组成的结构化安全算法的诠释体系,提出了从"太极"⑥之安到"太和"⑦之安的逻辑图式。《易经》的安全密码负载着中国先哲重视安危吉凶与人的生存发

---

④ 《周易·系辞下》:"君子安其身而后动,易其尽而后语,定其交而后求。君子修此三者,故全也。"

⑤ 《周易·系辞上》:"原始反终,故知死生之说。"

⑥ 《周易·系辞上》:"易有太极,是生两仪,两仪生四象,四象生八卦。"唐代孔颖达解释说"太极谓天地未分之前,元气混而为一",引自《周易正义》,王弼、韩康伯注,孔颖达等正义,《十三经注疏》(上),浙江古籍出版社1998年版,第82页。

⑦ 朱熹撰《原本周易本义》:"太和,阴阳会合中和之气也",引自齐鲁书社编:《易学精华》(中册),齐鲁出版社1990年版,第1055页。后人对"太和"的引申意义有:中和正义,至和大有,天下太平,和睦和顺等。

展关系的信息,蕴含着"保合太和""万国咸宁"的中国式社会安全理想的内核,深藏着通过和合实现"万邦""万国"安宁的算法。可以说,《易经》所标示的"安全梦"既是君子自强不息、元亨利贞的坦途大道,又是君子厚德载物、无咎无悔的人生归宿;既是一种天下安定的理想性刻画,又是一种万国咸宁的价值性展示。因此,《易经》既是和合思想的源起之经典,也是和合主义的历史之张本。

2. "安易"之解

《易经》的英文是 The Book of Changes,即变易之书。但这一译法太狭窄。《易经》中"易"的涵义有多种解读,变易只是其中一解。

汉代郑玄在注解《易纬·乾凿度》时以日月为易,揭示"易"的涵义有三种,即变易、不易、简易。后人多用此"三易"解读《易经》。把《易经》译成 The Book of Changes,只用了上述三种涵义中的"变易"这一种涵义。"变易本身仍然是一个高度贫乏的范畴,……生命是变易,但变易的概念并不能穷尽生命的意义。"⑧事实上,除了这三种涵义,还有交易、和易这两种涵义。

虽然变易、不易、简易的三易之解多为后人所推崇,但宋代朱熹在《周易本义》中关注了易的第四种涵义,即"交易",并在开篇就强调周易之卦有"交易、变易之义故谓之易"⑨。其实,阴阳相交而成爻,由爻相错而成卦,由卦相对而成阵,"交易"不仅是"变易"的成因,还是卦的源起。至此,天地运演、万物生长的规律似乎已经在《易经》中被简约地表达。

---

⑧ 〔德〕黑格尔著:《小逻辑》,贺麟译,商务印书馆1980年第2版,第200页。
⑨ 朱熹撰:《原本周易本义》,齐鲁书社编:《易学精华》(中册),齐鲁出版社1990年版,第1028页。

然而，在探索"合规律性"基础上，人们会自然而然地延伸至对"合目的性"的探求。天地运演何为？万物生长为何？所以，在交易、变易、不易、简易基础上，人们会思考一个更深刻的问题，即天地万物运演生长的合目的性是什么？于是，由之而生的是"和易"之解。宋代张载在《正蒙》一书中关注"易"的第五种涵义，即"和易"，虽然他对"易"的"和易"涵义与"太和"之义未有发挥，但却有所指陈。美国易经学会主席成中英在其《易学本体论》一书中，基于张载对"太和"的理解，进一步阐发了"易"的第五种涵义"和易"，并对"易一名而含五义之说"加以解释。

针对"易"的五种涵义，成中英认为："易之五义分别为生生源发义（彰显不易性），变异多元义（彰显变易性），秩序自然义（彰显简易性），交易互补义（彰显交易性），以及和谐相成义（彰显和易性）。"⑩虽然五易之中的每个易都有其独特的功能，但"和易"处在"易"的价值排序的高位。成中英指出："不易之易的终极目的是天地的和谐生态，……故真正知易者，不能不正视易的和谐化的价值。"⑪成中英的主要贡献在于对"和易"的"圆融"之境与对"太和"的"安然"之本的诠释。

倘若从安全哲学的角度重新解读《易经》，则可把《易经》视作一本安全哲学之书。为此，我首次提出"安易"范畴，以安全维度重新对《易经》之"易"作出诠释。如本章开篇所述，《易经》是一部"安全之书"，不但《易经》成书于"忧患"与"惧危"，主体内容是"避祸"与

---

⑩ 〔美〕成中英著：《易学本体论》，北京大学出版社2006年版，第5页。
⑪ 同上书，第11页。

"消灾",安全规训指向圣人、君子,而且《易经》为"保安求全"提供了本体论、认识论、方法论、安全论、价值论的基础,成为了中国古代被用于安邦治国理政以确保长治久安的重要典籍之一。与西方思想渊源中的"原子论"和"二元论"不同,"共存论"与"和合论"是中国古代的独特思维方式。中国历史上最早系统地提出"阴阳安全说""预警安全观"与"和合安全论"的代表性著作正是《易经》。重新发掘《易经》蕴含的安全哲理具有重大的理论与现实意义。

《易经》通过不同的卦象组合表达不同的"吉、凶、悔、吝"的安全"场域"与安全"境况",而"易"之本身就是一个体现着价值本体一致性的六种不同含义,这"六易"之整合正是具有整体性、量值性与时变性的"安全场",从"交易之境地"开始,通过变易、不易、简易之路径,趋向"和易"之目标,最终达到"安易之境界"。"安易"正是"易"的至要意义所在。故,"安易"之解不仅为"易"的哲学发展提供了价值路向,而且为易的现实语用与安全追求提供了意义化前景。由"和易"生发出的"太和"是对易的"和易性"范畴内涵的进一步提升,由"安易"生发出的"太安"则将是对易的"安易性"范畴内涵的丰富性拓展。如果说"太和"是指包含一切的"和谐大有",是极为和谐的"至和状态",那么"太安"则指包含一切的"和合大宁",是极为咸宁的"至安状态"。"和"是易之"本体","太安"是"安易"的至高境界,而"保合太和""万国咸宁"则应是社会所应趋向的最高安全理想。

按照中国人"整体主义"与"关系主义"的思维方式与"天下大同""共存共享"的处世追求,不难理解"和易"与"安易"均是传承千年而益盛的宝贵思想财富。正是在这个意义上,亨利·基辛格的《论中国》一书在比较中西文明时,特意把中国围棋的棋谱画到书上,强调围棋共存求胜的"战略灵活性"与国际象棋全胜全败的"目标专一性"不同,前者具有更大的包容性。国际象棋是通过不断地"吃子"令对方走投无路,而绝对地"获全胜";而中国围棋是通过不断地"占空"令双方都有活路,通过相对地"积小胜"而占有微弱优势者为胜者。因此,"共存共享"的安全思维在战略层次上远比"全胜全败"高远与博大。⑫

3.《易经》的社会安全理想

《周易·乾·彖辞传》云:"乾道变化,各正性命。保合太和,乃利贞。首出庶物,万国咸宁。"这其中的"保合太和""万国咸宁"是《易经》最重要的安全哲学理念,也是和合主义的思想起点。《易经》的社会安全理想集中体现在"保合太和"与"万国咸宁"上,即以和合共享求得天下安宁。

"保合太和"是《易经》中关于社会安全理想的一个极其重要的核心范畴,源于《彖传》对"乾卦"卦辞的解释,意即要和而不同地保持合作或融合,通过共存共赢实现高度和谐与永久和顺。"保合太和"中的"太和"是从"太易"到"太极"再到"太和"的逻辑展开,"太和"被置于"保合"价值序列的最高端,而"保合太和"的整体目标则是指向"万国咸宁"。"保合太和"的安全哲学意蕴表征着"自强不息"精神与"厚德载物"德性的完美统一,反映着中国文化传统中"和合"的待人情怀与"中庸"的处事原则的

---

⑫ 参见〔美〕亨利·基辛格著:《论中国》,胡利平、林华、杨韵琴译,中信出版社2012年版,第18—26页。

完美结合。⑬ 在合合分分的历史变迁中,"保合太和"生发出了中国人和而不同、天下大同的人道理想。和而不同与天下大同是中国传统社会构筑的"共享安全"的最基本的结构性元素,它们既有地缘上"安定"的内涵,又有文化上"安宁"的意蕴;既有层次上"安全"的区分,又有超越民族关系的"安好"倾向。威廉·柯岚安(William A. Callaham)将和而不同视为通过利用差异模糊性而达到"大同"境界的一种有内在逻辑的灵活的方法论,⑭这是对和而不同的较正确的解读。赵汀阳认为,"给定世界的差异状态、差异可能形成冲突,于是至少有两种解决方案:一是'同',就是消灭差异成一统,这个方案不可取,因为'同则不继';另一种是'和',就是在差异中寻找并且建立互相利益最大化的协作关系"⑮。所以,以"不同"之"和"达成"大同"之"天下"是中国"共存先于存在"⑯的"生存论"思想的根本内容,也是中国"不同融于大同"的"和合论"思想的价值追求。

---

⑬ 参见余潇枫著:《中国社会安全理想的三重解读》,载《新疆师范大学学报》,2013年第5期,第12—17页。

⑭ 参见 William A. Callaham, "Remembering the Future——Utopia, Empire and Harmony in 21st Century International Theory", *European Journal of International Relations*, Vol. 10, No. 4, December 2004, pp. 569-601。转引自张锋:《"中国例外论"刍议》,载《世界经济与政治》,2012年第3期,第89页。

⑮ 赵汀阳著:《冲突、合作与和谐的博弈哲学》,载《世界经济与政治》,2007年第6期,第15—16页。

⑯ 赵汀阳认为:"中国式的存在论是对的:共存先于存在而且是任一存在的条件,而以某种独立存在为根据的眼界是看不到世界的。因此,笔者相信基于关系眼界的中国价值观是对的,它是克服冲突的一个良好思路。"(赵汀阳著:《天下体系的一个简要表述》,载《世界经济与政治》,2008年第10期,第65页。)

"万国咸宁"是《易经》中关于社会安全理想的另一个极其重要的核心范畴,是天下安全理想的清晰图景。中国在古代用"万国""万邦"来具体指称"天下"。如果说易之"本体"是阴阳交合的"太和",那么通过"和合"来确立"万国咸宁"的"太安"应是社会安全理想的终极指向。"保合太和"所蕴含的价值趋向正是更具广义安全内涵的"协和万邦""万国咸宁"。这一安全目标的追求贯穿于中国悠长的历史演进中。"和"为本、为贵、为上是中国的特殊性所在。中国古代,在中央王朝与周边民族的互动博弈中,求和保和多是上上之策;倘若不得不战,则以战促和、恩威并用多被用作上策。在历史上,中国对"和"的追求铸就了外交上的"内敛性",即使国力强盛,往往也只追求相对有限的对外目标。典型的例子之一就是明朝时期的中国曾有当时世界上最强大的军队,但并没有侵略别国,更没去殖民世界,而是通过"郑和下西洋"传播文明、修缮友好、共享太平。"和合文化"的五千年传承证明了中国人爱和平、重防御、讲团结、求统一的安全思维与防御性国策,正是中国自古以来的"安全梦"所呈现出来的文化伦理精神,促成了中国人爱公平、重共存、讲中庸、求和合的安全态度与共享安全的价值追求。

　　"保合太和""万国咸宁"的社会安全理想是中国人对世界安全的独特贡献,也是中国作为一个"文明国家"(civilization-state)[17]对人类文明的贡献。"保合太和""万国咸宁"强调"和合"的永恒并追求永恒的"和合"。

---

[17]　Martin Jacques, *When China Rules The World: The Rise of the Middle Kingdom and the End of the Western World*, Penguin Books, 2012, p. 244.

二、和合文化与和合治理

1. 和合思想的文化传承

"和"这个词的演变展现了从甲骨文"龢"到金文"咊",再到通行的"和"的转换过程。"和"的含义有三:一是非单一的存在而产生的和谐、适中、调和;二是对冲突的融合而形成的和解、和安、和合;三是对自然与人文关系的调适而建构的和睦、融和、和美。"合"则由原初的"合口"之意拓展为合并、合拢、合理等,其含义一是指在场的聚合、联合、结合、符合,二是基于差异的相合、好合、未合,三是基于关系网络的元素、因素之合成、集合等。"和合"一词最早的使用见于先秦典籍《国语·郑风》"商契能和合五教,以保于百姓者也",其意为"商契能使父义、母慈、兄友、弟恭、子孝五教得以和合,以保养百姓"。《国语》中还有"夫和实生物,同则不继""异德合姓,同德合义"等关于"和"与"合"的精辟论述。[18]

和合思想的产生可以追溯至众多的文化古籍中。上古西周时期的《尚书·尧典》中就提出了"协和万邦"思想,司马迁的《史记》援引《尚书·尧典》时改写成"合和万国",以表述帝尧时期"合和"的社会景象。《诗经》中不仅有"既和且平,依我磬声"的论断,而且蕴含和乐、和鸾、和奏、和鸣、和羹等思想。《礼记·郊特牲》提出"阴阳和而万物得"。可见,"和合理念是中国文化的首要价值,也是中国文化的精髓,是中国文化最完美、最完善

---

[18] 参见张立文著:《和合哲学论》,人民出版社2004年版,第38—41、180—187页。

的体现形式"[19]。

春秋战国时期,随着"士"阶层的出现,和合思想在诸子百家中不断发扬光大。例如,儒家强调"礼为先""德为上""仁为要""和为贵";道家强调"顺道""齐物""无为""守静";墨家强调"兼爱""非攻""尚贤""节用";法家强调"废私立公";阴阳家把"五行"释为"五德";纵横家强调"合纵""连横";兵家强调"止戈为武""不战而屈人之兵";杂家则"兼儒墨,合名法""于百家之道无不贯综"等等。这些文化传承中的和合思想从不同角度凸显了"和合论""整体论""共存论"与"王道论"的治世理念,构成了中华和合文化的重要思想体系。

中国古代的"和合"观最早促成了"天下思想"的形成。"天下"(普天之下)是一个大于国家、大于民族、大于自我生存边界的范畴,与之相应的还有以"天"为价值核心的"天命""天意""天道"等政治与伦理秩序意识,以"天下"为范围("天之所覆,地之所载")的"万国咸宁""世界大同""天下一家"的平等与普遍包容的意识。在"天下观"(中国式国际关系观)的传承中,和合主义思想较多地通过凸显"天下为怀""天下太平""天下一家"的价值取向来传播。与此相应,"《尚书》中'天命—人事'的王道秩序观、《诗经》中'华夷对峙—交融'的民族文化观、《周礼》中'天下—五方'的地缘政治观和《春秋》中'尊王—黜霸—大一统'的历史哲学观等"[20],

---

[19] 徐鸿武、谢建平编:《和合之道》,中国人民大学出版社2016年版,第46页。
[20] 杨倩如著:《双重视野下的古代东亚国际体系研究——在中外关系史与国际政治学之间》,载《当代亚太》,2013年第2期,第37页。

都是"天下思想""普遍包容意识""和合价值取向"在不同领域中的具体体现。由此,"保合太和"式的和合主义思想不仅体现了中国人看世界的独特视阈,也体现了中国作为一个"文明国家"对人类文明的独特贡献。[21]

"和合"不仅体现中国传统文化的包容性与宽容性,如求同存异、多元和合、互济双赢,也体现中国传统文化与生俱来的协作性与平衡性,如协同合作、以和谋利、相异相补、协调统一等。"和合"是达成"多元一体""和而不同"境界的关键路径。"和合"强调不同事物的内在统一,吸取各事物的长处而克其短,使之达到最佳组合,从而演变出新的事物;"和合"是在尊重多样性和差异性存在的前提下,通过"合"的统一性与协调性,化解各类矛盾不同的事物,让各个主体、元素在一个整体的结构中保持平衡。

2. 和合治理的历史传承

中国的历史文化渊源和社会建构与西方截然不同,东亚封贡体系的外交传统与和谐世界的现实构想也有其特殊性与独特性,中国因此形成了不同于西方国际关系理论的独特范式。和合思想在中国历史上源远流长,从文字模式、诗词甚至中医等很多方面均能体现。中国有独特的"要素整合"意义上的"文字"模式,有自成一体与和韵合律的文、赋、诗、词体裁,还有贯穿"整体大于部分之和"思想的"中医"系统等。"和合"作为一种本体意义上的哲学理念与整体意义上的治世良方同样体现在中国历史的长河中。

---

[21] 参见 Martin Jacques, *When China Rules the World: The Rise of the Middle Kingdom and the End of the Western World*, Penguin Books, 2012, p. 244。

在处理"国家"关系上,中国历来重"王道"胜于重"霸道",甚至更多地重视以"止戈为武"的方式"协和万邦",以期实现"美美与共"的"大同世界"。早在上古时期,黄帝、炎帝与蚩尤就共同创造了"和而不同"的三祖文化,明显的标志之一就是涿鹿之战后黄帝与各部落之间被称为"和合盛典"的"合符釜山",开创了民族大融合之先河,这也是中华民族和合治理的开启。[22] 随之中华民族在传统和合与大一统价值取向的基础上,形成了"国际"结盟的"共存意识",以及"来朝""作贡"的邦交礼仪。周朝对"天之殷"进行了改造,强调以天为德,以德配天,建构了一套与"天德"相配的"天下体系",其地理空间上的表达是天下、中国、九州、四海、东夷、西戎、南蛮、北狄;治理层次上的表达是内服与外服[23]。周朝以诗书礼乐法度为政,形成了孔子所称赞的"郁郁乎文哉,吾从周"的"礼乐"社会和以"敬服""徕服""和服""顺服""臣服"为主调的"和合式外交"关系。秦汉之际,中国初步形成以"文化认同"为纽带的中华民族"多元一体"格局。唐朝以降至清朝,中国与周边的中小国家按"王道"原则形成了以"结盟、和亲、赠礼、通商"为主的交往模式,即一种具有象征意义且双向互惠的自愿性朝贡关系。这是一种以"敬服"为特点的独一无二的"国际关系体系",进而形成了"修文德以徕天下"的外交传统[24]。

---

[22] 参见徐鸿武、谢建平编:《和合之道》,中国人民大学出版社2016年版,第66页。
[23] 内服指百僚、庶尹、惟亚、惟服、宗工、越百姓、里居;外服指侯、甸、男、卫、邦伯。参见《十三经注疏》(上),浙江古籍出版社1998年版,第207页。
[24] 《论语·季氏》:"故远人不服,则修文德以徕之。"

就中国与世界的关系来说,中国人强调"和也者,天下之达道也"。中国有最早的国际关系意义上的"会盟"制度,有最早的文明融合意义上的"封贡"体系。鸦片战争以后,中国经历了'落后就要挨打'的惨痛经历,复兴成为有识之士的共同愿景。"这种复兴愿景建立在对落后苦难的同情理解之上,受'己所不欲,勿施于人'的礼制律令影响,中国复兴的立足点是解除世界上相同处境的苦难,而非对施暴者的子孙进行报复。"㉕正是中国传统文化中"和合中庸、礼让为国"的传统特点,形成了具有中国特色的和而不同、兼容共存的外交伦理原则,铸就了"协和万邦""万国咸宁"的外交目标与文化自觉。

中华人民共和国成立以来,中国外交在和合主义的运用与弘扬上做出了独特的努力与贡献。20世纪50年代,中国政府同印度政府就两国在西藏地区关系问题进行谈判时提出了"互相尊重主权和领土完整、互不侵犯、互不干涉内政、平等互利、和平共处"五项基本原则。20世纪70年代,中国传承以和为贵的外交传统和政治文化,提出了"搁置主权、共同开发"这一处理岛屿争端的方针。1995年,中国在东盟地区论坛上提出"新安全观"以共同应对非传统安全威胁。2002年,中国完善了"互利、互信、平等、协作"的"新安全观"核心内容,促成了"和平共处五项原则在新时代的新发展和具体化"。㉖ 2013年,中国提出了"亲诚惠容"的周边

㉕ 马维江著:《中国的"金砖梦"与"非洲梦"》,载中国社会科学院世界经济与政治研究所电子版交流材料《IPER政经观察》,第1308号,2013年4月25日。

㉖ 参见杨发喜著:《传统文化与中国的新安全观》,载《太平洋学报》,2006年第1期,第27页。

外交理念,同年又提出了具有"和而不同"的包容精神与兼善天下的担当情怀的"一带一路"倡议。2014年,中国提出了倡导共同安全、综合安全、合作安全、可持续安全的"亚洲新安全观"。2019年,亚洲文明对话大会在北京召开,中国又提出,通过文明的交流互鉴迈向人类命运共同体。2021年,中国提出"全球发展倡议",坚持普惠包容、创新驱动、人与自然和谐共生。2022年,中国提出"全球安全倡议",把"倡导共同安全、综合安全、合作安全、可持续安全"提升为"全球安全观"。2023年,中国又提出"全球文明倡议",强调"和羹之美,在于合异",主张以文明交流、互鉴、包容超越文明隔阂、冲突、优越。中国外交的发展有极其明显的"和合"主线与逻辑,特别是"人类命运共同体"的提出勾勒出中国人精神世界中对价值理想世界的憧憬和永恒价值的追求,彰显了中国的世界情怀和以天下为己任的担当精神。

和合主义承载着不同文明、不同文化、不同民族、不同国家对"美美与共"的共同理想,和合主义使中国在与世界的不断互动中,通过尊重差异、包容多样、增进交流、扩大共识,达成和平、和解乃至和融,这也为全球问题的治理与解决提供了理想路径。㉗ 和合主义的外交传承使中国清醒且毫不动摇地作"主和派""促和派"与"维和派"。威廉·柯岚安认为,中国外交理念的发展变化均是用整体性思维解决异质性问题的典范,体现的是通过利用差异的模糊性而达到"大同"境界的一种有内在逻辑的灵活方

㉗ 参见张凯兰著:《和合思想:中国方案的文化渊源》,载《领导科学》,2018年第12期,第20—22页。

法论。㉘中国是人类历史上最重视和最有能力以"和"为本位来维护安全的国家之一。彼得·J.卡赞斯坦曾从比较的视域谈论"中国化":"它创造了地方多元文化之间的共同理解,是持续互动的结果";"中国化可以创造一个和谐的环境。在该语境中,和谐指的不是单调的一致性,而是生动的多样性(和而不同)"㉙。

第二节 和合主义的当代建构

一、和合主义的理论假定

任何一个演化系统在根本上是都是对立统一、共生交融的"和合体"。"和合"逻辑的合理性在于场域中关系各方都具有共生性,这种共生性是相互交合的,也是相互包容的。基于"量子求和""生态求和""人类求和"规律,可提出"宇宙-和合""生态-和合""类群-和合"三大理论假定,论证和合主义的本体论前提,揭示和合主义符合宇宙万物、地球生态、人类社会的演化规律。

1. "宇宙-和合"假定

"宇宙-和合"假定即和合是宇宙演化的本质,也是万物总体有序的根源,和合主义的本体论意义体现在宇宙演化的总规律中。

㉘ 参见 William A. Callahan, "Remembering the Future——Utopia, Empire and Harmony in 21st Century International Theory", *European Journal of International Relations*, Vol.10, No.4, 2004, pp.569-601。转引自张锋:《"中国例外论"刍议》,载《世界经济与政治》,2012年第3期,第89页。

㉙ 〔美〕彼得·J.卡赞斯坦主编:《中国化与中国崛起:超越东西方的文明进程》,魏玲等译,上海人民出版社2018年版,第191页。

在宇宙生命体的演化中,"和合"是一个非常重要的范畴。宇宙大爆炸理论认为,约138亿年前,宇宙从"原始奇点"诞生而向外全方位扩展,其非静态的,而是"演化的"。[30] 演化指时空内一切形式运动或所有事件的总和,意味着任何要素与结构都寓于系统之中,因而系统必然是一个要素之"和"与结构之"合"的整体,是起于"一分为多"的"一"和趋于"多合为一"的"一"的"和合体",不但其整体不可分割,而且整体大于部分之和。

现代物理学证明,作为宇宙万象中最小构件的量子始终呈现着"关系整体性"[31]。量子世界里,每个粒子具有无数条路径穿越"设定"的测试通道实现"求和"式的"聚合"。根据量子的这一"和合"特性,物理学家费曼创立了以"量子求和"(或称历史求和)为标志的量子电动力学。万物的本质像一组变幻不定的能量之舞,但最终却是"求和"的;能量之舞的量子不受时间和空间的限制而始终"合拍";量子之舞就是宇宙之舞,是"求和"与"合拍"的叠加——"和合"。尽管和合共生与竞争共生两种形式在万物演化中同时存在,但在根本上,所有的物质与生命都是量子的聚合体,都是通过"求和"而"聚合",从而使得宇宙万物得以派生。

在本体论意义上,宇宙演化作为一个整体是"和合共生"的,竞争共生只是演化过程中的一种方式,不具有本体论意义。量子理论中的"互补原理""测不准定律""整体不可分割定律""不相容原理"

---

[30] 参见〔法〕茜尔维·沃克莱尔著:《与宇宙对话》,孙佳雯译,北京联合出版公司2019年版,第83页。

[31] 〔美〕丹娜·左哈尔著:《量子与生活:重新认识自我、他人与世界的关系》,修燕译,中国人民大学出版社2020年版,第88页。

不仅用物理性包摄了物质性与非物质性,建构了全新的"量子论"视域,而且颠覆了以往的如物质论、原子论、决定论、机械论等经典的"原子论"世界观。根据现代物理学的发展,传统物理学中牛顿的经典机械论被推翻,社会学科中微观和宏观的简单分界、主观和客观的机械分割被超越,引入了一系列如叠加、纠缠、不确定、非定域性、非分离的整体性等重要的范畴,使量子思维、量子逻辑、量子概率得到应用。量子理论是较原子理论更高级别的知识框架,"量子论"是较原子论更具现代科学基础的宇宙观。量子理论对宇宙图景的解说是对国际关系经典本体论与认识论的根本性超越,未来的"量子国际关系"[32]研究也会成为全球治理的重要理论资源。

如果说传统经典本体论从人的可分离的个体性来证得人的"社会性"而导出"自然状态"等规范理论的话,那么量子本体论则推翻了这种"原子论"与"竞争性"观点,而是从人的不可分离的整体性来证得人的"合作性"与"社群性",进而导出新的观点的:"社会性与其说是奋斗的成就,不如说是人类存在的前提与准则。"[33]量子理论特别认为,"竞争和冲突是人类的默认状态"的假设是经典世界观所为,而事实上,"量子过程的'合作'本质是由于纠缠",人只是行走的波函数,因而量子世界观强调:"我们不应该把人类看作因果性地相互作用的独立因素,而应该同样将他们看作一个具有共同基础的关联投射""人类合作的倾向并不是非理性的错

---

[32] 参见 James Der Derian & Alexander Wendt, *Quantum International Relations: A Human Science for World Politics*, Oxford University Press, 2022。

[33] 〔美〕亚历山大·温特著:《量子心灵与社会科学》,祁昊天、方长平译,上海人民出版社2021年版,第35—36页。

误反常,而恰恰是我们应该预料到的"[34]。

2. "生态-和合"假定

"生态-和合"假定和合是地球生态演化的本质,地球生态总体上呈现和合共生的趋向,和合算法的本体论意义体现在生态演化的规律中。

在宇宙生命体的演化中,物质、能量、信息三者是宇宙万物的基质,也是生命体的基质,但生命体较之于无机物质更具和合性。地球生态是一个"共生"系统,在长期演化过程中呈现出"依存与制约""循环与再生""适应与补偿"的"和合"状态。所有的物质与生命都是量子的聚合体,而生物体或组成人的细胞却像一台量子计算机,永不停息地进行复杂计算以"求和"与"聚合"并形成更高级形态的"和合"状态,进而在混沌中造就无数种类的有序结构。生物学家在研究"共生交换"中发现,细胞间的吞噬不是"消化"对方,而只是在细胞内部建立一种稳定、融合的共生关系,从而产生一个新的更为复杂的细胞。同样,动植物中也存在大量围绕生存而建立的共生关系,各方既不为同一资源而竞争,也都有互相弥补缺陷的倾向。无论是动物界还是植物界,和合共生作为宇宙之道,其精妙无比的结构与和谐协调的形态无不让我们惊叹,"甚至在无生命物质中,新的、井然有序的结构也会从混沌中产生出来,并随着恒定的能量供应而得以维持"[35]。

---

[34] 〔美〕亚历山大·温特著:《量子心灵与社会科学》,祁昊天、方长平译,上海人民出版社2021年版,第193页。

[35] 〔德〕赫尔曼·哈肯著:《协同学:大自然构成的奥秘》,凌复华译,上海译文出版社2001年版,前言第1页。

和合是生命体的基质,但生命体较之于无机物质更具有和合性。例如,"对激光或从底部加热的液体切断其能量供应,那么已形成的结构将很快毁坏。然而生物却能设法构筑牢固的结构;这一点无论对作为基本组成部分的生物分子如DNA还是对骨骼和整个身体,都是成立的"㊱。因为无论是宇宙中的秩序,还是生命体的自组织功能,都离不开"要素"间的"关联""纠缠"与"和合"。"所有生命过程,从单细胞的生命过程开始,直到人类与自然的共存,都是密切配合的;所有的部分都像齿轮那样,直接或间接地啮合着。"㊲可见,大自然已能够通过发挥"和合"功能让生物或生物体能形成结构、关联结构、升级结构,进而使其生成更具可靠性的进化能力。

事实上,农业就是人类与经过驯化的植物和动物之间的和合共生关系的建立。㊳ 人类对生态环境保护的日益重视,也表明人类意识到只有与生态环境和合共生,才能保住自己在生态圈中生存的可能性。地球生态系统中虽不乏"竞争共生"现象,但对于地球生态系统的整体来说,无论是细胞的共生还是动植物的共生,抑或是人与地球生态之间的共生,"和合"是生态系统整体所具有的特征因而是本体性的,"和合共生"是其演化的本质所在。

3. "类群-和合"假定

"类群-和合"假定,和合是人类发展的本质,人类随着共同生

㊱ 〔德〕赫尔曼·哈肯著:《协同学:大自然构成的奥秘》,凌复华译,上海译文出版社2001年版,第224页。

㊲ 同上书,第10页。

㊳ 参见〔美〕哈伊姆·奥菲克著:《第二天性:人类进化的经济起源》,张敦敏译,中国社会科学出版社2004年版,第12—13页。

存圈的扩大,其总体秩序的和合度也随之提升,和合主义的本体论意义体现在人类演化的规律中。

21世纪,人类已经进入相互紧密依存的"类生存"时代。"类"是一个与"种"相对立并具有不同性质的概念。"种"是在生物进化的基础上形成的对动物属性的存在性规定。对于动物来说,"种"的存在性规定揭示了动物之为动物的根本性质和特征,即先定性、自然性、相对固定性、无个体性、与生命活动的直接同一性等。哲学人类学等学科证明,人类脱离原有的进化技能,走出动物家族,正好是以其"类"的本质否定了"种"的本性。因此,与"种"不同,"类"作为人的存在特性,揭示的是人之为人的根本性质与特征,即人的器官的未特化性、人的本质的后天生成性、自主自为性、动态性、个体性、生命活动的自我否定性等。[39]

可见,人是意识到自己存在的"类的存在物"[40]。因此,只有人的生活才称得上"类生活",才可被认为具有"类本质"和"类意识",也只有人的安全才称得上"类安全",才具有"类治理"的可能。从全球的视野来看,作为"类安全"基础的"类生存"是一种以"类体"为本位的生存方式,是突破某一地区、某一国家或某一民族原有的价值尺度,强调把人作为类的存在物去考察人,并以类的意识反映和推进全球视野、全球意识、全球利益、全球合作、全球命运等具有全球价值取向的生存方式。

人类作为具有"类群"规定性的类存在物,在共时态中是"共

---

[39] 参见 Gao Qinghai & Yu Xiaofeng,"'Species Philosophy' and the Modernization of Man",*Social Sciences in China*,Vol. 22,No. 1,2001,pp. 99-100。

[40] 《马克思恩格斯全集》,第42卷,人民出版社1975年版,第96页。

生"的,在历时态中是"共进"的。人类"共同体演进"是人类历时态的明显特征。在人类社会早期,战争往往是解决冲突的主要方式,人类在经历了无数次战争与两次世界大战之后,才开始进入非极端形式的竞争阶段。冷战以非战争方式结束,欧盟的建立消解了"边境困境",东盟的努力又使亚洲进入持续了五十多年的"协商式和平"状态。进入21世纪,以中国、欧盟为代表的"和合"方式也开始对人类的发展起到引领作用。因此,对人类来说,冲突只有相对的意义,并不是人类的总体本质,"类群-和合"才是人类的总体本质。人类社会在不同的历史阶段虽有各自的特征,但把历史演进连贯起来,就会发现一条以"战争—竞争—竞合—和合"为节点的呈上升趋势的"安全抛物线"(图5-1):

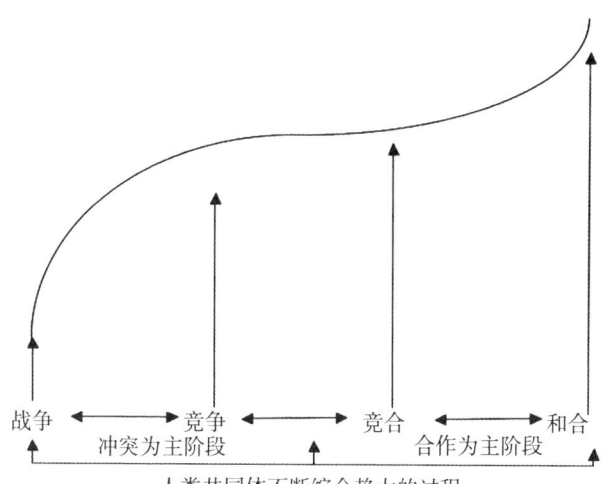

图5-1 广义安全的抛物线模型

资料来源:余潇枫著,《和合主义与"广义安全论"的建构与可能》,载《南国学术》,2018年第1期,第7页。

图5-1表明了人类总体上在"战争—竞争—竞合—和合"的"安全抛物线"上不断向处在上位的和合方向发展,证明了"类群-和合"是人类必然的历史走向。"类群-和合"假定凸显了和合主义的"合规律性"与"合目的性"前提,从而为和合主义与"广义安全论"的建构提供了理论依据。

二、和合主义的理论要义

1. 和合主义理论内核

和合主义的本体论前提是"关系"。"关系性实在"是世界的本体,实体只是关系的一种表现。在一定程度上,先有关系,再有实体,整个世界是由不同的关系组成的,无论是"宇宙-和合""生态-和合"还是"类群-和合",本质上都是关系的和合。中国人的"关系"思维在《周易》中有系统的表达,六十四卦即六十四种关系,"一阴一阳为之道"的意思是你中有我,我中有你,阴阳互补,没有严格界限,这种思维就是一种相互依赖、依存的关系模式;阴阳就是一种元关系,两者相生相克,形成了永恒的运动,从而产生了万物,这就是关系主义的本质和由来。与西方文化孕育出来的寻找世界"本源"为目的的线性思维不同,中国的关系本体论赋予了安全治理新的内涵:安全治理是各个主体在复杂关系情境中,面对变化着的治理对象,不断使其自身镶嵌其中以不断促成和合共生、和合共建、和合共享的实践活动。

和合主义的认识论框架是"整体关系主义"。与"原子论"强调"个在先于共在"相反,强调"共在先于个在"的"共在论",特别是强调"天人合一"的"整体关系"是构造世界图景的本源,是中国认识论的根本特征。阴阳组合的太极图是整体性的，其元素阴与阳也是基于整体"共在"关系而相区别、相交合、相转换的。离开了这一认知视角，自者与他者间的互构就变成外在的、分离的、区别你我的对立关系，而不是内在的、共在的、自我生存于他者之中的整体融合关系，继而所认识的世界图谱也就相去甚远了。和合主义的认识论延伸到安全研究上，自然就会得出"安全不可分割""没有全球安全就没有国家的安全"的重要结论。

和合主义的方法论特征是"中庸"，即以中庸达成和合。《中庸》云："中也者，天下之大本也；和也者，天下之达道也。致中和，天地位焉，万物育焉。"中，是稳定天下之本；和，是为人处世之道，故而"中和""中庸""中道"都是达到整体平衡与天人合一。在《河南程氏遗书》第十五卷中，程子嗣如此诠释"中庸"道："不偏之谓中，不易之谓庸。中者，天下之正道；庸者，天下之定理。天地之化，虽廓然无穷，然而阴阳之度，日月寒暑昼夜之变，莫不常有，此道这所以为中庸。"不偏不倚就是中，是天下之正道；不改变就是庸，是天下之公理。孔子将"中"与"庸"合起来使用使整体关系主义的认识论上升为指导人们实践的方法论，其意义十分深刻。

和合主义的意义论指向是"共享"。既然世界处在关系之中，共在先于个在，中庸为达成和合的最佳方法，那么价值与意义的寻求必然要超越"唯我"的个人主义而实行"天下"的普世主义，因此只有"共享"才是人类持久和平与世界普遍安全的终极意义所在。

和合主义的本体论是"关系"，认识论是"整体关系主义"，方法论是"中庸"，意义论是"共享"。由此，和合主义是关于"天下关系和合"的理论体系，蕴含中国"整体论""共存论"的重要思想，吸纳了现代"系统论""相互依存论"的知识图谱,为和合治理的建构提供了理论依据与核心范式。较之于传统安全理论,和合主义更具有历史过往的解释性、现实困境的超越性与未来发展的包容性。

2. 和合主义理论意蕴

"范式"是一种理论构型,是最具统摄性的模式化表达之一。"和合"是一个较好地反映中国"整体论""共存论""和合论"与"王道论"思想的重要理论范畴。作为中国范式的"和合主义"的理论建构将为安全理论的转型升级提供可以预期的新探索。"和合""关系""中庸""共享"是对中国人生存方式的经典的概括与表达,"和合主义"则是中国人的"命运共同体"追求的核心价值。

如果说安全研究中的后结构主义的挑战"在于需找到一个'安全'的替代性概念,并足够灵活以解构僵化的'国家安全'概念,允许那些与国家不相关的主体进入人们的视线,并确定一种区分模式以避免陷入单纯的敌友划分或全球无冲突的理想化陷阱"[41],那么"和合主义"体系的探索与"广义安全论"的建构则要为安全研究重新设定本体论与方法论基础。它以"场域安全"为视界,使具有普遍意义的安全理论得以创新,关注和消解全球治理中的冲突与危机,并以"人类命运共同体"为宏愿,推进安全结构、安全制度、安全文化相互镶嵌的安全格局,试图走出一条中国参与世界、导引世界的安全治理之路。

---

[41] 〔英〕巴里·布赞、〔丹〕琳娜·汉森著:《国际安全研究的演化》,余潇枫译,浙江大学出版社2011年版,第155页。

中国范式的提出意味着一种体现中国思想传承的新世界观的确立,它不仅能解释和改造中国的现实,而且还有助于解释和推进世界的发展。如果说传统安全范式是基于原则的,那么广义传统安全范式则是基于关系的,试图用关系理论重构世界传统安全。"对于关系主义来说,关系建构了实体;用之于国际关系则是关系建构了国家","现有的200多个国家要长久地共同生存下去,也就必须共同处于关系之中。相邻国家无法选择邻居,也无法将国家迁走。两个国家可以断绝外交关系,但却无法终止它们之间的实际关系"。[42]

和合主义追求的"整体""共享""和而不同"在传统的以对抗思维为主导的安全观看来是难以想象的。但"中国文化中影响最大的儒家、道家和佛家思想里都不存在紧张对抗的激进的观念,中国文化里没有上帝与魔鬼、信徒与异教徒之类的紧张对抗结构以及'末日审判'之类的想象。西方以西方之心去猜测中国之心就难免出现错误判断,单方面想象了一种只有自己单独上场的最后决战"[43]。在阿诺德·汤因比(Arnold Toynbee)刻画的"挑战—应战"的文明兴衰史中,中国人的"和合"思想与防御性国策促成了中华文明的可持续发展。当然,这一广义范式如何通过其自身的现代性提升、世界性转译与学科性转型,特别是如何通过概念化再建构将其转化为一般政治理论,尚有很长的路要走。

---

[42] 秦亚青著:《世界政治的关系理论》,上海人民出版社2021年版,第189、167页。

[43] 赵汀阳著:《天下体系的一个简要表述》,载《世界经济与政治》,2008年第10期,第65页。

三、和合主义"理论群"

中国学者对"和合"这一范畴情有独钟,也多有阐释。20世纪末,张立文在"古今之变""中西之争""象理之辩"三维度上建构了"和合学",认为"和合"既是中国人文精神的贴切表达,又是中华民族"活生生灵魂"的具体呈现,并强调如何用"和合"的王道化解霸道是时代对中国的最大考验。在中国较早提出和合主义概念的是易佑斌,他认为和合主义的理论核心是"和合性",而整个国际社会是一个在对立统一中达到平衡的"和合体"。㊹ 当然有更多中外学者在各自理论研究的具体阐述中建构和合主义的视域与关联性理论。

1. 前提本位的和合主义

前提本位的和合主义强调和合是全球安全的前提,因为共生与共存是先在于国际关系现实的,因此和合价值具有先在性,和合主义具有重要的本体论意义。

"国际共生论"(international symbiosis doctrine)是以"和合"为本体的"社会共生论"的延伸与深化。㊺ "共生"在东亚,特别在中国,有其深厚的历史渊源,中国式世界主义的可贵之处是内含"共生"思想,多元价值是"国际共生"的价值基础。㊻ 既然世界是和合

㊹ 参见易佑斌著:《论国际关系中的和合主义》,载《邵阳师范高等专科学校学报》,1999年第4期,第6页;易佑斌著:《国际关系中的和合主义价值论研究——兼论人类命运共同体思想的价值意蕴》,载《邵阳学院学报(社会科学版)》,2018年第1期,第44页。

㊺ 参见胡守钧著:《国际共生论》,载《国际观察》,2012年第4期,第35—42页。

㊻ 参见任晓著:《论东亚"共生体系"原理——对外关系思想和制度研究之一》,载《世界经济与政治》,2013年第7期,第4页。

共生的,包容共进就是最佳选择,鉴于和合既是一种前提条件又是一种互动过程,因而"世界多元共生性"在国际关系中既具有"逻辑的原初性"又具有"动力的原初性"。[47] 共生性国际体系可分为和平共处、和平共生及和谐共生三个发展阶段。[48] "国际共生论"的和平、和谐、多元、包容、合作、责任、共生、共赢等价值词都是和合主义思想的一种标识,是和合主义范式对国际关系发展的独到阐释。

"海陆和合论"(peace-cooperativism of sea-land)是以"和合"为价值前提的"综合海权陆权观",既是对和合主义的良好运用与丰富,也是一种新地缘政治学的尝试性建构。刘江永认为,用"海陆和合论"取代传统上只为霸权服务的"海权论""欧亚大陆中心论"和"欧亚大陆边缘地带论",是对基于现实主义的"海陆对抗论"的全面超越;因此,通过海洋国家与陆地国家的和睦合作,实现各国的可持续发展与可持续安全,其实质是通过和平、合作的方式处理国家之间的地缘关系,以促进本地区和全球的持久和平、安全、发展与繁荣;尤其是"海陆和合论"则可成为"一带一路"有关各国的共有理念,让和平、安全、发展、繁荣、合作、共赢成为 21 世纪的普适价值。[49]

前提本位的和合主义也体现在以关注全球生态为重点的"生态制度论"(ecological system doctrine)中,该理论站在高于国家的

---

[47] 参见金应忠著:《试论人类命运共同体意识——兼论国际社会共生性》,载《国际观察》,2014 年第 1 期,第 37—51 页。

[48] 参见黄平著:《变迁、结构和话语:从全球治理角度看"国际社会共生论"》,载《国际观察》,2014 年第 1 期,第 63—70 页;杨洁勉著:《中国走向全球强国的外交理论准备——阶段性使命和建构性重点》,载《世界经济与政治》,2013 年第 5 期,第 4 页。

[49] 参见刘江永著:《海陆和合论:"一带一路"可持续安全的地缘政治学》,载《国际安全研究》,2015 年第 5 期,第 3—21 页。

视域来反思人与自然以及国家与生态的互动关系,以完整的生态体系而不是单个国家作为基本的伦理和分析参考点,不仅批判了现实主义与自由主义的理性主义原则,也挑战了国际安全的经典解释。㊾ 在生态制度论看来,理想的外交模式应该是人与自然、社会处于动态平衡的外交关系,这正是"天人合一"或者说"自然"与"人"的和合的具体体现。㊿

以研究中国哲学、文化、政治、外交的海外学者为主要代表的"文化中国论"也为"和合主义"建构做出了贡献。柯岚安观察到中国的话语体系中正以"和谐""大同""天下"等词语区别于"国际""安全"或其他主流国际关系概念,以中国人的世界秩序观来建构其规范性软实力,因而要对"中国传统"做多元认识。㊼ 还有海外学者从文化本体的角度展开讨论。例如,杜维明提出"仁"为精神人文主义(spiritual humanism)的核心;艾米利安·卡瓦尔斯基(Emilian Kavalski)认为,中国文化中的"关系"提供了一种友好的氛围,使社会进程个性化,并且使整个进程充满了给予、接受、回报的责任感。㊽

㊾ 参见 Tim Dunne, Milja Kurki & Steve Smith, *International Relations Theories*, Oxford University Press, 2010, p. 260;郭濂等编著:《生态文明建设与深化绿色金融实践》,中国金融出版社2014年版,第1—3页。

㊿ 参见赵可金、翟大宇著:《互联互通与外交关系———一项基于生态制度理论的中国外交研究》,载《世界经济与政治》,2018年第9期,第98页。

㊼ 参见〔美〕柯岚安著:《中国的规范性软实力及其限制》,载《中国社会科学报》,2010年1月20日。

㊽ 参见 L. H. M. Ling, "Worlds Beyond Westphalia: Daoist Dialectics and the China Threat", *Review of International Studies*, Vol. 39, No. 3, 2013, pp. 549-568; Emilian Kavalski, "Guanxi or What is the Chinese for Relational Theory of World Politics", *International Relations of the Asia-Pacific*, Vol. 18, No. 3, 2018, pp. 397-420。

2. 过程本位的和合主义

过程本位的和合主义强调和合是贯穿国际关系的整个过程，凸显和合主义的方法论意义，因为世界发展的不确定性，因此过程语境中的和合便是关键所在。

"道义-实力"论或"道义现实主义"(moral realism)认为，"道义优先"原则具有普适性，中国应建立以道义为优先、以国家实力为基础的"德威并重的战略信誉"，丰富"亲、诚、惠、容"的奋发有为的外交政策。阎学通指出，中国需要重视王道式权力建构，借鉴仁、义、礼三个概念，在世界上推行扬弃"平等、民主、自由"的"公平（仁）、正义（义）、文明（礼）"的价值观，在与他国冲突的时候增加预防性合作，最终建立一种崭新的领导型方式，[54]"道义-实力"论中的王道思想、具有全球意识的外交实践以及具有预防性合作以解决与他国的冲突等观点，都体现出和合主义的重要思想。

"关系-过程"论或"过程建构主义"(processual constructivism)基于关系的本体意义来探讨"世界政治中的关系理论"，强调过程与行为体是共生的、相互建构的，也包含中国的包容性辩证思维，从方法论的意义上较好地体现了和合主义的理论实质。秦亚青认为，"根据关系理论，社会科学的主要分析单位是关系，而不是个体。同时，世界政治中的重要概念需要再概念化。权力不能仅仅被视为强制性要素，权力完全可以成为互相加强的

---

[54] 参见阎学通著：《道义现实主义的国际关系理论》，载《国际问题研究》，2014年第5期，第127页。

因素;合作不仅仅是强权合作或是制度合作,而是关系合作;全球治理的对象也不再仅仅是个体国家,而是国际行为体之间的关系"⑤。中国战略文化经历了从"冲突型"转向"合作型"的转化,这使得中国更加认同战争的避免性、对手的可合作性、暴力对抗的可替代性;从高度关注核心安全利益到加强对非核心、非传统安全的重视。⑤

"创造性介入论"强调"王道""仁智""中庸"等来体现和合主义思想,强调中国要追求"仁"的社会与"智"的外交,并且两者不可脱节。王逸舟认为,"创造性介入论"并非是一种思想学说、逻辑假设、传统的外交理论,而是一种"介于形而上的理论和具象的政策解释之间层次的引导性说明"⑤,是一种体现中国智慧与"和合"文化精神的问题解决策略与思路。"创造性介入论"特别强调要发掘和坚守东方文化和历史文明中求同存异、和而不同、斗而不破、中庸大同等成分,要提出契合中国利益、符合中国思维、彰显中国文化的新外交学说。

海外的"文化过程论"学者更多地着眼于中国的政治文化、外交政策以及和平发展过程对东亚乃至世界的影响。阿米塔·阿查亚认为,东方的历史基因传统并不习惯于正式的规则与协议,相反,他们更适应一种宽松的没有绑定的关系。例如,东盟正是一种

---

⑤ 余潇枫、罗中枢、魏志江主编:《中国非传统安全研究报告(2017—2018)》,社会科学文献出版社2018年版,第23页。

⑤ 参见秦亚青著:《权力·制度·文化》,北京大学出版社2005年版,第348—357页。

⑤ 王逸舟著:《仁智大国:"创造性介入"概说》,北京大学出版社2018年版,第8页。

非正式的制度与领导人个人之间的友谊,这是独具特色的。陆伯彬(Robert Ross)和江忆恩(Alastair Iain Johnston)关注中国的战略文化与外交实践;特别是江忆恩,他从"义战"、非暴力、"不战而屈人之兵"等战略思想总结了中国军事战略的备战模式,并着力探讨现代中国接受、学习现有国际规范的过程。[58] 康灿雄(David C. Kang)通过朝贡贸易分析了中国的快速发展对东亚地区产生的影响,认为朝贡体系是儒家的国际秩序,东亚各国在其影响下,通过自愿效仿,接受儒家的等级和权威观念,在儒家的规范下交往。[59] 约书亚·科兰兹克(Joshua Kurlantzick)认为,中国以柔软、和缓的方式,通过公共外交和不断增长的援助及贸易收获国际形象,吸引朋友。[60]

上述学者都从文化的发展过程与特征来解读中国社会的"和合理性",对中国社会的未来发展做出了比较准确的展望。

3. 愿景本位的和合主义

愿景本位的和合主义强调,不管国家之间差异如何之大,人类必定有一个共同的和合未来,从而凸显了广义安全的意义论指向。

"新天下体系论"(new all-under-heaven system doctrine)提出了"天下观"的现代转型,这是中国参与打造"人类命运共同体"的

---

[58] 参见〔美〕安德鲁·内森、罗伯特·罗斯著:《长城与空城计——中国对安全的寻求》,柯雄等译,新华出版社1997年版;Alastair Iain Johnston, *Social State: China in International Institutions, 1980-2000*, Princeton University Press, 2007。

[59] 参见〔美〕康灿雄著:《西方之前的东亚:朝贡贸易五百年》,陈昌煦译,社会科学文献出版社2016年版。

[60] 参见〔美〕约书亚·科兰兹克著:《魅力攻势:看中国软实力如何改变世界》,陈平译,中央编译出版社2014年版。

重要理论支撑。赵汀阳认为,"天下"是三位一体结构的世界概念,由地理学意义上的"世界"、社会心理学意义上的"民心"、政治学意义上的"世界政治制度"三重意义叠合而成,天下的根本性质是天道、关系理性和兼容普遍主义式的"无外";"天下体系"意味着一种中国式的兼容普遍主义,其宗旨是改变无政府状态与竞争逻辑,从而形成了比西方三种无政府文化更有潜力解决冲突问题的"第四种文化"。[61] 赵汀阳还特别对"中式天下"与"美式天下"进行了讨论,批评了塞尔瓦托·巴博纳斯(Salvatore Babones)的"美式天下"观,认为新天下体系只能以关系理性和共在理性为基础,美国体系的价值取向是单边主义和个体理性,因而"美国体系几乎不可能转化为一个天下体系"[62]。事实上,天下思想中蕴含"大同""和合"等思想精髓,既具有世界主义的胸怀,又有中国文化的主体意识,其根本目的在于承认文明多样性,支持不同文明和谐共处、相互依存的和合世界。当然,"天下观"难以与现代世界观画等号,而"和合观"可以。

"社会演化理论"(social evolution doctrine)强调秩序是一个社会系统内可预测性的程度,行为体的行为、交往以及结果均受到一定的控制;国际政治系统是一个进化系统,现有的和谐学派与冲突学派都无法为制度的产生、变迁、发展提供充分揭示,需要引进一

---

[61] 参见赵汀阳著:《天下的当代性:世界秩序的实践与想象》,中信出版社 2016 年版,第 60—63、75 页;赵汀阳著:《天下体系的一个简要表述》,载《世界经济与政治》,2008 年第 10 期,第 57 页。

[62] 赵汀阳著:《天下究竟是什么?》,载《西南民族大学学报》,2018 年第 1 期,第 7 页。

个更广义的理论。⑥³唐世平基于对公元前8000年起人类长期社会演化的考察得出如下结论:任何寻求安全的政策含意是"合作""合作""再合作","制度化和平"的到来已经证明合作作为社会演化核心变量的合规律性与合目的性。⑥⁴系统高于行为体-结构的观点与国家围绕合作进行选择的结论,不仅体现了中国整体论与和合论的视角,而且呈现了按照"突变—选择—遗传"机制的演化规律,世界也终将"从安全共同体走向'一个世界国家'或'一个世界社会'"⑥⁵,即进化为一个基于规则的充分合作的和合世界。这也正是"社会演化理论"可被归入愿景本位的和合主义的理据所在。

第三节 和合主义的国际比较

一、与西方安全理论的比较

1. 和合主义与现实主义的比较

第一,和合主义的人性假定是"非恶向善"的。现实主义的人性假定是"恶",而以儒家为代表的中国传统文化的人性假定是"善"("本善""向善""趋善"),"心安不安,忍不忍"是儒家人性

---

⑥³ 参见唐世平著:《越强越要冷静,中国最恰当的国际角色是什么?》,载《中国社会科学》,2019年第3期;唐世平著:《国际政治的社会演化:从米尔斯海默到杰维斯》,载《当代亚太》,2009年第4期,第4—31页;Shiping Tang, *The Social Evolution of International Politics*, Oxford University Press, 2013.

⑥⁴ 参见唐世平著:《国际政治的社会演化》,中信出版社2017年版,第304页。

⑥⁵ 同上书,第187页。

论的基础，"非恶向善"也是中国传统文化的价值原点。孟子认为，每个人都具有仁、义、礼、智这些向善的基因，因此人有恻隐之心、悲悯同情之心等，这些向善的基因使得互信、合作具有可能性。

第二，和合主义认为"天下有序"。现实主义认为，国际政治只遵循霍布斯式的"丛林法则"，而中国自古就强调秩序与和合，《易经》的"天尊地卑，乾坤定矣"正是中国古代圣贤关于天地秩序先在于人、共在于世的准确表达；"保合太和""万国咸宁"表明世界可以通过以礼相待、互惠互利建立一种有序、和合的理想状态。赵汀阳指出，中国古代的"天下体系"（周朝）是由宗主国监护万国的一个网络体系，在全球化之下，国际社会可以延续这个制度基因，构建新"天下体系"，即一个由世界共有的机构来监护、监管的全球系统的网络体系。[66]

第三，和合主义更适合异质性冲突的消解。现实主义强调战争、权力的争夺，因而面对异质性冲突不是强制就是独断；而和合主义在处理异质性冲突时，首先考虑的是排除战争的可能性并运用中庸辩证法强调关系的非冲突性以解决冲突和对立。和合主义重视在承认个体差异的基础上，运用相互冲突最小化和相互利益最大化原则，以和而不同、兼容共存的方式化解差异性以达到"四海一家"的理想状态。

第四，和合主义坚持"整体关系"的本体论。现实主义的本体论是"原子主义"，重视不同行为体之间建构起来的"权力-体系"

---

[66] 参见赵汀阳著：《天下观与新天下体系》，载《中央社会主义学院学报》，2019年第2期。

特征。在处理异质性冲突的时候,难以超越"国家本位"立场或"二元对立"模式;而和合主义以"关系"为本位,从普遍联系、相互制约的观点看待世界,把安全的本体视作"关系性实在",从而弥补西方思想的不足。

第五,和合主义重视"理想引领"与人类发展远景的"共识建构"。现实主义着重阐释、解释世界的现实情况,重视国家在短期内的绝对获益与相对获益。例如,霍布斯式的现实主义观、零和博弈观以及对国家利益的狭隘界定。[67]而和合主义着重阐明世界发展的趋势,阐释"天下为公""天下大同"的人类命运共同体理想,重视国家在长时期中的相对获益,建构和合共生、和合共建、和合共享的愿景与路径。

2. 和合主义与自由主义的比较

第一,分析单位不同。尽管自由主义在现实主义的基础上将国际主体由民族国家拓展至国际组织、非政府组织并建立起种种国际制度、国际法体系等,但仍未超越西方"原子论";而和合主义以整个世界、全人类作为分析单位理解世界政治,从而超越了现代民族国家的思维。这与深度全球化时代下跨国问题需要跨国合作的现实更加匹配。

第二,对于合作的深层次驱动力的认识不同。自由主义认为的合作、互惠互利仍然建立在理性的算计与博弈论的基础之上[68];

---

[67] 参见 Joseph S. Nye,"The Rise and Fall of American Hegemony from Wilson to Trump", *International Affairs*, Vol. 95, No. 1, 2018, pp. 63-80。

[68] 参见〔美〕罗伯特·阿克塞尔罗德著:《合作的进化》,吴坚忠译,上海人民出版社2007年版。

强调的是自身利益的最大化,如果"不考虑自我利益的现实,来制订道德上有价值的国际机制的抽象计划,无疑是空中楼阁"[69],因此可见,这种理论所产生的合作与互惠是虚假与脆弱的,很容易受到外界影响。和合主义认为世界是一个共生、共存、共联的复杂网络体,只有互惠互利才能促进个人、国家的利益。因此,相互合作不仅是一种理性选择,也是一种人性的驱使。在和合主义整体论的视角下,共同利益的最大化与个体利益的最大化相互兼容。

第三,自由主义追求的最高境界是帕累托最优,而和合主义的最高境界是"优态共存",在让整体变得更好的前提下,才使得自己变得更好。在安全领域中则表现为"共享安全",通过"共生""共建""共赢"来获得"共享"。和合主义要创立一种必然互惠的利益改进,即在和谐策略的互惠中所能达到的各方利益改进均优于各自独立所能达到的利益改进。简言之,基于和合主义的"优态共存"是较之帕累托最优的更好选择。

3. 和合主义与建构主义比较

第一,建构主义强调对国家间文化的理解。在温特看来,国家间的三种文化是敌人、对手和朋友;它们分别来自霍布斯文化、洛克文化以及康德文化。[70] 和合主义构建了第四种文化,即似亲族(sibling,如兄弟、姐妹等)关系文化,这种文化来自东方社会特有

---

[69] 〔美〕罗伯特·基欧汉著:《霸权之后:世界政治经济中的合作与纷争》,苏长和、信强、何曜译,上海人民出版社2001年版,第305页。

[70] 参见 Alexander Wendt, *Social Theory of International Politics*, Cambridge University Press, 1999, Chapter 6。

的"大家族主义"和中国社会的"天下主义"。⑦ 这种似家族关系文化比朋友更加亲密,虽然也会有不同程度的竞争,但并不是对手,也不是敌人。敌对性的冲突是暂时的,可以化敌为友,创造与他者的和谐关系。自古以来,中国就有"以天下为一家"或"四海之内皆兄弟"的文化传统。和合主义继承了中国传统以血缘宗亲为出发点的历史传统,试图勾勒出情理统一、仁礼互动的理想社会。整个社会关系都是依照家庭关系不断向外推广的,可以说,以家国为基础的"天下"是伦理与政治合一的文化实体。

第二,建构主义仍然没有跳出自者与他者、中心与边缘、霸权国与挑战者等指称国际关系二元叙事的模型。但和合主义以"以天下为一家"的普遍包容的价值观消解自者与他者的二元对立关系,将"自者"与"他者"看成一个共生关系。他者可以融入自者之中,形成一个无外的世界;自者也在他者之中,以他者来界定自者的身份与发展可能。

第三,与建构主义排斥物质、权力不同,和合主义在关系共生的基础上既强调现实主义的物质、权力的现实性,也强调自由主义的合作、制度合理性,还强调建构主义的"观念""规范"与"认同"的主导性。和合主义是一种兼容并包的概念,体现的是一种整体意义上的"和合",鲜有排他性。

4.和合主义与西方非传统安全理论的比较

西方非传统安全理论的贡献主要体现在安全指涉对象从国家

---

⑦ 参见余潇枫、〔英〕露丝·卡兹茉莉著:《"龙象并肩":中印非传统安全合作》,载《国际安全研究》,2016年第3期,第4—5页。

转向为人类、社会、性别,安全研究领域从军事与政治扩展到经济、文化、社会与环境,安全实现路径从权力、利益的绝对获得转向规范、制度的相对约定,安全与主权关系从重视绝对主权转向重视相对主权与责任主权,安全与发展的关系从安全与发展分离转向安全与发展相融合的可持续安全观。由此形成了众多非传统安全理论学派。

但是,其研究的本体论与方法论缺陷十分明显:一是在本体论上总是还原为"原子主义",重视行为体的"单位"性而轻视由"单位"建构起来的体系的"关系"性;二是在方法论上总是陷入"二元对立",难以超越行为体冲突消解过程中的非此即彼模式;三是在价值论上总是跳不出"西方中心主义"立场,把不符合西方价值标准的国家视为"破碎国家""独裁国家""无赖国家"等,致使西方国家特别是西方某些大国总是跳不出"冷战"的思维局限,面对国家间的"异质性"的冲突找不到良策。

西方安全理论在全球性非传统威胁日益凸显的当下,其理论解释力日益受到挑战,而作为一种具有普遍包容价值内涵的"和合主义",它与西方非传统安全理论范式相比较,有以下两方面特点:

其一,用"和合主义"观照非传统安全理论的研究,意味着研究安全实现了历史性的重大转换:"问题域"从高政治转向了"低政治";"认识论"从强调客观的物质主义、科学主义、经验主义与强调主观的理念主义、历史主义、先验主义转向了强调对文化话语作互文性解读的"适然主义";"变量结构"从描述性和解释性状态转向分析性与规范性状态;"实现途径"从"客观威胁"与"主观恐惧"的被动消解转向了"主体间和合"的主动寻求与"适然安全"的优先确立。

其二,"和合主义"在应对和解决"非传统安全"问题上有着更为广阔的前景。从中国提出"和平发展"方针,构划"和谐世界"建设,到开创"结伴外交",推进"一带一路"倡议,再到提出"构建新型国际关系"和走向"人类命运共同体",都是"和合主义"这一"中国范式"在当下的全球运用。中国作为新兴大国的崛起面临诸多的安全困境,周边"噪音"此起彼伏,远处大国阳奉阴违,安全形势大有"四面疾风""八面来敌"之境况。但中国政府"求和""维和""促和"的立场毫不动摇,"结伴""合作""共享"的路越走越宽。中国针对国际形势的变化先后提出了"新安全观""亚洲安全观""总体国家安全观""全球安全观"。正是中国通过建立国家之间各类型的"结伴"关系,拓展区域之间以新的国际组织为纽带的"合作"关系,使得以"国际安全为依托"的环境大大改善,使得以"和合主义"为价值核心的"广义安全论"在现实中成为可能。

二、和合主义国际比较综述

1. 国际关系理论的不同范式

对国际关系理论的不同范式,可从理论假定、核心变量、基本原则、方法论、外交路径及分析单位等六个方面进行比较:

表5-1 国际关系理论的国际比较

	理论假定	核心变量	基本原则	方法论	外交路径	分析单位
现实主义	无政府	权力	自者优先	物质主义	结盟	国家
自由主义	无政府但相互依赖	制度	结盟者优先	结构主义	结盟	国家、非政府组织、国际组织等

续表

	理论假定	核心变量	基本原则	方法论	外交路径	分析单位
建构主义	无政府但被建构	认同	认同者优先	理念主义	不结盟	世界社会、复合区域、国家、非政府组织、国际组织等
和合主义	"类群-和合"与国际共生	关系	人类命运共同体优先	关系主义	结伴	天下(全球)、区域间、区域、国家国际组织、非政府组织等

资料来源：余潇枫、章雅荻著，《和合主义：国际关系理论的中国范式》，《世界经济与政治》，2019年第7期，第69页。

如果以"篱笆"作为判据来考察不同的国际关系理论的话，我们可以得出简洁但深刻的结论。现实主义认为"有好篱笆才有好邻居"，于是物质性的篱笆与防篱笆被入侵的军备成为要务，所以国家之间增加的是"对抗度"，甚至霸权国把国家建设成"军工复合体"，把国际关系归结为"大国政治的悲剧"。自由主义认为"有好通道才有好邻居"，于是以相互依赖为前提的国际制度成为要务，于是国家间从"对抗度"的增加转向同盟约束的"紧张度"的增加，这种制度性安排更多地限于其结盟的"小圈子"国家，关键时刻作为盟主的霸权国仍然以单边主义与"美国优先"来打压其他国家。建构主义认为"有好规范才有好邻居"，于是物质性的篱笆与防篱笆被入侵的军备都不重要，而国家间认同的一致塑造性成为要务，于是国家行为体的"选择度"增加，如欧盟为国家间的主权让渡提供了良好的范例。而和合主义认为"有好关系才有好邻居"，于是通过"和合共生"达成"和合共享"成为了要务。这里的

"关系"强调的不是行为体本身,而是强调行为体之间的互动,所以"和合度"大大增加。和合主义以关系和合为核心,以"多元多边合作""多元双边合作"作为表达关系的理想类型(详见第六章第二节)。因此,在以关系为本体的和合主义范式下,国家之间不仅可以通过制度、规范、认同来取代"篱笆",而且还要通过"共建""共创""共享"来达成跨越"篱笆"来实现人类命运共同体的美好愿景。

西方国际关系理论学者中也有突破传统范式的研究,如帕特里克·杰克逊(P. T. Jackson)和丹尼尔·耐克森(D. H. Nexon)首次将社会学中的关系研究引入国际关系理论中,并提出过程/关系的研究模式,强调过程本身的建构作用和动态实质。总之,以和合主义为价值核心的广义安全论的探讨,注重的是国际关系理论的"中国范式"建构,这一范式的提出意味着一种体现中国思想传承的新世界观的确立,它不仅能用来解释和改造中国的现实,而且还有助于解释和推进世界的发展。

2. 关系本体论认知的中西差异

西方国际关系理论学者中也开始有学者关注"关系本体论"的研究,且关系主义被认为是建构主义的一个新的分支。[72]艾米利安·卡瓦尔斯基认为,关系是一种非竞争性的社会网络,根植于互惠、自制中。[73]西方关系论中常见的两种分析框架是网络学说与场论。社会网络分析(social-network analysis)将行为体之间的关系作为最

---

[72] 参见 David M. Mccourt, "Practice Theory and Relationalism as the New Constructivism", *International Studies Quarterly*, Vol. 69, Issue 3, 2016, pp. 475-485。

[73] 参见 Emilian Kavalsi, *The Guanxi of Relational International Theory*, Routledge, 2017。

基本的研究单位，他们认为主体与行为是相互依赖的，主体之间的联结可以是物质的，也可以是非物质的，主体之间的结合产生结构，结构定义、限制主体的行为。⑭ 场论研究则把场域与网络结构在关系研究中视为同等重要的范畴，场域理论主要体现在布尔迪厄的实践理论（practice-theoretic sholarship）中，即社会实践如何塑造、重塑社会生活、权利关系以及行动的可能性。⑮ 实用主义也关心在关系中发现问题并找到解决方案，他们所认为的解决方案来自主体与他们所处的环境之间复杂的关系变化之中，主体追求本体安全就是努力稳定他们所处的关系环境，而不是表示出主体的不安情绪。⑯ 但是，这些研究仍然体现的是西方国际关系的理论话语体系。

其实，"关系"在中国有更为广泛、复合与深刻的涵义，中国人理解的关系是被置于更大的社会脉络中的。⑰ 在关系中，过程与

---

⑭ 参见 Emily Erikson, "Formalist and Relationalist Theory in Social Network Analysis", *Sociological Theory*, Vol. 31, No. 3, 2013, pp. 219-242; Hafner-Burton, Emily Erikson, Miles Kahaer, Alexander H. Montgomery, "Network Analysis for International Relations", *International Organization*, Vol. 63, No. 3, 2009, pp. 559-592。

⑮ 参见 P. T. Jackson & D. H. Nexon, "Reclaiming the Social: Relationalism in Anglophone International Studies", *Cambridge Review of International Affairs*, 2019（http://www.tandfonline.com/doi/abs/10.1080/09557571.2019.1567460? journalCode=ccam20，访问时间 2019 年 6 月 16 日）。

⑯ 参见 Ulrich Franke & Ralph Weber, "At the Papini Hotel: On Pragmatism in the Study of International Relations", *European Journal of International Relations*, Vol. 18, No. 4, 2012, pp. 669-691; Simon Pratt Frankel, "Pragmatism as Ontology, Not (Just) Epistemology: Exploring the Full Horizaon of Pragmatism as an Approach to IR Theory", *International Studies Review*, Vol. 18, No. 3, 2016, pp. 508-527。

⑰ 参见 D. Y. F. Ho & C. Y. Chiu, "Collective Representations as a Metaconstruct: An Analysis Based on Methodological Relationalism", *Cultural and Psychology*, Vol. 4, No. 3, 1998, pp. 349-369。

行为体是共存共生、互动互补的,过程先于行为体,过程建构行为体。⑱ 秦亚青认为,"关系性"与"理性"相对,"关系主义"与"实体主义"相对,"关系律"与"因果律"相对,由此产生了有别于西方社会物质性权力、观念性权力的第三种关系性权力,但在关系一词的翻译中,他基本认同 relationship 一词,而另有学者为了突出关系的独特性,强调关系不能等同于 relationship,直接把关系翻译为 Guanxi。从和合主义的视角看,其实关系具有比 relationship 更丰富与深刻的涵义。值得一提的是,西方已有学者认识到,在中国的传统中,外交就是如何管理、维持长期性的关系,而不是关于资源的竞争。⑲

总的来说,国际关系理论的"中国范式"(或"中国学派")与"英国学派"一样,都对主流国际关系理论特别是"美国学派"提出了挑战。⑳ 无论是"第四种文化"的论证,还是"优态共存"的阐述;无论是用与"仁、义、礼"对应的"公平、正义、文明"超越"平等、民主和自由",还是"和平共处、和平共生及和谐共生"三阶段的预判;无论是"关系本位"的重构,还是"仁智大国"的设定;无论是"天下主义"的世界性转换,还是"世界主义"的整体再造;无论是"生态制度"的强调,还是"文化中国"的凸显;无论是"社会演化"

---

⑱ 参见秦亚青著:《关系本位与过程建构:把中国理念植入国际关系理论》,载《中国社会科学》,2009年第3期,第75页。

⑲ 参见 Emilian Kavalsi, *The Guanxi of Relational International Theory*, Routledge, 2017。

⑳ 参见 Jiangli Wang & Barry Buzan, "The English and Chinese Schools of International Relations: Comparisons and Lessons", *The Chinese Journal of International Politics*, Vol. 7, No. 1, 2014, pp. 1-46。

的揭示,还是"广义安全"的建构;正如国外学者所评论的那样,中国是在努力摆脱西方学术话语的影响,构建本国的非西方国际关系理论。[81] 其实,中国历来有着自己对世界的独特理解与话语方式。当西方人发现人与自然的对立并强调征服自然时,中国人发现的是天人合一并强调顺道齐物;当西方人发现"物竞天择"的自然演进法则并强调竞争优先时,中国人发现的是"和合共生"天下演化之道并强调和合优先;当西方人发现国际关系是以"国家"为本位的无政府世界时,中国人发现的是以"关系"为本位的人类命运共同体。因此,中国和合主义不仅为一个流动多变的世界提供了独特的价值尺度,而且为人类未来的走向展示了美好图景。和合主义所追求的就是要创造一种体现"类价值"的"国际交往行为",既能跨越现实主义与理想主义的历史鸿沟,又超越了物质主义与观念主义的二元对立,为世界的发展指出一条"和而不同"的别具一格的坦途。[82]

---

[81] 参见 Hun Joon Kim,"Will Theory with Chinese Characteristics be a Powerful Alternative?", *The Chinese Journal of International Politics*, Vol. 9, No. 1, 2016, pp. 59-79。

[82] 余潇枫著:《"和合主义":中国外交的伦理价值取向》,载《国际政治研究》,2007年第3期,第23—24页。

第六章　广义安全新模式:共享安全

如果说和合主义是广义安全理论的"新范式",那么共享安全则是和合主义在安全领域中的具体运用,是广义安全论的"新模式",也是国际安全研究的"中国模式"。"广义安全"的价值目标是共享安全,是行为体之间"优态共存"状态的保持与享有。共享安全既是中华民族独特思维方式的凝聚,又是人类普世精神共有特性的表达。共享安全要超越的是当前国际社会安全共识存在不足、安全观念存在冲突、安全战略存在矛盾、安全策略存在竞争,以及应对影响人类生存环境和生存状态的全球性非传统安全挑战的体制存在滞后性等现实困境,而"孔子最优"作为中国智慧在人类共享安全的实现中呈现出独特的引领价值。

第一节　共享安全与安全文明

一、和合主义与共享安全

1. 话语转型:从"安全困境"到共享安全

安全是人类生存的最基本需求之一,无论是个体、群体、社会、国家,还是其他国际行为体,都生存于某种特定的"安全场域"中。

以往由国家间关系构建起来的安全场域是边境划线、主权划界式的地缘性场域。随着经济全球化的推进,利益划线、经营权划界式的跨国利益性场域出现了;随着全球性非传统安全威胁凸显,文明圈划线、生存权划界式的资源性场域被建构起来,同时还出现了信仰划线、民族或宗教划界的种种社会心理场域等。复杂的安全现实造成了传统安全观无法破解的"安全困境",即"前提困境""立场困境"与"战争观困境"。[1]从"话语安全"的视角看,传统安全观所看到的"安全困境"在某种程度上恰恰是一种不安全的"话语建构",它会使我们去寻求"消极安全",深陷寻找和放大"敌人"的情境,让设想的敌人或对手成为去不掉的影子,进而使对抗与复仇成为无休止的延续。

非传统安全问题带来的"共同威胁"以及传统的安全理论与观念在解决非传统安全问题时的严重不适应,正是促使我们思考与提出共享安全战略性话语的现实语境。共享安全的价值前提是以"人类命运共同体"为考量,寻求共存、共依、共有、共和、共建、共创的方式。共享安全的基本内涵包括以人的生命为价值基点,以人类共和为价值原则,以互信合作为实现路径,以共赢共享为价值目标。共享安全的价值理念凸显了当今"人类只有一个地球""地球是人类的太空救生艇"等与全球生存紧密关联的认知。

非传统安全要解决的是广义的"场域安全"问题,因而国家之间不是"安全孤立"的,而是"复合"的,这决定了国家间的安全必

---

[1] 参见余潇枫、潘一禾、王江丽著:《非传统安全概论》,浙江人民出版社2006年版,第356—358页。

然是相互镶嵌的。"镶嵌"概念源于经济学研究中的"嵌入性理论",形成于社会学研究中的社会网"嵌入模型分析"。美国社会学家马克·格兰诺维特(Mark Granovetter)最早对于"镶嵌"概念做了比较完整的表述②。他认为在社会关系结构的嵌入过程中,"社会行动者只能在关系、制度、文化情境内得到解释,而不能看作原子化的追求效用最大化的决策者"③。"镶嵌安全"则是镶嵌概念在国际安全研究领域的延伸和拓展,指国家的安全行为对由国家间关系构成的全球社会网的嵌入。一方面,任何国家在谋求自身安全的过程中不得不考虑其行为可能产生的网络涟漪效应及其反作用力,从而不可避免地受制于社会网的行为逻辑。另一方面,个体国家安全的最终实现是国家间在相互依赖、彼此信任的基础上进行安全互助的结果。可见,镶嵌安全的共建性内在于全球安全实现的路径之中,也内在于国家间所追求的安全价值之中。中国若要在不远的将来为全球安全治理做出引领性贡献,就需要深化对国际社会网络关系特质的认识,针对各种"对抗式"信任危机、"竞合式"信任挑战、"疑虑式"信任难题构成的信任困境,通过安全结构镶嵌、安全制度镶嵌、安全文化镶嵌来化解冲突,推进中国的外交方略的实现。④

共享安全话语对非传统安全研究有着重大的指导意义。话语

---

② 参见 Mark Granovetter,"Economic Action and Social Structure:The Problem of Embeddedness",*The American Journal of Sociology*,Vol. 91,No. 3,1985,pp. 481-510。

③ 王宁著:《家庭消费行为的制度嵌入性》,社会科学文献出版社 2014 年版,第 18 页。

④ 参见余潇枫、周冉:《安全镶嵌:构建中国周边信任的新视角》,载《浙江大学学报(人文社会科学版)》,2017 年第 1 期,第 150—165 页。

不仅会影响人们行为的过程和结果,而且任何话语的继承、改造和独创均会在不同程度上改变社会结构、国家形象与国家安全。⑤倘若我们超越传统安全观关于"安全困境"的话语建构,从共享安全的"共存""共商""共建""共优"与"共赢"的角度来观察世界,安全就成了"行为体"间的"优态共存"。尤其是当人类面临的困境已不仅仅是关乎"领土主权持存"的军事与政治的安全保障,而且是关乎"生存权利持存"与"生命质量持存"的经济、社会、文化以及生态环境的安全保障时,共享安全式的"积极安全"⑥才是我们要寻求的目标。可见,共享安全不仅是帮助我们考虑国内社会安全的重要价值尺度,也是帮助我们参与国际社会并共同解决非传统安全问题的新价值立场,也应是以"人类命运共同体"共持"类价值"与共创"类安全"的必然共识。

2. 逻辑进阶:从"国际无政府"到"命运共同体"

和合主义范式作为共享安全模式的价值引领,是建基于"人类命运共同体"逻辑之上的。人类命运共同体在价值层面对应马克思阐述过的"真正的共同体",这正是对人类早期的"自然共同体"与资本主义国家的"虚幻共同体"⑦的超越。长期以来,"国际无政府"逻辑主导国际安全理论和全球安全治理实践。现实主义基于"国际无政府"逻辑宣称国家只为权力而奋斗,认为国家的安

---

⑤ 参见孙吉胜著:《跨学科视域下的国际政治语言学:方向和议程》,载《外交评论》,2013年第1期,第12—29页。

⑥ 参见余潇枫著:《安全治理:从"消极安全"到"积极安全"》,载《探索与争鸣》,2013年第6期,第44—47页。

⑦ 《马克思恩格斯选集》,第1卷,人民出版社1995年版,第84页。

全目标在于追求权力和利益的最大化,权力就是目的,拥有权力就获得安全,要维持和平,首要也最为重要的是保持权力均衡。[8] 自由主义虽指出国家间相互依赖关系的重要性,认为权力不再是国家行为的唯一目标而持"世界结构支配国家行为"的观点,宣称国家只为利益而努力,但自由主义理论的前提仍然是"国际无政府逻辑"。

现实主义与自由主义都有"共同体意识",也都践行过国家间所谓的"安全共同体",但他们的安全共同体"专指以维护军事安全、政治安全为核心的国家联合体,指的是在应对传统安全威胁基础建立起来的'行动集合体'或联盟性质的'责任单位'"[9]。新现实主义建构安全共同体的路径为:区域霸权/均势—联盟—大国协调—集体安全—安全共同体。[10] 新自由主义建构安全共同体的路径为:经济全球化和民主化—经济合作机制—区域经济一体化—安全共同体。[11] 但基于"国际无政府"逻辑的安全共同体直接以国家的核心利益为指涉对象,缺乏对人类的整体性观照,难以实现可持续安全,甚至"传统安全共同体的扩大往往导致安全威胁的普遍性扩大,其在解构传统安全困境的同时,恰恰又建构起了联盟之外的、范围更广、程度更深的'军备性'安全困境"[12]。

---

[8] 参见 Hans J. Morgenthau et al., *Politics Among Nations: The Struggle for Power and Peace*, McGraw-Hill Companies, 1993, pp. 4-13。

[9] 余潇枫、王梦婷著:《非传统安全共同体:一种跨国安全治理的新探索》,载《国际安全研究》,2017 年第 1 期,第 7 页。

[10] 参见郑先武著:《安全、合作与共同体》,南京大学出版社 2009 年版,第 69 页。

[11] 参见余潇枫、王梦婷著:《非传统安全共同体:一种跨国安全治理的新探索》,载《国际安全研究》,2017 年第 1 期,第 12 页。

[12] 同上刊,第 7 页。

面对"国际无政府"逻辑造成全球安全不可持续的困境,建构主义强调观念建构利益,利益建构权力,国际无政府状态本身被国家建构,而"世界社会""全球社会""全球国际社会"[13]恰恰是"有秩序"的。即"'无政府逻辑'本身是不存在的,……导致产生无政府体系结构和逻辑的是文化结构,不是无政府体系本身"[14]。由此,建构主义用"区域一体化"逻辑来取代"国际无政府"逻辑,提出了新的安全共同体建构路径,即冲突形态—安全机制—多元安全共同体—区域一体化。[15] 然而,建构主义在强调观念决定利益的同时,也在某种程度上忽视了物质力量发展与国家利益对观念形成的重要诉求。有学者批评道,建构主义作为一种研究方法却是"最不定型、最不明晰"的,特别是社会结构因素在观念和利益上如何彼此关联十分模糊。[16]

不同于建构主义,和合主义内含的"人类命运共同体"逻辑直接超越"国际无政府"逻辑,为国际安全研究提供了新的理论假设。基于人类命运共同体逻辑,"构建人类命运与共、安危紧连的安全共同体,不仅契合中华民族五千多年来一直追求和传承的天下一家、和合共生的理念,也符合世界各国人民求和平、谋安全的

---

[13] 全球国际社会还分为 1945 年前的 1.0 版、1945—1989 年间的 1.1 版和 1989 之后的 1.2 版。参见〔加〕阿米塔·阿查亚、〔英〕巴里·布赞著:《全球国际关系学的构建:百年国际关系学的起源和演进》,刘德斌等译,上海人民出版社 2021 年版,第 17、116、189 页。

[14] 〔美〕亚历山大·温特著:《国际政治的社会理论》,秦亚青译,上海人民出版社 2000 年版,第 383 页。

[15] 参见郑先武著:《安全、合作与共同体》,南京大学出版社 2009 年版,第 69 页。

[16] 参见〔美〕玛莎·费丽莫著:《国际社会中的国家利益》,袁正清译,浙江人民出版社 2001 年版,第 1—2 页。

普遍愿望"⑰。国际社会虽处于"无政府状态",但并非意味着其完全缺少组织,甚至持续出现了多元多层次的高水平合作形态。⑱人类面对的是唇齿相依的共同命运,要求人们从"对抗型安全"(security against)转向"共生型安全"(security with)",即转向遵循共同安全原则。⑲ 为此,中国基于"人类命运共同体"逻辑在全球、地区、双边等层面分别提出了多种类型安全共同体的建构方案。中国的实践走出了新的安全共同体建构之路:结伴不结盟—真正的多边主义—共同、综合、合作、可持续安全—全球安全共同体—人类命运共同体。

3. 和合共享：作为一种价值尺度

和合共享的核心观点是,世界是互联、共在、共存、共生的,人类的发展需要和合共建、共济与共享,达成这一价值目标的关键是"和合",价值图景是"和衷共济,和合共生,和谐共享"。

和合共享的合理性可以从两个方面进行论证,即该理论在多大程度上切合世界运演的"合规律性"与"合目的性"。"合规律性"主要考量共生的切合性,"合目的性"主要考量和合的可能性。

我们生存在一个万物共生、共享的世界中,共生、共享是一种合规律性的普遍现象。广义的"共生共享"有丰富的内涵,具体表

---

⑰ 徐步、唐永胜、傅梦孜、吴志成等著:《全球安全倡议的重大理论意义与实施路径笔谈》,载《国际问题研究》,2022年第4期,第21页。

⑱ 参见〔美〕肯尼思·奥耶著:《无政府状态下的合作》,田野、辛平译,上海人民出版社2022年版,第233页。

⑲ 参见〔英〕巴里·布赞、乔治·劳森著:《全球转型:历史、现代性与国际关系的形成》,崔顺姬译,上海人民出版社2020年版,第275—276页。

现在事物的同时性共在、历时性共存、互补性共济、和谐性共享中。同时性共在是外在于人及"先在于存在"的客观事实,万物共在是具有"绝对给予性"的自明性真理。历时性共存是"共在"在时间维度中的延伸,共存是"共在"的先在条件,"共在存在论"认为万物在共在中互联共存,彼此涨落不一,形成了一个丰富多彩的世界。互补性共济指生物圈中由自者与他者形成的生态链具有互补性,自者不仅以他者的存在作为自己存在的条件,而且以保全他者作为自我保全的基本方式。和谐性共享则是达成命运与共的境界与状态,位列价值排序最高端。

起于共生,终于共享,这是人类发展所必然遵循的价值规律。最先在国际关系研究中提出"和合共生"理念的金应忠先生认为,"和合共生"的学理性逻辑体现在相辅相成、相异相合、相反相成上;然而"共生"是相对于"共毁"而言的,虽然"共生"是国际社会的基本生存方式,但"共生"理念只是人类的底线理念,不是最完美的理想状态,而仅仅是最基础的生存状态。[20] 为此,需要在"共生"前加上前置词"和合",再用"共享"替代"共生",组成"和合共享",才能体现人类的正向价值追求。在价值链排序中,共生处于中端,高于共在、共存,低于共建、共济、共享,所以"和合共享"在价值排序上高于"和合共生"。

和合共享为何可以成为确保国家安全的重要价值理念?因为"和合共享"的价值目标设定首先是反对战争、寻求和平与安宁,

---

[20] 金应忠著:《再论共生理论:关于当代国际关系的哲学思维》,载《国际观察》,2019年第1期,第14—35页。

其次是消除竞争、寻求和解与合作,第三是超越既往的"对立-对抗-对决"而寻求和融与共享。"共生""共享"表明,世界和平与秩序并不必须要有某一个至高无上的权威存在,而是可以经由共生、共享方式来实现和平。共享安全模式除了本体论意义,更具有方法论与价值论意义,它使安全体系不可分割,安全关系从异质共生走向"命运共同"。

世界上难以消解的是非理性的异质性冲突,国际社会的本体不安全也大多源自各类异质性冲突。倘若"和合共享"作为共识被认同与践行,则能促进国际社会从"异质共生"走向"命运共同",进而消解因认同不一致而导致的存在性焦虑与前景性恐慌,使国家的本体安全具有其牢固的价值基础。"和合共享"作为人类安全价值之本的深层意涵是:天下多元一体,人类本为一家;地球家园为要,命运共同是旨。

基于人类命运共同体理念,非传统安全共同体可以被定义为"和合共享"价值原则建立起来的跨国应对非传统安全威胁的行动和合体。这种行动和合体具有设定议题、分配资源、平衡权力、共商措施和推进实施的功能。[21]"非传统安全共同体"是非传统安全合作的成熟阶段和理想模式,与以往各类传统安全共同体相比较,非传统安全共同体不是封闭排他的,而是开放相容的;不是相互制约且屈服于霸权的,而是相互学习且共商共享的;不是局限于国家安全的,而是除国家安全外还关注世界安全、社会安全与人的

---

[21] 和合治理在实践中主要分为倡导型与实体型,实体型又可分为聚合体、竞合体、和合体三种类型,其价值排序呈递进关系。参见章雅荻、余潇枫著:《和合治理:中国特色全球治理理论建构》,载《国际观察》,2023年第2期,第53—56页。

安全;不是以国家行为体为主角的,而是国家行为体和非国家行为体"合作共赢"的共享大平台。㉒

二、共享安全的现实可能

1. "共生"与"和合共生"

全球安全关涉全球范围内所有安全行为体的生存性前提,因而全球安全的本质关系是共生。如第五章所述,共生关系具有多重形态,任何一个演化系统在根本上都是对立统一、共生交融的"和合体",这符合宇宙、地球生态、人类社会的演化规律。

人类社会的共生形态可分为"和合共生""竞合共生""竞争共生"以及体现霍布斯文化的"敌手共生"(adversary symbiosis)㉓。"和合共生"在价值取向上较其他形式的共生更体现文明演化的本质与人类发展的正向追求。中国国际关系研究领域的"国际共生"学派强调,"共生"是国际社会的基本存在方式,当今世界不仅国家间的关系是共生的,而且全球性的问题乃至威胁也是共生的。㉔ 为此,"传统国际体系结构下的共生关系是一个'弱肉强食、欺诈霸凌'的逻辑,并非真正的共生关系,新兴的共生关系

㉒ 参见余潇枫、王梦婷著:《非传统安全共同体:一种跨国安全治理的新探索》,载《国际安全研究》,2017年第1期,第13页。

㉓ 关于"敌手共生"最传统的说法是军事-工业复合体(military-industrial complex)。(参见〔美〕亚历山大·温特著:《国际政治的社会理论》,秦亚青译,上海人民出版社2000年版,第345页。)

㉔ 参见余潇枫著:《"场域安全"与非传统安全治理》,载余潇枫、魏志江主编:《中国非传统安全研究报告(2014—2015)》,社会科学文献出版社2015年版,第32—33页。

则是一种相互包容、相互克制、互利共赢、共同发展的共生关系"[25]。也就是说,"和合"才是最优的共生关系。和合"最充分地体现了多样存在的兼容互惠合作,体现了合作最大化和冲突最小化的共在原则"[26]。

因此,在"共生"前加上前置词"和合"的"和合共生",既内在于全球安全的本体性之中,也决定所有不同共生形态的最终归趋。若要实现共同维护世界和平和安全,就必须遵循"和合共生"这一全球安全的根本前提。"和合"的逻辑原点是"相关各方具有共生性,而共生性首先的含义是相互性、包容性,否则就失去了相互依存的可能"[27]。形成"和合共生"价值共识的最大效用是能帮助人们回到全球安全的本质关系中,最大可能地消解存在所遭遇的种种不确定性,防止行为体间相互认知的误解与战略的误判,进而最大可能地促成本体安全的获得。由此,"和合共生"是共享安全的前提,其本体论意义在于"使安全单元从互斥走向共生,安全关系从同质走向异质共生"[28]。

2. 共享安全的可能性探索

人类不断面临极为难解的全球安全困境,由于"自者"与"他

---

[25] 黄平著:《变迁、结构和话语:从全球治理看"国际社会共生论"》,载《国际观察》,2014年第1期,第63页。

[26] 赵汀阳提出了"共在先于存在"与"和谐是最优共在关系"的观点。(参见赵汀阳著:《共在存在论:人际与心际》,载《哲学研究》,2009年第8期。)

[27] 金应忠著:《论人类命运共同体的学术构成》,载《国际观察》,2022年第3期,第36页。

[28] 姚璐著:《论国际关系中的"共生安全"》,载《国际观察》,2019年第1期,第51页。

者"之间的异质性冲突频频发生,全球不断出现"威胁奇点""安全黑洞"等极端问题。正是世界极大的不稳定性与不确定凸显了全球安全治理的紧迫性与以"和合共享"为目标的全球安全维护的重要性。

非传统安全的"普遍性""复合性""多维性""广义性"以及与传统安全之间的"交织性"的诸多特点,使得非传统安全问题更多地与风险、危机、紧急状态、日常存在性威胁相关联;也使得国家安全往往与人的安全、社会安全、全球安全连成一体并相互缠绕与转换。正因为如此,非传统安全成为全球性紧缺的公共产品,这一公共产品的生产需要"共建",而这一公共产品的使用则是"共享"的,这其中的共建和共享是相辅相成的。

初看起来,非传统安全威胁的确也会产生现实主义安全观所认同与持有的不同程度的"安全困境",一国为保障安全而采取的资源开发措施会被其他国家视为相对减少其资源利用可能性的举动,因"公地悲剧"而引发的不安全感是非传统安全困境的重要内容。这就需要我们重新考虑在全球公共产品提供与享用过程中重新探索"国家与主权"关系这一新的本质。可以说,"条件主权"(conditional sovereignty)与"责任主权"(responsible sovereignty)[29]的提倡与落实,或者以适当让渡主权为前提参与全球治理,应该是国家间共同超越"非传统安全困境"的关键。尤其是国家主权蕴含责任主权,不仅要关心本国公民的本土需要,还要承担关注其他

---

[29] 关于条件主权与责任主权的概念阐述,参见 Luke Glanville,"The Myth of 'Traditional' Sovereignty", *International Studies Quarterly*, Vol. 57, No. 1, March 2013, pp. 79-90。

国家公民的国际义务。这种责任主权的合理性完全体现在"相互性"上,否则先发展国家与后发展国家之间就会失衡,而只有以相互依存与"相互责任主权"(mutual responsible sovereignty)为基础的"全球深度治理"才是各国应对共同危机的有效良策。[30]

20世纪以来,国际社会推行的"集体安全""综合安全""协商安全""共同安全""合作安全"等安全理论、安全政策、安全外交与安全治理,都在不同层次、范围与不同程度上寻求与践行着安全的"共建"与"共享",特别是针对非传统安全问题,"合作安全""协商安全"等均倡导安全的"共享",客观上为共享安全的可行性提供了某种现实的佐证。共享安全以人类共同体作为安全的中心立场,或者说,共享安全的"共享"并非是共同而无差别的平等性享有,而是共同但有区别的责任性享有;并非只是基于民主的合法性享有,而且还是基于民主合法性的正义性享有;并非基于自由权利的无约束性享有,而是基于自由权利与文明规范的约束性享有。[31]

多年来,中国学者以不同的视角探索共享安全的可能。首先,以"全球安全观"来探索共享安全的可能。从"全球政治"的视角探讨"全球化时代的安全观"是新时期中国学者的共同努力。王逸舟认为,安全的保障与预期取决于多大程度上能容纳传统的国

---

[30] 参见张胜军著:《全球深度治理的目标与前景》,载《世界经济与政治》,2013年第4期,第55—75页。

[31] 关于"公平、正义和文明"价值观高于"平等、民主和自由"价值观的论证,参见阎学通著:《公平正义的价值观与合作共赢的外交原则》,载《国际问题研究》,2013年第1期,第6—14页。

家安全问题与新出现的社会安全问题,容纳国家和国家以外的多种行为体,容纳"全球性共同利益"和"人类的类安全",因而全球化时代的新安全观将是一种"多种行为主体的共同安全"。[32]尤其是"从人类思考安全的历史进程观察,可以看出一种不断深化与进化的线索,它对于确立今天的安全思想、目标、行动有着重要的参考价值"[33]。这些思考成为建立共享安全的新价值取向,不仅具有理论独特性,而且具有外交导引性。

其次,以"中国思想的世界性转换"来探索共享安全的可能。对"天下主义"的世界性转换进行思考是中国学者理论探索的独特维度。赵汀阳"从世界思考世界"的角度考察"天下体系",认为它意味着一种中国式的兼容普遍主义,它不仅不排斥任何他者,而且试图把"他者"都化为"自己人",因此是可以"共享"幸福的世界观。[34]任晓在对"中华世界秩序说""华夷秩序说""天朝礼治体系说""东亚共生体系""进贡体系说"进行分析阐述的基础上,提出了"东亚'共生体系'原理"。[35]这些思考为共享安全的可能提供了中国视野与历史的佐证。

第三,以"全球安全治理"的路径来探索共享安全的可能。全

---

[32] 参见王逸舟著:《全球政治和中国外交》,世界知识出版社2003年版,第10—14页。

[33] 王逸舟著:《国家安全研究的理论与现实:几点思考》,载《国际安全研究》,2023年第2期,第3页。

[34] 赵汀阳著:《天下体系的一个简要表述》,载《世界经济与政治》,2008年第10期,第63页。

[35] 参见任晓著:《论东亚"共生体系"原理》,载《世界经济与政治》,2013年第7期,第4—22页;任晓著:《走向世界共生》,商务印书馆2019年版,第88—115页。

球化在使国家能力全面提升的同时,也在国际上促成了跨国贸易、生产、金融体系与全球政治格局的形成。秦亚青强调,要用多元治理、关系治理、整体治理、全球治理、有效治理等模式代替传统的利益治理、垄断治理、霸权治理、低效治理等。㊱ 李东燕则针对全球安全新威胁提出全球安全治理、大安全治理、核心安全治理概念,认为"通过全球安全治理,有望达到促进中国与相关国家和国际组织之间的积极的安全合作关系,进一步在地区和全球范围缓解安全困境,建立起基于合作、和解、和谐的新型安全关系"㊲。还有其他学者提出了"地球系统治理"设想㊳、"可持续安全治理"方案㊴、"全球深度治理"对策㊵、"全球和合治理"㊶构想等。这些思考为共享安全可能设计了全球安全治理新路径。

第四,以"大国责任与全球安全关系"的视角来探索共享安全的可能。朱明权从"人类共享安全需要"出发,把"人类免受各种非传统安全问题的威胁"视为国际安全内在目标之一,强调大国应以"责任优先"观来取代以往的"国家优先"观或"国家至上"

㊱ 参见秦亚青著:《全球治理失灵与秩序理念的重建》,载《世界经济与政治》,2013年第4期,第13—14页。

㊲ 李东燕著:《全球安全治理与中国的选择》,载《世界经济与政治》,2013年第4期,第43、54页。

㊳ 参见汤伟著:《世界城市与全球治理的逻辑构建及其意义》,载《世界经济与政治》,2013年第6期,第97—116页。

㊴ 参见李淑云著:《环境变化与可持续安全的构建》,载《世界经济与政治》,2011年第9期,第112—135页。

㊵ 参见张胜军著:《全球深度治理的目标与前景》,载《世界经济与政治》,2013年第4期,第55—75页。

㊶ 参见章雅荻、余潇枫著:《和合治理:中国特色全球治理理论建构》,载《国际观察》,2023年第2期,第42—70页。

观,"我们可以将本国的安全与国际社会的安全结合起来,即本国的生存与发展应当有助于世界的和谐,世界的和谐又会促进本国的生存与发展"[42]。刘江永提出了大国关系转变基础上的未来国际格局的理想模式:从目前"一极多元"的格局发展到"多元共存"格局,再和平过渡到以联合国为主体的"多元一体"格局,从而建立一个"后霸权"的国际体系。[43]

第五,以"中国的理念定位与方略选择"来探索共享安全的可能。杨洁勉认为,中国的强国外交理论的最终任务是实现从"和平共生"和"和谐共生"的提升,在国际关系向全球关系过渡的十字路口,"如果人类社会能够把握历史机遇,或许就能在人类文明史上第一次通过和平方式实现全球强国共生共赢的伟大理想。反之,人类社会就会丧失机遇,仍将长期摸索"[44]。石斌提出了"共同安全与合作安全"为价值导向的"国际安全战略",并对"共同安全"的诸多现实"困境"进行了深入的理论解读。[45]

第六,基于"共同安全观"的共享安全的探索。共同安全观是人们对共享安全的最初表达。无疑,共同安全既是人们最基本的安全理想,也是人们最现实的安全实践。共同安全与共享安全具有相同的价值本质,但属不同的价值层次。国际安全的实现不仅基于一定的物质条件与权力结构,也基于共同的思想前提与价值

---

[42] 朱明权著:《国际安全与军备控制》,上海人民出版社2011年版,第280页。

[43] 参见刘江永著:《国际格局演变与中国周边安全》,载《世界经济与政治》,2013年第6期,第4—24页。

[44] 杨洁勉:《中国走向全球强国的外交理论准备》,载《世界经济与政治》,2012年第5期,第10页。

[45] 参见石斌著:《共同安全的困境》,载《国际安全研究》,2013年第1期,第20页。

基础,在安全问题上国际社会共同价值、规范与原则的确立与调节恰恰需要国际体系中不同国家做出共同安全与合作安全的努力才可能达成,否则诸多现实的"困境"难以被超越。在"共同"价值基础上追求"共享"价值是安全价值目标内在提升,也是应对非传统安全威胁更需要同舟共济的必然要求。

当然还有其他许多颇有思想创新性与理论开拓性的对共享安全可能性的有价值的探索,这些都反映了中国学者对非传统安全维护方略与人类生存危机解决方案的探索,反映了"和合主义"安全范式在历史文化上的连续统一的内在特质,反映了共享安全作为一种全球化时代的广义安全模式与理想性话语,既是中华民族独特思维方式的凝聚,又是全人类价值共在特性的表达。

3. 共享安全与安全文明

"人类命运共同体"理念的提出表明国家安全维护的认知将被上升到这样一个层次,即国家安全必须以"人类安全为前提",国家安全必须以"国际安全为依托"。换言之,以"人类命运"为前提的安全考量才是"文明"的安全考量,以"国际安全"为依托的安全设定才是"文明"的安全设定。构建人类命运共同体内含人类"安全文明"建设的要义。

文明是一个与"野蛮"相对的概念,野蛮意味着暴力、侵略、无视规则、残害生命等,文明则强调非暴力、不侵略、重视规则、保护生命。以联合国"人的安全"来注释"安全文明",即以超越野蛮的方式让人免于恐惧、免于匮乏、免于耻辱,以文明的方式维护"经济安全、粮食安全、健康安全、环境安全、人身安全、社群安全和政治安全"。

"安全文明"是人类适然处置人与自然关系的一种价值回归。

人类文明历程的每一个阶段都反映了人类追求安全的不同方式。在原始文明时期,人类的安全文明特色是"顺从自然",在自然力量容许的条件下生存;在农业文明时期,人类的安全文明特色是"适应自然",在自然力量与人为努力的条件下生存;在工业文明时期,人类的安全文明特色是"征服自然",在人为创造的可能条件下生存;在生态文明时期,人类的安全文明特色是"回归自然",在保持人与自然和谐的条件下生存。

"安全文明"也是人类适然处置人与人关系(或国与国关系)的一种价值回归。不可忽视的是,随着文明历程的演化,人类应对不安全的方式也历经着变化,从冷兵器时代、热兵器时代,进入热核兵器时代,单从人类社会现在拥有的核武器数量来看,它足以毁灭地球多次。人类在发展自身的同时,也扩大着毁灭自身的风险。如果从"安全文明"的角度来重新考虑人类的命运,人类一味的物质发展与人口增长将导致人类自我毁灭。王缉思指出,安全占据世界政治五大基本价值和终极目标的首位(其他是财富、自由、公正和信仰),"安全"的含义不仅较之"生存"更为广泛,而且较之"和平"更广泛,它包括个人安全到国际安全的各个主客观维度,而"在世界范围内的安全问题中,战争与暴力(传统安全问题)对人类的危害,越来越少于非传统安全问题的危害。环境污染、气候变化、生产安全、食品安全、传染病、毒品、自然灾害等问题的严重程度,应引起安全领域研究者的更大重视"㊻。人类以共享安全的

㊻ 王缉思著:《世界政治的五大目标》,载《国际政治研究》,2016年第5期,第15页。

方式来应对具有全球普遍性的非传统安全威胁的挑战,是"安全文明"的价值标志。

和合共享是人类安全文明建设的终极价值取向。在国内,我们要实现全民共享、全面共享的小康社会;在国际上,我们要建设各国共享、全球共享的和谐世界。

全球化时代的"类生存"方式为人类的"类安全"提供了重要条件,也为"安全文明"提出了新的要求。"人类命运共同体"要求我们以全球利益为核心,共同维护非传统安全,携手推进具有"类价值"性质的世界性行动。

第二节 异质性冲突与"孔子最优"

一、异质冲突与安全视界重构

1. 异质性冲突挑战安全

共享安全必须要超越当前国际社会存在的安全共识不足、安全观念冲突、安全战略矛盾、安全策略竞争等现实困境,这就必然需要通过"共建"以达成"共享",而安全的共建共享的困难之处便是如何对待现存的不同层次的"异质性"因素:既包括文明、文化、宗教、民族、社会等种种"异质"的历时性遗在,也包括因历史、地缘、利益、资源、制度、方式甚至误解引起的冲突与对抗而转化成的"异质"的现时性此在,还包括因对未来走向持有不同图景与追求的"异质"的可能性彼在。然而,"纵观人类社会的历史走向与现实发展,我们无疑会发现,正是在共同威胁不断地扩大范围并对人类生存造成普遍挑战的情景下,人类社会不断经历着从努力实现小型共同体的'同质性'共建共享逐步甚至是艰难地走向能包容'异质性'的更大共同体及至全球性的共建共享的过程"㊼。

现实主义安全研究提出过诸多国际安全观,例如威慑与核威慑论、地缘政治论、权力均势论、安全博弈论、安全困境论、霸权稳定论等。这些安全观点尽管是以自身的利益与权力为本位,但也强调"同质"国家利益圈内的"共建"与"共享"。自由主义安全研究则顺应世界交往的扩大与国家之间经济贸易日趋融合的趋势,提出"相互依存论""制度共建论""民主和平论"等安全观,试图来创造一种建基于国际制度的国际安全新局面。建构主义的安全研究则强调,由"社会关系"来规定国家角色,由"社会认同"来构建国家的利益与安全,由"社会文化"来影响国家的安全战略,由"社会规范"来创造安全的行为模式。建构主义代表人物之一温特甚至认为,"自助和权力政治都是制度,它们不是无政府状态的必然特征。无政府状态是国家造就的"㊽。这使得"社会认同"与"共有观念"成了安全的根本变量,即使国家趋向追求利益本身,"这些利益的真正意义也在于它们驱使国家认知它们,解读它们的含义,并依次决定应该定义主观安全利益"㊾。不管现实主义、

㊼ 余潇枫著:《共享安全:非传统安全研究的中国视域》,载《国际安全研究》,2014 年第 1 期,第 31 页。

㊽ Alexander Wendt, "Anarchy is What States Make of It: The Social Construction of Power Politics", *International Organization*, Vol. 46, No. 2, Spring 1992, p. 395.

㊾ Alexander Wendt, *Social Theory of International Politics*, Cambridge University Press, 1999, p. 237.

第六章　广义安全新模式：共享安全

自由主义还是建构主义的安全观如何，不能回避的问题是如何对待"共建共享"过程中的"异质性"因素，非传统安全理论中的哥本哈根学派、后结构主义、女性主义、人的安全研究、批判安全理论以及后殖民主义等较之以往的安全理论虽更具有共建安全的向度，但也回避与解决不了共建中的"异质性"难题。

进入21世纪以来，人类已经共同应对了众多全球性危机，目前正在经历新冠肺炎在全球持续蔓延、俄乌冲突恶化升级等重大挑战，基于"自者"与"他者"之间的异质性冲突频频发生，人类不断面临极为难解的全球安全困境，最突出的是以"对杀""超杀""滥杀""混杀"等为特征的战争问题，[50]对世界的和平与安全造成极严峻的挑战。

首先是以"对杀"为特征的战争问题。动物世界的"战争"行为是一个物种与"天敌"的战争，但很少会有种族整体的自相残杀。而人类社会的"战争"行为则是一条奇怪的三位一体的真正的"变色龙"：盲目的自然冲动，自由的精神对抗，纯粹的政治工具。[51] 这其中，本体不安全造成的"敌意"、行为体之间的核心利益冲突以及生存意志冲突下的"复仇感"是战争的前提。战争催生了国家军事化，催生了"制造战争"（wars making）与"建构国家"（states making）的共生效应。[52] 历史上一个新的国际体系的确立

---

[50] 参见余潇枫著：《国际关系伦理学》，长征出版社2002年版，第272—302页。

[51] 参见〔德〕克劳塞维茨著：《战争论》（第一卷），中国人民解放军军事科学院译，商务印书馆1995年版，第46页。

[52] 参见〔法〕伯特兰·巴迪：《世界不再只有"我们"：关于国际秩序的另类思考》，宗华伟译，上海人民出版社2022年版，第11页。

几乎就是一场战争的结果。

其次是以"超杀"为特征的核战争问题。在人类的"野蛮社会"中,复仇多以"同态"形式进行。但进入"文明社会"以后,同态复仇的形式被异态复仇的形态所取代,特别是非常态的异态复仇战争,其暴力强度远远大于以往,核战争更是可能毁灭整个人类。如今以"超杀"为特征的战争可能与灾难阴影仍一直威胁着人类。

第三是以"滥杀"为特征的恐怖主义问题。在同态复仇与异态复仇之后,人类社会随之出现了极端恶性式的"变态复仇":一类是上述的以人类为"核人质"的超距、超量、超杀的核战争;另一类则是滥杀无辜的"恐怖主义袭击"。恐怖主义是"战争"在当代的另一种新形式,它是通过暴力伤害无辜者而向复仇对象实施的报复行为,是一种基于政治目的,运用暴力突袭,针对不确定对象,造成灾难后果的"非对称战争"。

第四是以"混杀"为特征的传统战争与非传统战争相交织的"混合战争"问题。一种新的包含"对杀""超杀""滥杀"以及代理人参与的不对称"混杀"复仇形态开始出现。以俄乌冲突为例,既有枪炮交射、导弹横飞、无人机奔突、装甲车横行、卫星助力、核战乌云骤降的军事战争,又有网络战、经济战、能源战、粮食战、金融战等非军事战争;既有生灵涂炭、难民如潮、家园尽毁等人间地狱般的生存灾难,又有油气断供、粮食短缺、金融危机、社会动荡、环境恶化等让生活朝不保夕的飞来横祸。这已经是一场具有超限性的"全维战争","不仅'地缘政治博弈再度回归国际政治的中心舞台',出现了全球范围的'信任赤字、发展赤字、治理赤字、和平赤字’,而且在一定程度上改变着当前‘和平与发展’的时代主题,世界正走向分裂和对抗的危险边缘”(53)。

战争是对和平的破坏,和平是和合的起始。从和平走向和解、和睦、和衷共济、和合共享是塑造全球安全的必由之路。历史证明,人类如果不从复仇陷阱和冷战思维中超拔出来,就难以对全球安全有深刻的反思与正确的认知,也难以对全球安全进行真正的维护与塑造。

2. 和合主义与安全视界重构

应该说,消解人类社会诸多现存的“异质性”状态的途径有很多,如通过强调人类面对的共同威胁来提升对安全维护的共同认知;通过以保护生命为国际社会的伦理底线来扩展国际维和行动与人道主义干预;通过国家间相互依存的内容与方式的扩展来形成更大的共同体生存方式;通过建构“人类命运共同体”的理念来寻求全新的共建共享体制的确立等。然而,由于历史文化、民族国家主权、利益冲突与资源紧张等原因,不同层次的“异质性”是国际社会一个长期存在的固有特征,如果不能消解与容纳这一“异质性”,共享安全的可行性就会打折。对“异质性”问题的回应,基本上形成了美国、欧盟和中国的三大类型。

美国惯用自己的善恶去判定美国与别国之间的“异质”冲突,用自己的制度尺度去衡量美国与别国之间的“内在”紧张,以霸权立场实施对异质世界的排斥与打压,因而美国主流安全理论的

---

(53) 王林聪著:《从俄乌冲突看全球安全治理困境及出路》,载《西亚非洲》,2022年第4期,第23页。

"误区"从本质上反映了美国主流国际安全理论价值立场的某种缺失,即对"异质"世界的独断与强制。美国国家安全战略的核心是"霸权护持"与"霸权安全",因而"霸权稳定论"的目的是要维护美国的"权力霸权"与"制度霸权",实质是"霸权自利论"。这在美国的外交实践中表现得非常鲜明:第一次世界大战后国际联盟的共建最后因美国国会的否决而导致流产;"9·11"恐怖袭击事件后的伊拉克战争中,美国完全以自己的单边行动置联合国于"虚设";源之于美国次贷危机的全球性金融风暴发生后,美国不断转嫁危机致使形成"美国生病,各国吃药"的怪状等。可见,所谓的"霸权稳定论"说到底是"霸权自利论",这种对"异质"世界的独断、强制、排斥、打压等,在当今国际安全的"共建共享"中日趋不可行。

与美国不同,欧洲的国际安全观与安全政策有较为包容与共享的特色。英国国际关系理论学派创建的"国际社会"理论的影响力正不断扩大而被其他欧洲国家所接受;巴里·布赞以及哥本哈根学派在此基础上提出的"世界社会"理念和区域复合安全理论为欧洲更大与更为紧密的安全共同体建设提供了理论导向。历史上欧洲国家之间战争频繁,第二次世界大战又使许多国家再度成为"宿敌"。但从"煤钢共同体"到"欧洲共同体"再到"欧洲联盟"这一历史性拓展、欧洲统一大市场的建立和欧元的问世、欧洲共同外交与安全政策的形成,以及欧洲共同努力应对欧债危机等,均是通过在让渡主权的基础上共建共享"一体化",从而表明了"共建共享"安全在欧洲的现实可行性。欧洲国家的契约式安全、机制化安全、法理性安全是对国际社会共建共享安全的可行性创造,但欧洲如何走出欧洲中心主义而更多地关注并参与全球安全治理,尚有很长的路程。

相比之下,中国解决异质性冲突的努力与贡献更具独特性。例如,处理国家关系的"和平共处"五项基本原则,处理岛屿争端的"搁置主权、共同开发"方针,处理香港、澳门回归的"一国两制"方略,处理大国关系的"不冲突、不对抗""良性互动、合作共赢"原则,处理国际事务的"对话而不对抗、包容而不排他""真正的多边主义"原则等。中国在安全的"共建共享"上更有着其独特的努力与贡献,尤其是中国在生成全球角色的"全球性行动"中十分重视与各国之间的共享安全机制的建设。在新安全观的指导下,中国更加注重"结伴"而非"结盟"关系的确立。自1993年中国与巴西建立首对战略伙伴关系以来,截至2023年9月,中国已同八十多个国家、地区或区域组织建立了不同形式的合作伙伴关系。成立于2001年6月的上海合作组织(SCO),就是用"伙伴关系"取代"敌友关系"的共存共享安全机制建构的新方式,旨在加强各成员国之间的相互信任与睦邻友好,共同致力于维护和保障地区的和平、安全与稳定,推动建立民主、公正、合理的国际政治经济新秩序。柯岚安认为,中国外交理念的发展变化,均是用整体性思维解决异质性问题的典范,体现的是利用差异的模糊性而达到"和而不同"之"大同"境界的一种有内在逻辑的灵活方法论。[54]

---

[54] 参见张锋著:《"中国例外论"刍议》,载《世界经济与政治》,2012年第3期,第89页。

二、共享安全与"孔子最优"

1. 多元多边主义与共享安全

人类命运共同体是一个不可分割的整体,全球和平与安全更是如此。对于全球性问题,单一国家难以独立应对与解决。多边主义具有功能相关的不可分割性、行为准则与规范投给的普遍性以及利益获得的互惠性,特别是多边主义为"重复博弈"提供了较多可能,"如果博弈可以重复无数次,或者存在着其他的不确定性,那么从长期合作中获益的可能性必定会牵制从短期背叛中获益的冲动"[55]。

事实上,每一个国家基于全球安全问题的安全化,在国家间的双边合作、地区和国际间的多边合作中制定着多样化的政策,因此实行什么样的"多边主义"成为一个十分重要的问题。多边主义可以分成形式上的(formal)多边主义与实质上的(substantive)多边主义,还可以分成词义上的(nominal)多边主义与性质上的(qualitative)多边主义。现实中更存在以共建共享共赢为价值取向的"真正的多边主义"与以搞集团政治和阵营对抗为政治导向的"伪多边主义""小圈子多边主义""有选择的多边主义""本国优先的多边主义""含例外的多边主义"等。

所有国家政策按照"边"和"元"的博弈组合可以被划分为四种类型:多元多边合作,单元多边合作,单元双边合作,多元双边合

---

[55] 〔美〕约翰·鲁杰著:《多边主义》,苏长和等译,浙江人民出版社2003年版,第67页。

作(表6-1)。

表6-1 非传统安全的国际合作模型

	多边合作	双边合作
多元多边主义	多元多边合作	多元双边合作
单元多边主义	单元多边合作	单元双边合作

资料来源:余潇枫、〔英〕露丝·卡兹茉莉著,《"龙象并肩":中印非传统安全合作》,《国际安全研究》,2016年第3期,第16页。

"多元多边主义"倡导多元多边合作。这是一种没有某个国家持直接否决权的多边合作方式,是一种在形式上与实质上相统一的"强多边合作",即国际多边合作基于普遍行为原则与多边制度主义,"它所强调的不是从一个国家的角度考虑对外政策战略,而是从整体角度,即从地区或全球角度强调多边制度结构,考虑国家之间的互动方式,尤其考虑制度性因素对国家之间互动产生的影响"[56],在必要的时候要求其成员国家在主权问题上做出妥协和让步。与以往基于各国外交战略的国际合作机制不同,多元多边合作聚焦于观点的综合性与制度结构的多边性,且优先以地区和全球视角来考虑问题。它所提倡的国家间的互动要求更多地考虑国际的因素和国家主权的相对让渡,其价值追求是"国际关系民主化",而"中国提出的'国际关系民主化'与现在'全球治理民主化'的意思类似,有相通之处"[57]。联合国与世界贸易组织是多元

---

[56] 秦亚青著:《多边主义研究:理论与方法》,载《世界经济与政治》,2001年第10期,第9页。
[57] 何亚非著:《选择:中国与全球治理》,中国人民大学出版社2015年版,第207页。

多边合作的典型类型。中国发起的上海合作组织、亚投行以及提出的"一带一路"倡议均是"多元多边主义"合作的探索。

"单元多边主义"推行单元多边合作。这是一种形式与实质相分离的"弱多边合作",即形式上的多边,而实质是"一个世界的多边主义"(one-world multilateralism)。这一合作方式尽管是"多边的",但是更多的是体现单边的意志。这种多边主义的合作往往基于主导国的外交战略与非普遍原则,是一种"排外的普遍主义"(exclusive universalism),还可以说是"战略性多边主义"的合作方式,即"把多边主义作为国家的一种对外战略",从一个国家角度考虑其采用的对外政策战略。换言之,这是一种"垄断多边主义""霸权多边主义",甚至是"暴力多边主义"的合作。我们可以把美国主导下的北约视为这种类型的典型。

单元双边主义是一种不平等的双边主义。本质上说,这是一种"单边主义"性质的双边合作,如超级大国或霸权国家与弱小国家之间的双边合作。简言之,这种合作方式的实质是合作的结果与获利是以权力的大小来分配的。针对不同国家实行"一国一策"式的合作多是这种合作类型。

多元双边合作是一种基于平等原则且客观上惠及第三方或更多方的双边合作,也是基于"和合主义"范式的重要合作方式之一。由中国、印度和缅甸共同提出的"和平共处五项原则"是典型的多元双边合作方式,因为它对于任何一个双边合作都适用,而并不针对某一个国家或某一些国家。

因此,可以对多边主义进行进一步的理论深化。双边与多边合作还可以再细分为"单元性"或"多元性"的双边与多边。形式上多边但实质上由某个霸权国持有否决权的合作是"单元多边合作",它呈现的是"多个国家,霸权世界";而形式上多边但实质上发挥主要作用的行为体不持有否决权的合作则是"多元多边合作",它呈现的是"多个国家,和合世界"。同样,双边合作也可分为两种:"单元双边合作"是不考虑第三方的跨国合作,其呈现的是"两个国家,单元世界";"多元双边合作"则在考虑双方国家利益的同时,还考虑双边行动的外溢性而照顾第三方乃至更多方,呈现的是"两个国家,多元世界"。由于非传统安全威胁的跨国性质,基于"多边考虑"的双边行动或基于"多元考虑"的多边行动更具有优先性与普适性。

"多元多边合作"是基于"和合主义"理念的非传统安全合作的最优模式,因为在多边多元合作中没有国家持直接否决权,各国之间聚焦于观点的综合性与制度结构的多边性,行动决议首先考虑的是国际因素与国家主权的相对让渡。[58]"因而,多元多边主义是人类共同应对全球性非传统安全威胁的一个'新多边主义',一种合作中发挥主导甚至领导作用的国家不持有特别的'否决权'的合作形式,它体现着国际关系的民主化,追求的是多个国家合作基础上的和合世界,而不是两个或多个国家合作中的一个世界,这正是和合主义导向下的包容性外交的国际价值与普遍意义所在。"[59]

---

[58] 参见余潇枫、〔英〕露丝·卡兹茉莉著:《"龙象并肩":中印非传统安全合作》,载《国际安全研究》,2016年第3期,第16—17页。

[59] 余潇枫、章雅荻著:《和合主义:国际关系理论的中国范式》,载《世界经济与政治》,2019年第7期,第73页。

共享安全首选"多元共赢"模式,即更多地选择"多元双边合作"与"多元多边合作"模式。以多元多边主义为基础的"共享安全机制"是基于共享安全的安全合作的重要"载体"。从理论上看,这一"载体"具有独特的普适性:它作为一个安全规范的"互联系统",是组织成员之间地位平等与权利共享的国际交往的"理性交流平台",并且作为一个"对话共同体"和"价值整合体",它又是一种有效且正义地解决国际纷争、解决资源冲突、最大可能地形成国际安全合作的国际机制或制度安排。因此,"共享安全机制"以及相应的国际安全治理组织作为一种特定的国际社会的制度安排,具有"道德优先性、制度正义性、文化共存性、价值共创性"的伦理特性与价值导向,体现着政治权力制约、国际法重要渊源和人类危机防火墙等重要功能,在全球安全治理中有着十分进步的意义。[60] 在基于共享安全的真正的多边主义或多元多边主义追求中,以及与之相应的安全合作的机制创建与探索中,中国的努力十分瞩目,以致中国方案、中国智慧、中国气派、中国要素越来越成为全球安全公共产品生产与消费的不可或缺的动力源。

2. 塑造人类本体安全的"孔子最优"

非传统安全威胁使国际安全国内化、国内安全国际化,要求各国应当从人类的整体来反思与建构新时期的安全方略。试问:如果在公共卫生安全上不实行"共建共享",人类如何共同应对艾滋病、SARS、禽流感等病症? 如果在国际公共安全上不实行"共建共享",人类如何共同应对海盗、走私、贩毒等跨国犯罪? 如果在全

---

[60] 参见余潇枫著:《国际关系伦理学》,长征出版社2002年,第308—333页。

球环境治理上不实行"共建共享",人类如何能够走出气候变暖、生态危机等困境？如果不对安全进行"共建共享",世界性的恐怖主义威胁、金融危机、人口危机、粮食危机、水资源危机等如何才能得到有效治理？我们清楚地认识到,由各类安全威胁所引发的种种频繁出现的全球性危机、地区性危机乃至国内危机,不仅需要我们在安全理念上进行反思与提升,而且不同国家在自身发展中应对非传统安全危机所形成的行之有效的理念、经验、知识与做法也应当成为人类社会的共同财富,也应让国际社会共享。

"孔子最优"在人类本体安全的寻求中具有引领价值。孔子的天下是一个理想的道德、政治秩序,没有边界——整个世界都约束于礼和德的和谐之中。[61] "孔子最优"强调的是在帮助他人发展与互惠的前提下发展自我,如孔子的"己所不欲勿施于人"来源于"己欲立而立人,己欲达而达人",即在和谐策略的互惠中所能达到的各方利益提升均优于各自独立所能达到的利益提升。这其实是"优态共存"的中国式表达。"孔子最优"的另一种表述是"孔子改进"。赵汀阳认为,"孔子改进"是一种比"帕累托改进"更优的社会状态。[62] 张宇燕也认为,孔子改进比帕累托改进的层次更高,但他还提出了同样具有中国文化借鉴意义的"大禹改进"(Great Yu Improvement,即"化干戈为玉帛")[63]。

---

[61] 参见 Joseph Chan, "Territorial Boundaries and Confucianism", in Daniel A. Bell (eds.), *Confucian Political Ethnics*, Princeton University Press, 2007, p. 69。

[62] 参见赵汀阳著:《冲突、合作与和谐的博弈哲学》,载《世界经济与政治》,2007 年第 6 期,第 6—16 页。

[63] 参见张宇燕、冯维江著:《新时代国家安全学论纲》,载《中国社会科学》,2021 年第 7 期,第 157 页。

在理论上,作为国际关系研究中国范式的和合主义较之于西方的理论具有特别的价值优越性。中国把"亲、诚、惠、容"作为周边外交的首选原则,"一带一路"倡议的提出与推进,构建"人类命运共同体"的理想践行,向世界提出"全球发展倡议""全球安全倡议"与"全球文明倡议"等,都呈现出"和合共生"的价值取向,为人类本体安全的获得奠定着良好基础。

当然也有学者提出质疑。例如,虽然"和合共生"的价值范式有利于国家间本体安全的寻求,但也不排除其作为一种"安全世界大同主义"(security cosmopolitanism)或"安全乌托邦"(securitopia)而存在本体论陷阱?[64] 再如,"和合共生"能促进本体安全的获得,而本体安全理论又以超越个体与国家的"社会本体论"为前提,那么国际社会是否有真正的"社会世界"(social world)的特征?[65] 对于这些问题,"孔子最优"有助于疑惑的消除。世界是不确定的,但行为体要消解不确定性带来的风险,就必须要有价值的确定性以应对之。"帕累托最优"之解是在不损害他人的前提下发展自我;而"孔子最优"之解是在帮助他人发展的前提下发展自我,这就是"和合共生"的价值之所在。中国在世纪之交提出的如"和平发展""和衷共济""和合共生""和谐世界""和美中国"等种种方略都是"孔子最优"的世界化努力与中国式的人类本体安全

---

[64] 参见 Oliver P. Richmond, "Security Cosmopolitanism or 'Securitopia': An Ontological Trap and a Half-hearted Response to Structural War?", *Critical Studies on Security*, Vol. 3, No. 2, 2015, pp. 182-189。

[65] 参见李格琴著:《国际政治本体安全理论的建构与争论》,载《国外社会科学》,2010 年第 6 期,第 25 页。

的寻求。

中华文明的五千年传承促成了中国人爱公平、重共存、讲中庸、求和合的安全态度与共享安全的价值追求。进入新世纪以来，无论是和平发展、多种行为主体的共同安全、人类共同安全、包容性崛起、共同安全与合作安全、多元安全共同体、和谐共生、可持续安全等中国理论探索，还是新天下主义、东亚共生体系、全球安全治理、全球深度治理、地球系统治理等中国学者的解读，都反映了共享安全作为一种全球化时代的安全理念与战略性话语被中国人所重视。

在全球性安全威胁的体系性应对缺失的众多难题中，最难的也是最关键的是对"异质性"冲突的超越。一般来说，美国惯用自己的善恶去判定美国与别国之间的"异质"冲突，较多采用的是对"异质"世界的独断与强制的策略；欧洲的国际安全观与安全政策有较为包容与共享的特色，面对"异质性"冲突较重视契约式安全、机制化安全、法理性安全的路径；而中国的"命运共同体"意识、"和平发展"方略、"和谐世界"愿景以及全球安全观和总体国家安全观的提出与贯彻等均呈现了对"异质性"冲突进行非暴力消解的中国式努力。

在深度全球化时代，"安全孤立"是一种空想，"安全自保"是一种短视，"安全互助"与"安全互保"是一种必然，而"安全共享"是一种真正的趋势。"孔子最优"为人类寻求本体安全提供了新的安全"视界"。为此，中国在新时期适时提出了"人类命运共同体"的伟大构想，并被写入联合国的有关决议之中。以"孔子最优"为价值取向的共享安全是中国应对各类安全挑战的重要模式。

第七章　认同危机与国家安全

从安全的角度看,人类发展史就是人类"安全危机"应对史。然而,当"安全危机"不断地从"外在客观性"转向"关系互构性"时,"认同危机"就成为了广义安全需要重点关注的领域。"认同"问题在国际政治理论中的重要性源自"认同危机"导致国家安全问题的严峻性,而"认同危机"作为非传统安全威胁又难以用传统的军事武力方式去应对和解决。冷战后普遍出现的"民族认同危机""文化认同危机""信仰认同危机""国家认同危机""全球认同危机"等导致了新的国家安全问题凸显。重视与认识"认同危机"的挑战,无论对处在何种现代化程度的国家来说,都具有极其重要的意义。

第一节　认同与安全的"社会建构"

一、认同与安全

1. 认同为安全提供价值基础

何谓认同?认同是自者与他者之间的一种关系的认定,是共同体成员对现实境遇中生存价值归属的自我确定,也是自者与他者在社会场域关系中的"和合度"的相对确定。任何行为者作为体系中的一部分总是在他所属的共同体中,通过互动确定其生存认同的价值取向。因此,"认同是行为者所具有和投射的一种个体性与独特性的想象,它通过与有意义的'他者'发生关系而形成,并持续地被改进"①。"认同是个体或团体的自我感觉。它由自我意识产生,是我或我们所具有的作为一个区别于你或他们的实体所具有的独特品质……。只要人们与他者互动,他们不能选择但可定义自己与他者的关系以及认可与他者的相同处、区别与他者的不同处。"②

认同作为生存价值归属的自我确定,不仅有着客观方面的诸多因素,如出身认同中的年龄、性别、祖先、肤色、种族,领土认同中的出生地、居住地、工作地、国家,经济认同中的职业、专业、阶级等;还有着主观方面的诸多因素,如文化认同中的语言、宗教、思维方式,政治认同中的社团、党派、理想、意识形态,社会认同中的团队、朋友、角色身份等。因而,认同是一个来源广泛并且内涵丰富的范畴。在一个共同体中,行为者通过互动增进"共有知识"形成新的认同,认同成为行为者与他者相关的"文化标识"。无论是个体、团体乃至国家都有其认同,而且可以有多种认同,所以认同是可以建构的,只是这种建构取决于人们处在何种语境。

认同理论源起于心理学对个人归属感的研究,强调的是环境

---

① Peter J. Kataenstein, *The Culture of National Security: Norms and Identity in the World Politics*, Columbia University Press, 1996, p.59.

② Samuel P. Huntington, *Who Are We? The Challenges to America's National Identity*, Simon & Schuster, 2004, pp.21-22.

因素与参照团体对个体情感依附、态度倾向和外显行为表现的影响,以及个体对参照团体与环境的互动,回答和解决"我是谁"和"我如何与他者相处"的问题。20世纪50年代以后,认同理论被广泛运用于社会、政治、历史、文化等领域。对一个国家来说,同样存在着"我们是谁"与"我们如何与他们相处"的问题,存在着作为认同的生存价值归属的自我确认问题,当然这种"自我确认"比起个体认同要复杂得多、困难得多。国家认同一般产生于历史发展的过程中,它源于共同的祖先、共同的体验、共同的种族背景、共同的语言、共同的文化以及共同的宗教。因此,国家通过一系列符号所象征的"民族基质"(national essence)来界定自己。③ "在国际关系领域,我们不以人类个体的方式谈论自我,而是以集体行为者(国家、民族、宗教团体等)的方式谈论自我。"④ 可以说,涉及国家安全的政治认同、文化认同、民族认同均是国家共同体成员价值归属的某种自我确定,然而它们却为国家安全提供切实的价值基础。

2. 认同是安全的重要变量

把认同作为一个安全的重要变量进行考察,会引发我们对安全认识的某种"革命"。如第一章所述,安全作为"客观性实在"或"主观性实在"分别强调的是事物外在的"安全性"或内在的"安全感",超越主客观维度考察安全则凸显安全的"主体间性"维度,由于社会认同变量的加入,安全就进一步凸显其作为"关系性实在"

---

③ 参见郭燕著:《全球化时代的后发展国家:国家认同遭遇"去中心化"》,载《世界经济与政治》2004年,第9期,第4页。

④ Barry Buzan, *The United States and the Great Powers: World Politics in the Twenty-First Century*, Polity Press, 2004, pp. 17-18.

的实质,认同成为了安全的重要变量,围绕社会认同建构而形成的"安全化"成为了研究安全的重要范畴。

从认识外在世界到认识内在世界,或者说从"外观"转向"内观"是人类认知成熟的标志。人类最早感受到的安全威胁主要是自然灾害和武力侵害,因而人们对安全的认识是从经验安全的"客观性"开始的。以自然灾害为例,无论是洪水、干旱、火山、地震,还是风暴、冰雪、飓风、海啸乃至传染病等,都是自然界以物质摧毁物质的方式侵袭人类而造成对人类生存的威胁。同样,当威胁来自武力侵害时,人们对安全性质的认定也多是归于"客观"并视作"外在于人"的"客观性实在"。特别是在持物质主义立场的现实主义国际关系学者看来,任何军事力量本身就是物质力量的有机构成,无论是战争中使用的飞机、坦克、军舰、导弹等武器和军事武装人员,还是军备控制、边防、海防、空防等非战争方式的国防内容,都是可以通过数据统计出一批物质化"要素"。因此,现实主义认为安全威胁是一种不以人的意志为转移的现实存在着的"客观"威胁,物质要素是构成安全威胁的基本要素,所谓安全直接就是一个国家"摆脱战争的相对自由",[5]历史上一个新的国际体系的确立都是一场战争的结果。[6] 这种把"安全"等同于国家安

---

[5] 参见 Ian Bellany, "Towards a Theory of International Security", in Barry Buzan, *People, States and Fear: An Agenda for International Security Studies in the Post-Cold War Era* (Second Edition), Harvester Wheatsheaf Press, 1991, p.16。

[6] 维也纳体系是拿破仑战争的结果;凡尔赛-华盛顿体系是第一次世界大战的结果;雅尔塔体系是第二次世界大战的结果。冷战后出现的以美国为主导的以北约军事实力为后盾的新的国际体系是美国利用北约发动海湾战争、波黑战争、科索沃战争等"北约战争"的结果。

全,把安全内容等同于体现着物质力量的军事安全,体现了现实主义从客观性维度对安全的典型理解。应该说,把安全威胁理解为一种"客观性"的存在,或理解为一种物质性威胁的力量分布,有一定的经验合理性。但局限于这种经验合理性,仅把安全理解为一种纯然的"客观"现象,必然会影响和限制决策者对安全的正确判定与对安全方案的合理取舍,进而会使各方陷入防范升级的"安全困境"而不能自拔。

在人类社会演进中,人们发现有强大国力和军事力量的国家未必是好战的,没有强大国力和军事力量的国家未必不是战争的发动者。在国际社会中,为什么在行为体双方本来可以合作且均不预期争斗的情况下,会发生冲突乃至爆发战争?对这一问题,作为安全的主观性维度的"安全感"具有特别的作用。阿诺德·沃尔弗斯指出:"安全,在客观的意义上,表明对所获得价值不存在威胁,在主观的意义上,表明不存在这样的价值会受到攻击的恐惧。"⑦人们出于对以往战争危害的体验与认知,一旦处于某种军事武力威胁的影子下,就会产生"非当下可能事件"的"不安全感",并因这种"不安全感"而做出行为上的预先应对,甚至做出过度的错位反应。安全被置于主观性维度考察,"认同"因素就成为安全问题的重要方面。比如导致伯罗奔尼撒战争"不可避免的真正原因是雅典势力的增长和因而引起斯巴达的恐惧"⑧,正是这种"恐惧症"引发

---

⑦ Arnold Wolfers, *Discord and Collaboration. Baltimore*, Johns Hopkins University Press,1962. ,in Terry Terriff et al.,*Security Studies Today*,Polity Press,1999,p. 2.

⑧ 〔古希腊〕修昔底德著:《伯罗奔尼撒战争史》上册,谢德风译,商务印书馆,1997年,第19页。

的战争"影响到大部分非希腊人的世界,可以说,影响到几乎整个人类"⑨。杰维斯认为,"恐惧认知"即国家之间的相互恐惧心理导致了安全困境,"一个国家增强自我安全的行动必然削弱其他国家的安全感。国家往往通过增强军备减弱自我不安全感,但是,这样做只能使其他国家以同样的方式加强自己的军备。结果就会出现国家之间不断升级的军备竞赛,最后是所有国家都因为增强了军备而感到更加不安全"⑩。由是,"安全感"成为了安全的一个重要方面,理解安全的视角从单一的客观维度转向了客观与主观的双重维度。

然而,从关系性维度考察安全,把认同视为国家安全的重要变量,对远距离的安全问题不断地进入我们近距离生活时空的时代来说具有特别重要的意义。本来民族/国家作为一种特定的"土地上的认同",共同居住的"此处感觉"和来自群体的共有属性的"主格我们的感觉",构成了民族/国家共同体的特殊认同。⑪ 但当日益全球化的趋势突破了原有民族与国家"安全场域"的地区性局限时,个体被置于了次国家、国家、跨国家以及全球的多重安全时空的重叠之中。于是,安全的客观外延性(extensionality)与安全

---

⑨ 〔古希腊〕修昔底德著:《伯罗奔尼撒战争史》上册,谢德风译,商务印书馆,1997年,第2页。

⑩ 秦亚青著:《杰维斯及其国际政治心理学研究》,载〔美〕罗伯特·杰维斯著:《国际政治中的知觉与错误知觉》,秦亚青译,世界知识出版社2003年版,译者前言第7页。

⑪ 参见〔美〕丹尼尔·德德尼著:《土地上的认同:民族主义中的自然、地方和距离》,载〔美〕约瑟夫·拉彼德、〔德〕费里德里希·克拉托赫维尔主编:《文化和认同:国际关系回归理论》,金烨译,浙江人民出版社2003年版,第179—203页。

的主观意向性相互交合而构成复杂的安全状态,使得"存在性威胁"不断注入"存在性焦虑"的内容,进而使得"某种"安全威胁的客观现实性制造出了"成倍"的安全威胁的主观可能性。在任何安全环境中,个体"自我"已不是由安全的外在客观性影响所决定的被动实体,个体在建构关于安全的自我身份关系过程中,对"安全性"与"安全感"的交互关联有着重要的增强和直接的促进作用。尤其是当个体作为决策者为国家谋划时,对安全的"知觉或错误知觉"或者"认知失调"⑫将直接影响安全的现实。

二、安全的"社会建构"

1. 认同与"安全化"

从客观转向主观再转向"主体间关系"与"社会身份"的互构是认同发展的更高阶段。一个公共问题上升为安全问题,除了客观与主观两个层面,还存在非常重要的长期被人们所忽视的第三个层面,即"主体间关系"层面,体现"主体间性"(intersubjectivity,或译为"交互主体性""主体际性"等)性质的安全的"社会建构"层面。胡塞尔最早提出并使用"主体间性"范畴,其内涵是指自我主体对他人主体的构造以及交互主体对共同世界的构造。哈贝马斯则用"主体间性"一词表明主体间的"商谈"对社会交往合法性和社会制度公正性的体现与建构。"安全"作为人类社会的特定文化现象,具有复杂的社会内容,更多的是涉及社会主体的自身认

---

⑫ 参见〔美〕罗伯特·杰维斯著:《国际政治中的知觉与错误知觉》,秦亚青译,世界知识出版社2003年版,第19—20、402页。

知与行为,更多的是呈现社会主体超越给定的"自在性"达到"自为性"的存在关联、历史互动与生存共建,也就是说主体之间对安全内容的认知、判断、界定、接受及其回应与商谈本身就在建构安全的互动与共享。

从认同的角度看,安全化就是使得某种公共问题经过特定的"认同普遍化"而成为国家机构涉及的安全问题的过程,它不仅包括政府把某一公共问题"宣布为危险",还包括某种非政府权威机构把其"认定为危险",以及社会公众舆论把其普遍地"认可为危险"等。这其中"认同"与社会"安全性"直接相关,或者说社会"安全性"程度(或共有价值受威胁程度)直接受"认同"变量的影响,任何"认同"的缺失或冲突本身会带来新的安全问题。人作为一种社会能动的、创造性的存在,通过语言和行为建构起他周围的社会,建构了他自身,并建构了他与其他主体间复合的安全关系。在安全化过程中,行为主体间安全认知的共享程度是认识行为主体安全行为的一个关键。

国际关系理论中的建构主义也为"主体间"文化认同的安全理论拓展了视界。建构主义从认识论变革出发,用社会结构范式颠覆物质结构范式。如亚历山大·温特认为,国家作为最高的安全行为体,具有团体的集体身份和由这种身份认同造成的利益驱动。温特强调"集体自尊"是一种重要的"国家利益",它凸显了国家具有自我实现的认同性质,强调国家寻求的是具有社会建构性的"观念自我"或"理想自我",即使国家趋向追求利益本身。拉格等建构主义者认为,国际体系正是在这样的"交换考虑"和"规范建构"之上进行运转,而且它们还通过反复实践来不断地(再)建构。⑬ 再如彼得·卡赞斯坦认定,安全就是规范、文化与认同的结合,其中规范为有着特定认同的行为者的适当行为描绘了共同的期望,文化为社会主体的相互联系提出认知与评价标准,认同则作为一个特定的标签揭示着行为者、民族和国家的构建过程。⑭

2. 安全的社会建构

在"认同"的社会心理参与下,安全已不仅是单纯的"客观"问题和个别主体的"主观感受"问题,而且是"主体间"复杂互动的社会安全性与体制合理性重新确认的问题。⑮ 这种对安全进行复杂互动的认同建构呈现出一种"关系"的双重性质:相对于客观世界来说它是"主观"的,而相对于个体主观世界来说它又是"客观"的。虽然安全的社会建构并没有脱离种种"客观"要素而凭空"产生",但经过安全化成为的安全问题又是对"客观"要素的提升,赋予了安全以政治性与社会性,而使之成为一种具有"社会客观性"的认同状态。事实上,认同的缺乏往往是造成安全威胁的开始,诸多安全问题的突显正是与"认同"的缺失或冲突相关。例如,人类对生态环境的认同缺乏导致了生态危机、资源危机的产生;

---

⑬ 参见〔挪〕托布约尔·克努成著:《国际关系理论史导论》,余万里、何宗强译,天津人民出版社2004年版,第286页。

⑭ 参见Peter J. Katzenstein (ed.), *The Culture of National Security: Norms and Identity in World Politics*, Columbia University Press, 1996, pp. 2-5.

⑮ "主体间性"作为人本质的本体论存在方式与主客体性二者是既矛盾又统一的关系。"主体间性"意味着每一个自我都与对方形成一种相互性的存在,相互存在造成了我的此在与其他人的此在的同等的客观化,因而"主体间性"是人的同在关系、同代关系、历史关系和未来关系在当下境遇中的现实展开。(参见王晓东著:《西方哲学主体间性理论批判:一种形态学视野》,中国社会科学出版社2004年版。)

人类对社会发展的认同缺乏导致了危害可持续发展的一系列生存危机的产生;人类对所属共同体的认同缺乏导致了民族冲突、国家分裂、区域不和等政治危机的产生;人类对不同文化与信仰的认同缺乏导致了信念危机、制度危机和文化危机的产生。相反,认同的融合一致与积极建构则往往能最大可能地消除安全威胁,能创设各种解决危机的有效方案,能形成主体间"学习—互动—合作—依赖"的"进化共同体"[16]。所以,对环境安全、社会安全、国家安全、文化安全具有决定意义的影响不仅来自于理解这些安全的观念,还来自于这些安全理解观念在社会建构中的相互融合。认同作为安全的一个重要变量,它直接影响国家之间安全设防的必要与程度,影响国家安全及其相应制度运作的合法性基础,还直接关涉社会安全性实现的可能性限度。国家安全正是这样一类具有"社会客观性"的、体现着主体间认同关系的复合共存状态。

认同变量的引入不仅使我们对安全的主体间性质有了新的认识,而且也对安全化有了更丰富的理解。安全化作为一种权威性的安全升级过程,对人们的安全境况有着"时空重组"意义上的作用。安全化使人们进入一种安全的制度化场景,安全的客观性更多地由安全的"主体间性"来体现,安全性的主观感受则上升到社会"反思性"水平,进而使安全的现实与安全的未来在这一反思中被整合到一起,甚至不确定的安全可能(风险状态)会被认定为确

---

[16] 〔美〕亚历山大·温特著:《国际政治中认同和结构变化》,载〔美〕约瑟夫·拉彼德、〔德〕费里德里希·克拉托赫维尔主编:《文化和认同:国际关系回归理论》,金烨译,浙江人民出版社2003年版,第83页。

定的安全现实(危险状态)而迫使人做出行动。无疑,安全化体现的是主体间的社会互动关系,在特定社会情境中,各个相关"主体"作为政治行为者的权力和利益关系、彼此间的矛盾和冲突必然突显在安全化的实际过程中,因此,无论某些公共问题被安全化与否,其本质都是政治角力的结果,都体现着政治权力关系的状况及相应的资源配置。这其中不同政治势力的消长、政治主导势力的认知和取向具有关键的作用。

以往人们谈到安全,一般只讲存在危险和感到危险,即安全与安全感之间的互动。加入了对安全的"社会认同"要素,安全问题的互动结构呈现为安全、安全感以及安全化三者互动的新状态,并且主体间维度的安全化为深入分析安全问题提供了全新的概念框架。这样除了传统的与"武力"相关涉的安全问题外,与"武力"不相关涉的体现着大量关涉认同因素的安全问题在安全化过程中就被升级为"国家安全"问题。西奥多·罗斯扎克指出:"我们生活在这样一个时代,个人认同的找寻及个人命运定向的私人体验本身,都变成一种主要的颠覆性政治力量。"[17]可见,在现实政治世界中安全化不是绝对的,它具有时代性、国别性、政治性与文化传承性。在客观维度上,安全威胁总是具体的、相对的;在主观维度上,社会中一些人的安全感一定伴随着另一些人的不安全感;而在主体间关系的维度上,安全认同的程度即安全化则体现着一定社会情境中的政治关系,是一种特定的"关系性实在"。在这个意义

---

[17] Theodore Roszak, *Person-Planet: The Creative Destruction of Industrial Society*, Gollancz, 1979, p. xxviii. 转引自〔英〕安东尼·吉登斯著:《现代性与自我认同:现代晚期的自我与社会》,赵旭东、方文、王铭铭译,三联书店1998年版,第246页。

上,我们可以说,社会安全的根本是"认同安全",制度合法性危机的根本则是"认同危机"。

第二节 "认同危机"与本体安全

一、认同危机与本体不安全

1. 存在性焦虑与前景性恐慌

"杞人忧天"是一个典型的认同危机的故事。《列子·天瑞》云:"杞国有人,忧天地崩坠,身亡所寄,废寝食者。"这是成语"杞人忧天"的出处,但一直以来人们对该成语的解读却有两种:一种认为其所嘲笑的是杞人无故的"过度自扰";另一种认为其所描摹的是杞人独具的"忧患意识"。其实从本体安全的角度看,这两种相反的解读表达的都是同一种认同出现危机的情状——面对不确定风险的强烈的存在性焦虑与前景性恐慌,而所谓由认同危机导致的"本体不安全"就是这种存在性焦虑与前景性恐慌的"在场"。

气候变暖、疫情蔓延、核战阴影等"危机常态化"的生活现实使处在世界不同国家的人们都在某种存在性焦虑中挣扎。前景性恐慌形成于本体不安全感,即无急难状态的"最高急难"[18]。虽然现实处境尚无直接的生命与财产威胁,但因"认同不可持续"造成

---

[18] 〔德〕马丁·海德格尔著:《哲学论稿》,孙周兴译,商务印书馆2017年版,第127页。

的"认同性不安全"(identity insecurity)——如方向性迷茫、意义感失落、价值观崩塌、身份性置换等——却会给人带来某种深层次的茫然与恐慌,甚至可以说,认知误判抽象而成的"集合威胁"比具体的现实威胁更令人可畏。比如,引发"前景性恐慌"的核威胁一直是人类头顶上挥之不去的"达摩克利斯之剑"。核武器的出现与核恐怖平衡即可被视为推动世界大战转向局部战争和代理人战争的基本动因,[19]也可能是刺激战争升级进而毁灭人类的重要因素。对核武器的不同感知影响了对拥核国家认同与否,进而使其他国家产生本体不安全感。正是这一"未知的不可知"风险造成了某种本体安全危机。

本体不安全是一种"自我认同"难以稳定的结构性不安全,是面对生存境况的不可知性、不确定性、不可理解性、不被承认性、不可抵御性时,所引发的自我失落感、渺小无助感、无可奈何感、不可预期感等存在性焦虑。因而,本体安全的最大特征是其在安全结构网络中的共生性。对国际社会来说,国家也是有强烈本体安全需求的行为体,本体安全感在很大程度上决定着一个国家的安全战略设定。一方面,国际权力结构的改变会引发既有安全平衡态的波动与震荡,原有的霸权国家面对国际权力结构变动而产生"身份认同危机",从而导致其面对崛起国时会产生强烈的本体不安全感。另一方面,安全威胁尤其是深层次的异质性冲突也会带来难以消解的本体不安全感。例如,欧盟成员国间一直有较强的

---

[19] 参见陈翔著:《冷战时期代理人战争为何频发》,载《国际政治科学》,2017年第4期,第126—129页。

认同基础,但新社会风险的猛增且以"要素集合"的方式催生与强化了欧洲人的本体不安全感。这些要素主要包括移民难民、跨国犯罪、恐怖主义、经济安全威胁、能源危机加重等。在全球的不确定性挑战与不可知风险增多的当下,安全威胁不仅是"共在同处"的,而且还是"共生互构"的,国内安全国际化与国际安全国内化已成为全球安全的现实语境,没有一个国家能孑然一身。可见,本体不安全感既是风险社会的普遍特征,也是安全困境找不到确定性解时的深层焦虑与潜在恐慌。

2. 认同危机与本体不安全

认同危机与本体不安全密切相关。当然,现实中"物质性不安全"与"认同性不安全"是相互关联的,前者可以引发后者,后者也同样可以引发前者。也就是说,有具体客观威胁对象的现实性恐惧(fear)与呈现总体认知情状的预期性焦虑(anxiety)是交互的,其交互的关键问题有二:一是行为体如何获得或维护本体安全;二是何种战略才是良性(healthy)或非良性(maladaptive)的。[20]在国际政治研究中,多数学者认为,本体安全由国家认同与安全困境间所持有的张力决定,[21]而对本体安全的寻求则不仅是国家安全战略的重点所在,也是人类安全治理的至高优先级的价值所在。

"认同危机"在很大程度上反映的是生存前景的不可知性、不确定性,反映的是引发生存性焦虑的无可奈何感和不可预期感,其

---

[20] 参见 Elke Krahmann, "The Market for Ontological Security", *European Security*, Vol. 27, No. 36, 2018, p. 358。

[21] 参见 Jennifer Mitzen, "Ontological Security in World Politics: State Identity and the Security Dilemma", *European Journal*, September 1, 2006, pp. 341-370。

实质是一种"自我认同"难以稳定与持续的跨越传统边界的"结构性不安全"。

自然,国际政治本体安全理论的研究呈现多元性——安全研究的指涉对象多样(如个体、社会、群体、国家),安全实施的政治效果不一(如合作、冲突、暴力、稳定与变化),安全研究的方法路径各异(如定量、定性、话语)。[22] 然而,较之以往的国际关系理论,本体安全理论的创新之处却是研究对象的高度综合性,即把个体、非国家、国家、国际不同层次的行为体整合于一体,强调它们之间的互动关系,指明国家不仅追求物质安全,也追求本体安全。特别值得一提的是,本体安全理论能较多地关注到全球化带来的非传统安全问题。有学者认为,"非国家群体认同的兴起,有时会给国家安全甚至个人的正常社会生活带来危险,例如民族分裂主义、宗教极端主义与恐怖主义等,是国家与国际社会在国内、国际两个层面上都需要面对的非传统安全问题,如果处理不好,也会转换成传统安全问题"[23]。

二、国家认同危机的应对误区与新方略

1. 国家认同危机

当今世界,传统安全问题与诸如恐怖主义、金融危机、移民问题等非传统安全问题相互交织,促使国际社会和各国政府更加重

---

[22] 参见 Catarina Kinnvall & Jennifer Mitzen, "An Introduction to the Special Issue: Ontological Security in World Politics", *Cooperation and Conflict*, Vol. 52, No. 1, 2017, pp. 3-11.

[23] 李格琴著:《本体安全理论介入国际政治研究及其创新价值》,载《太平洋学报》,2010年第1期,第88页。

视"人的安全"与"社会安全",并越来越把"人的安全"置于价值的中心,把"社会安全"置于与国家安全同等重要的地位。然而,"社会安全"与"人的安全"与国家安全的边界并非天然吻合,甚至它们之间会有某种程度的紧张与冲突。社会是一种以认同为纽带的共同体,社会安全"则是关于巨大的、自我持续'认同'的群体安全","是关于集体的、成员之间的相互'认同'"[24]。在这一视角下,伊芙·纽曼(Iver Neumann)在冷战后指出,"人们越来越多地认为,民族和国家是建构起来的认同,它们之间的相互作用可以被看作是'自我'与'他人'之间的相互建构关系"[25]。于是,当人的安全问题与社会安全问题在现实中突显时,安全的重心产生了巨大移位,"认同危机"成为威胁国家安全的重要因素。国家安全的内涵从传统的摆脱军事与政治的"主权性威胁",拓展到摆脱经济、文化、环境等"存在性威胁";国家安全的外延从传统的领土、领空、领海的边界拓展到任何与"人的安全"与"社会安全"相关的边界;国家安全的要素从军事武力、政治权力方面拓展到了精神、文化、制度及社会方面。

以美国为例,移民产生的"认同危机"严重地表现在对美国"国家认同"的削弱上,从而威胁着美国的"国家安全"。亨廷顿在《我们是谁?》一书中以独特的视角从"认同问题、美国认同、美国认同的挑战、重塑美国认同"四方面展开论述,建构了"移民威胁

---

[24] 〔英〕巴瑞·布赞、〔丹〕奥利·维夫、〔丹〕迪·怀尔德著:《新安全论》,朱宁译,浙江人民出版社2003年版,第160页。

[25] 〔挪〕托布约尔·克努成著:《国际关系理论史导论》,余万里、何宗强译,天津人民出版社,第284页。

论"的国家安全观,并特别认为"移民"正在使美国的国家认同趋于"碎片化","美国的最大威胁来自内部的认同危机"。亨廷顿强调,美国是一个"移民国家",移民带来的种族多样性产生了独特的"美国特征":17—18世纪来自不列颠群岛的移居者创立美国社会,他们最初界定美国的要件是人种、民族、文化(含宗教信仰)和信念;但至第二次世界大战期间,大量的南欧和东欧移民以及他们的后裔融入美国社会,民族要件在国家认同界定中消失了;1965年的《外国移民与国籍法》使人种要件也在国家认同的界定中消失了;至20世纪70年代,作为认同核心要件的盎格鲁-新教文化又受到攻击,美国的认同界定就剩下与意识形态紧密关联的美国信念了。[26] 20世纪末至21世纪初,移民加快改变着美国社会与文化的构成,他国国家认同(other-national identities)、次国家认同(sub-national identities)和跨国家认同(transnational identities)分别形成了对美国国家认同的挑战。移民造成的"美国马赛克式社会"及由此带来的双重认同、双重忠诚、双重公民,模糊了国家认同的内涵。例如,墨西哥与美国国土相连,边界线极长,这导致进入美国的大量非法移民主要是墨西哥人。由于拉美裔移民的居住方式多是聚集型的,再加上美国若干州历史上曾经属于墨西哥,使他们融入美国社会成为了特别的问题,进而造成对美国认同的严重缺乏,甚至不少拉美裔化的地方出现了"几乎已脱离美国"的现象。[27]

---

[26] 参见 Samuel P. Huntington, *Who Are We? The Challenges to America's National Identity*, Simon & Schuster, 2004. p. 39。

[27] 参见 Ibid., pp. 208-209。

移民问题带来的"认同危机"也出现在许多国家。以2020年为例,国际移民总数达到了2.81亿人,占全球人口的将近3.6%,相当于约每28个人中就有一位移民。对比2019年2.72亿的移民总数,即使在疫情影响下全球人口流动减缓的2020年,移民人数仍增加了900万人。欧洲目前是国际移民最主要的目的地,有近8700万人(约占国际移民人口的30.9%);亚洲有8600万国际移民,占比约30.5%;北美洲有5900万移民,占比约20.9%;非洲有2500万移民,占比约8.9%。美国仍然是移民的主要目的国,拥有超过5100万国际移民,移民人口约占总人口的15.3%。而德国以近1600万的国际移民成为第二大目的国。沙特阿拉伯是第三大国际移民目的国,拥有1300万国际移民。俄罗斯和大不列颠及北爱尔兰联合王国位列第四五名,大约有1200万和900万国际移民。在移民输出国方面,印度依然以1800万的人数高居榜首;中国的移民输出量约为1000万人,已成为第四大移民输出国。[28] 除了合法移民,还有数量庞大的非法移民。外来移民的增加,在语言、信仰、忠诚等方面产生了与既有社会文化之间的大量冲突,移民文化导致的社会文化的多样性、移民社区的聚集性、原居住地公民的排他性、代际公民的不连续性、语言的分叉性、公民身份的双重性、非同化移民的边缘性、公共部门成员组成的复合性、宗教组织的多元性、非公民身份的非法性等均成为了原有国家认同问题的新因素。

---

[28] 《〈世界移民报告2022〉发布 深入解读全球移民新动向》(https://cj.sina.com.cn/articles/view/1734919341/v6768c4ad0190137fn,访问日期2022年12月3日)。

在全球化语境下,对多民族国家来说,国家认同危机具有多样性与复杂性,主要的表现是文化、价值、政治、身份认同的多元化对固有传统中的一切产生冲击。一方面是"全球在地/本土化"(glocalization)与"在地/本土全球化"(loglobalization)的趋势走强,跨国认同越来越成为青年一代的主流性文化与普遍性价值,原有的政治角色与身份认同发生了巨大变化,也由此产生了巨大的代沟。另一方面,多民族一体化的趋势走强,主导民族的文化宽容政策与少数民族的特色文化传播以及文化与价值的多元性特征被越来越多的人所认可与接受。但这两个方面的过程不是一帆风顺的,其中不乏内在的紧张与冲突。特别是民族分裂主义、宗教极端主义、国际恐怖主义都会利用文化与价值的内在紧张与冲突大做文章,甚至造成多民族国家内民族认同与国家认同的长期对峙,还时不时地暴发危机,影响国家的统治与社会的稳定,从而成为国家安全的重要议题。例如,法兰西民族遭遇多元文化主义与雅各宾主义之间的冲突,致使法国的国家认同危机四伏;香港人经历了从"旧中国人"语义下的"香港同胞"到"新中国人"称谓下的"中国香港人"的身份变迁;对于土耳其国人来说,为了"入欧",既要肩负起土耳其人的身份,又要在"世俗化""现代化""西方化"的锤炼下,认同欧洲并被欧洲认同等等。㉙

除了跨国认同挑战国家认同,人类随着对星球的认知的加深而形成的星际观、宇宙观也对国家认同形成挑战。面对地球这颗

㉙ 参见陈茂荣著:《全球化背景下多民族国家的国家认同危机》,载《中南民族大学学报社科版》,2013年第3期。

星球,人们获得的是距离的概念而不是地方的概念,看到的是不存在国家边界的旋转的"蓝星",而不是国家的版图。颠覆特殊地方主张的宇宙哲学"包含世界大同主义的强大品系,它们一直在努力用普遍的认同和共同体取代众多的特殊认同和共同体","与世界主义的特性相符,它认为公民的家乡是广阔的,并不属于个人。它并不是一个地方,而是所有可能的地方,有他们作为地方共有的事物","成为世界性的就要'不属于某一特定地方或社会'并且'离开祖国'"。[30] 21世纪的今天,人类对星球的认知已经远远超越了跨国公司对国家认同局限性的挑战,"大地是所有人类和生物的'祖国'。因此,每个真正的'民族'——语源学意义上的'真正出生的群体'——是人类这个种属本身"[31],即"地球民族"。甚至,人类的太空旅行进一步摧毁了地球上原有的时空限制,人类新生代更关注地球与其他星系之间的关系与认同,而把国家之间的关系与认同留给了上一代。

2. 国家认同危机应对误区

面对"认同危机"挑战国家安全,亨廷顿在《我们是谁?》一书中开出两个"处方":一是在国内复兴宗教;二是在国际上寻找敌人。对于前者,亨廷顿认为,21世纪是作为宗教的时代开始的,美国人应重新回头从新教中发现自己的国家认同和国家目的。然而,宗教虽然是国家认同的最主要因素,重建宗教信仰对建立美国认同至关重要,但这还不足以确保国家安全,况且"仅

---

[30] 〔美〕约瑟夫·拉彼德、〔德〕弗里德里希·克拉托赫维尔主编:《文化和认同:国际关系回归理论》,金烨译,浙江人民出版社2003年版,第185页。

[31] 同上书,第195—196页。

靠信念无法立国"㉜"美国面临易受外来攻击的新局面"㉝。为此,亨廷顿把关注的侧重点转向了在国际上"寻找敌人"。也就是说,"国家易受攻击,国家认同有了新的重要性"㉞,要超越"认同危机",在国内要重铸"美国信念"并使其宗教化,在国外一定要"寻找敌人"㉟。姑且不论通过宗教化途径重铸"美国信念"的处方是否合理,就反映其安全思维与立场的"寻找敌人"以解决"认同危机"的处方来说,亨廷顿事实上已严重陷于传统国家中心主义的思维"误区"。正如批评家们所注意到的,"亨廷顿大致脱离了政治现实主义中声名狼藉的国家中心主义,不料竟会在他后来转向预先给定的文化行为体的、具体的世界的时候,又恢复了先前脱离的理论,即预先给定的文化行为体具有天生的冲突利益"㊱。彼得·J. 卡赞斯坦批评得更是直接:"亨廷顿的

㉜ Samuel P. Huntington, *Who Are We? The Challenges to America's National Identity*, Simon & Schuster, 2004. p. 337.

㉝ 亨廷顿认为,"新的世界是一个恐惧的世界,但美国人没有选择,即使不生活在恐惧之中,却还不得不生活在恐惧的伴随中。要应付这些新的威胁,美国人需要做出困难的交易:要放弃某些已习以为常的自由,来换取自己原先以为是不成问题的最重要的自由,即确保国内本土的安全,防止外敌对自己生命、财产和制度的暴力袭击"。(Samuel P. Huntington, *Who Are We? The Challenges to America's National Identity*, Simon & Schuster, 2004. p. 337.)

㉞ Samuel P. Huntington, *Who Are We? The Challenges to America's National Identity*, Simon & Schuster, 2004. p. 337.

㉟ 为了强调这一点,亨廷顿在《我们是谁?》第十章中还直接以"寻找敌人"(the search for enemy)为小节的标题。(Samuel P. Huntington, *Who Are We? The Challenges to America's National Identity*, Simon & Schuster, 2004. p. 258.)

㊱ 〔美〕约瑟夫·拉彼德著:《文化之舟:国际关系理论中的回归和启程》,载〔美〕约瑟夫·拉彼德、〔德〕费里德里希·克拉托赫维尔主编:《文化和认同:国际关系回归理论》,金烨译,浙江人民出版社 2003 年版,第 10 页。

理论对那些推动冲突并希望看到冲突发生的人提供了帮助,在这一点上他难辞其咎。"[37]

从安全哲学上看,理解安全内涵的立场本身制约着安全实现的可能性限度,而不同的国家安全哲学理念则会表现出截然不同的应对方式,导致不同的安全结果。例如,从"威胁论"视角把安全理解为"没有威胁"和"自我—对抗—他者",安全则是一种"危态对抗"式的紧张与复仇,形成的将是体现现实主义价值立场的国家安全模式。而若从"和合论"的视角把安全理解为"和合互动",安全则将是一种"优态共存"式的"自我—需要—他者"的共建与发展,形成的将是体现"和合主义"价值取向的国家安全模式。[38]"如果'自我—需要—他者'的逻辑能支撑建构国际社会结构的认同,那么对国际关系的影响将是巨大的。"[39]然而,传统的国际关系理论多从"威胁论"的角度理解安全,它反映了西方人长期以来的"危态对抗"式的安全思维。

在亨廷顿看来,"文明冲突普遍性"的原因是人的憎恨,而"憎恨是人之常情。为了确定自我和找到动力,人们需要敌人:商业上的竞争者、取得成功的对手、政治上的反对派"[40]。《我们是谁?》一

---

[37] 〔英〕彼得·J.卡赞斯坦主编:《中国化与中国崛起:超越东西方的文明进程》,魏玲等译,上海人民出版社2018年版,第224页。

[38] 参见余潇枫著:《安全哲学新理念:"优态共存"》,载《中国社会科学文摘》,2005年第3期,第67—68页。

[39] Barry Buzan, *The United States and the Great Powers: World Politics in the Twenty-First Century*, Polity Press, 2004, p.17.

[40] Samuel P. Huntington, *The Clash of Civilizations and the Remaking of World Order*, Simon & Schuster, 1996, p.130.

书更是突出了这一观点,认为美国在与世界的会合中要"寻找敌人",甚至言之凿凿地强调"战争"使美国成为美国。㊶ 至于可能的敌人是谁,"对于美国来说,理想的敌人是意识形态上与己为敌,种族上和文化上与己不同,军事上又足够地强大并对美国的安全形成可信的威胁"㊷。接下来亨廷顿竟这样写道:"一个似乎可信的潜在敌人是中国,……它正在崛起成为东亚的一霸。美国在20世纪受到过两次最大的威胁,一次是德国和日本这两个法西斯主义"敌人"在30—40年代结成轴心国,另一次是苏联和中国这两个共产主义"敌人"在50年代结成同盟。如果再出现类似的威胁,中国将会是威胁的核心。当然,这样一种发展在近期似乎不太可能。"㊸ 美国为寻找敌人而寻找"可能的敌人",甚至为了国家需要而寻找"理想的敌人"。亨廷顿最终做出的推论是:苏联人使美国失去了敌人,伊斯兰好斗分子成为了美国21世纪的第一个敌人,"无赖国家"不足以成为挑战美国的敌人,而中国则是未来美国的"潜在敌人"。㊹

㊶ 亨廷顿认为,"独立战争使美利坚定居者成为美国人,内战则巩固了国家,第二次世界大战更光辉显现了美国人对自己国家的认同。在应付重大威胁的重大战争中,国家的权威和资源都得到加强。当国民面对共同的敌人时,全国的团结增强,而可能引起内部分裂的彼此的敌对情绪则被压抑下去了。社会矛盾和经济分歧会减少。未遭摧毁的经济生产效率会提高"。(Samuel P. Huntington, *Who Are We? The Challenges to America's National Identity*, Simon & Schuster, 2004. p. 260.)

㊷ Samuel P. Huntington, *Who Are We? The Challenges to America's National Identity*, Simon & Schuster, 2004. p. 262.

㊸ Ibid., p. 263.

㊹ 亨廷顿的推论符合美国人对国家安全的思考方式。"研究一下美国年度安全战略报告,不难发现,对国家安全的考虑,美国人是从世界的范围来看问题的,……美国国内问题的解决,更多地也是从国际问题的解决入手的。"(张文木著:《中国国家安全哲学》,载《战略与管理》,2001年第1期,第30页。)

现实主义理论范式虽然揭示了"社会认同"作为一个独立变量对国家安全的直接相关性，证明了负面的"国家认同"对国家安全的颠覆性，但却没能为"认同危机"找到一条有效的合理化途径，至少在应对"认同危机"的国家环境分析中出现了错误的归因。原因是现实主义持"威胁论"的安全观———一定要划定与他者的明确的安全界线，确定国家所需要的明确的"敌人"，并制定相应的对抗性策略、扩大军备以防最坏可能等——恰恰限制了安全在本质上实现的最大可能性。事实上，威胁和恐惧在现实生活中是警戒性很强的词语，它总是被人们与生存危险甚至生死存亡相关联。如果我们只承认安全只是"威胁的不存在"，就会在现实中寻找威胁、寻找敌人并努力消除之，于是设想的敌人或对手就会成为挥之不去的影子，进而使对抗与复仇成为无休止的延续。更有甚者，以安全的名义寻找敌人的逻辑继而会引申出以和平的名义发动战争、以解放的名义侵略别的国家、以人权的名义来迫害他人的荒谬结果。

亨廷顿的思维"误区"从本质上反映了美国主流国际关系理论价值立场的某种缺失，即对"异质"世界的独断与强制。美国国际关系理论研究的门派众多，但它们都围绕着同一个核心问题——霸权护持。无论是第二次世界大战以后至1970年代的权力霸权学说，还是1970年代至1980年代末的制度霸权学说，如何维护美国霸权体系的秩序和稳定都是这些理论的基本立场。1980年代至今，这种立场在不同的理论向度上进一步得到发挥。由是，美国无论是对待国内由移民引发的"认同危机"，还是对待其他国家由"异质性"问题引发的"认同危机"，其处方只能是不断进行"美国化"，一旦"美国化"失效或霸权的护持被影响，所谓的"认同危机"就会被"安全化"为最大的国家安全威胁,"威胁论"的安全观也自然大行其道。虽然亨廷顿对未来美国的"世界主义方案"与"帝国主义方案"的合理性的否认,以及关于美国在冷战后因失去敌人而陷入认同危机的论点,体现着某种超出"霸权护持"政治立场的理论努力,但他对"民族性质方案"[45]的肯定以及不反对美国人用善恶去判定美国与别国之间的"异质"冲突的态度,表明他仍坚持着"霸权护持"的伦理立场。

3. 新方略：如何消解异质性冲突

如何消解因认同危机而产生的"本体不安全"？解决这一问题的根本在于要用价值的确定性消解生存的无常性与前景的不确定性,即要提出一种具有超越性与包容性的价值理念,为"安全"提供一个确定性的价值选择,以消解不确定世界将产生的生存性危机,而"和合共享"不失为这样一种价值理念。创设应对"认同危机"的国家安全"方略"[46],关键是要实现国家安全模式的历史

---

[45] 世界主义方案指开放边界,开放社会,让美国听命于国际权威制定的规则,国家特性和国民身份将逊于其他的特性和身份,使美国成为多民族、多人种和多文化的社会。帝国主义方案指让美国改造世界,美国的力量至高无上,以美国的价值观为普世价值观,使美国成为一个跨国大帝国而居支配地位。民族特性方案指保持并加强美国建国以来所独具的素质,让宗教与民族主义紧密结合,始终使美国保持其宗教信仰而不同于别国。(参见 Samuel P. Huntington, *Who Are We? The Challenges to America's National Identity*, Simon & Schuster, 2004. pp. 362-366。)

[46] 用"方略"而不用"战略"具有深刻的国际伦理意义。"战略"一词的传统军事意味太浓,是"战争"的"残余物"。战略一词源起于古希腊希腊文的 strategos,其含义是体现军事职务的"将军"。随着西方的国际关系在一系列战争中形成格局,战略一词更是深深烙下了西方的"征服"文化的烙印。而中国是一个提倡中庸与和合的国家,中国历史上"协和万邦"而形成的东亚封贡体系是以和合为主的国家关系的典范,因而对于国家的长远发展,中国有一个非常好的词,即"方略"。

转型,即要从"和合论"的视角理解安全,在"异质"的国际社会中建构体现"和合主义"理论价值取向的"和合共建"国家安全模式。

与美国对"异质"状态实行独断与强制不同,欧洲似乎更多地寻求"同质"状态的整合。由英国国际关系理论学派创建的有关"国际社会"形成发展的学说正不断地扩大着影响力而被其他欧洲国家所接受。在"国家认同危机"中,除了移民问题,作为超国家的"跨国认同"对传统国家认同的挑战在欧洲最为明显。然而,欧洲"跨国认同"对国家认同的挑战似乎有更多的积极意义。欧洲诸国在主动让渡国家部分主权的基础上,逐步强化"欧洲人"的共同认同,"欧洲的平衡如今被嵌入了欧洲大国更广泛的'协调'之中,建立这种协调,是因为各国都有意愿进行系统性的协商与合作"[47]。通过"一体化"进程努力建构起欧盟架构下的"欧洲公民社会",或者一种"跨国国家"式的民族国家联盟。这其中正是"跨国认同"为这种欧洲式整合提供了合法性基础。可见,欧洲的实践从另一个角度对传统的"民族国家"界限提出了挑战,而英国学派重视国际社会的传统和法律外交经验,重视以国际伦理为核心的规范性理论的建立,重视由国家组成的社会的现实运作等,正是在欧洲这一特定语境下表现出了其理论的张力。

创设应对"认同危机"国家安全的方略,中国有着极其丰富的文化与理论资源。事实上,中国国家安全维护的历史传统与现代实践已充分反映这种"和合主义"理论价值取向的设定与完善。

---

[47] 〔英〕爱德华·基恩著:《国际政治思想史导论》,陈玉聃译,上海人民出版社2022年版,第195页。

从理论的维度看,"和合主义"范式把安全看作行为体间的"优态共存",从而大大地拓展了国家安全的可能性空间。在全球体系中,无论哪一个层次的行为体,若要获得和维护其安全,或若要完好地处理"异质共存"状态中的"认同危机"问题,最正确的基本立场与途径都只能是通过"互惠共建"达到"共存共优"。"国家间认同"是一种国家层次认同的"跨国认同","对一个国家来说,国家层次的认同构成涉及众多的要素,如土地、人口、民族、历史、文化与宗教信仰、主权、政权等,其'生存感归属'与'安全感归趋'可以具体表现为:共同居住的此在感,相同人口(种)的我们感,共有文化或文明的同源感,共有政治的合法感以及国际社会承认的集体自尊感等等。当然国家的政治认同是国家认同的主导因素"[48]。

在"认同危机"普遍出现的现时代,以"和合主义"为价值取向的"和合共建"国家安全模式能够很好地整合各种社会要素而使社会的安全性得到最大可能的保障。"和合共建"国家安全模式不设定和寻找国家的"假想的敌人",它是一种开放的模式,重视"优态共存"安全理念的确立,重视灵活多样的合作途径的建构,重视多重合作领域的开拓,重视多方面合作对象的建立,重视多层次合作机制的创造。"和合共建"的安全模式使传统现实主义安全模式相形见绌,也使亨廷顿安全思维的"误区"一览无遗。在当今威胁(敌人)不可预测、威胁(敌人)不能确定、距离不再提供安全、非传统安全问题不断突显的世界中,这一安全模式对人类发展

---

[48] 余潇枫、张泰琦著:《"和合主义":建构"国家间认同"的价值范式——以"一带一路"沿线国家为例》,载《西北师大学报(社会科学版)》,2015年第6期,第5页。

具有极其重要的价值。

"和合主义"作为一种全新的安全化的理论范式,凸显了文化认同对国家整合与国家安全的重要作用,超越了传统国家中心主义的价值立场,确立了统一内在聚合性(internal cohesiveness)和外在独特性(external distinctiveness)的主体间认同对国家安全的价值优先性。"和合主义"将随着中国的和平发展而逐渐被各国重视和认可,并与国际的和平主义相融合而形成一种新的具有中国特色的国际关系理论思潮,正确有效地应对"全球认同危机"对国家安全所带来的不可预料的挑战。当然,"和合主义"指导下的国家间认同建构并非是一种"一厢情愿"式的战略选择,也不是"一团和气"式的无道义原则的行动。中国在国家间认同建构中需要面对被"过度安全化"的安全困境:或者是占有发展先机的大国"恶意安全化"中国,不仅极尽牵制、遏制、看管、探底之能事,而且不断挑唆其追随国"起哄"甚至捣乱;或者是国际体系中其他国家在认可中国崛起的同时,又表现出诸多的顾虑、猜疑、担心甚至恐惧,特别是在亚洲的国家间互动中,不乏存在着权力转移中的"互争"、多极化状态下的"互疑"、复杂网络中的"互斗"、利益涨落中的"互冲"现实,极易使中国陷入"安全化陷阱"。以中国为世界带来机遇的"一带一路"倡议为例,它不是一种单向性援助,而是一种多向"选择性"再建构;不是一种对抗性结盟,而是一种合作性结伴;不是一种例外主义的算计,而是一种关系主义的互惠;更不是一种殖民主义的强制,而是一种和合主义的联动。

第八章 人类安全算法升级

以广义安全论视角,围绕安全熵、安全算法(security algorithm)研究人类安全的历史演进与算法升级,具有特别的理论与现实意义。人类共同体生存方式的扩展决定了以不同共同体为单元的安全算法演化,进而形成了安全算法的总体历史轨迹——战争算法、竞争算法、竞合算法、和合算法间不断迭代而趋向上升,其总体特征是安全算法不断从基于暴力或结构性暴力的战争或竞争向基于非暴力的竞合与和合"升级"。不同类型的安全算法在不同历史阶段具有的重要特征与发挥的功能不同,但和合算法相较其他几种安全算法更具正向价值导向。人类安全算法的迭代和升级不是线性的,国家对安全算法的选取也往往不是单一的,但人类安全算法的不断"升级"凸显了人类和合算法的"合规律性"与"合目的性"。

第一节 人类安全算法类型

一、安全熵与安全算法

1. 不安全是"安全熵"增大

安全熵与安全算法范畴的引入刷新了国际安全研究的传统视

角,使安全研究进入了更为广义的层次。把握安全熵与安全算法的内涵,考察人类安全算法的迭代升级,不仅有重大的方法论建构意义,而且有拓展安全理论解释性与实践引领性的哲学意义。

"熵"是关于系统秩序状态的一种测度,即系统秩序的混乱度。系统秩序混乱度增加被称为"熵增",系统秩序和合度增加被称为"熵减"或"负熵增加"。物理学界定"熵"为"热能除以温度所得的商",指热量转化为功的程度。热力学诠释"熵"为孤立系统内热量总是不可逆转地从高温流向低温,从和合有序走向混乱无序。因此与热力学第一定律的"能量守恒"不同,热力学第二定律(即热熵定律)为熵增"恒定"。机械能转化为热能产生"热熵",分子热运动的混乱无序度即为热熵,因而系统熵增与否,取决于有无外部能量输入;一个系统变得和合有序,必有另一个系统更加混乱无序,且无序的增加程度将超过有序的增加程度。

把熵与安全关联起来考察,则"熵增"或"安全熵"是不安全,"负熵"才是安全的指称,不安全遵从熵增"恒定"的"熵定律"。"安全状态的存在和维持是随机的,安全本身就是一个动态平衡。因而,保障安全的条件是相对的,只限定在某个时空中。如果条件变了,安全状态也会发生变化。安全的这种不确定性,引出了'安全熵'的概念,使得'熵'(或者'负熵')成为了研究安全的重要手段"[①]。因不安全因素的随机性,"安全"具有不确定性与相对性,若和合状态的共享秩序被解构,因秩序失衡导致系统增加的"无

---

① 杨义先、钮心忻著:《安全简史:从隐私保护到量子密码》,电子工业出版社2017年版,第199页。

序度""混乱度"就是"安全熵"。

那么,如何概括"安全熵"的特征并判定系统"安全熵"的大小？由于不存在绝对的安全,随机涨落是系统演化的直接诱因,总会有某个不安全因素引发系统 A 的不安全事件②,这表明"安全熵"有以下特征:一是非负性(没有绝对的安全);二是对称性(安全熵取值大小与不安全因素排列次序无关);三是不确定性(如确定已知唯一的安全威胁来自何处,一般来说就不再有安全问题了);四是极值性(引发不安全事件的概率相乘时,系统 A 的熵达到最大值)。③ 可见,安全的和合度与有序性越高,即不确定性越低,系统就越安全。

2. 安全算法：安全负熵增加的"演算法则"

"安全算法"的引入对安全与不安全(即"安全负熵"与"安全熵")的研究具有重要的方法论意义。算法即"计算方法""演算法则",是用以解决特定问题的一系列步骤或"逻辑化演算法则"。"逻辑化"一词表明,算法既可以用数学算符表达,也可以用逻辑语言表达。如赫拉利所述,"'算法'一词,它是一系列有条理的步骤、能用来计算、解决问题和做出决定","文字让人能以算法的方式组织整个社会"。④ 也就是说,算法不唯是计算科学的工具,也

---

② 不安全事件的概率终究将为 1(即 $P=p_1+p_2+\ldots+p_n=1$),于是系统 A 的"安全熵"就是 $H=-(p_1\log p_1+p_2\log p_2+\ldots+p_n\log p_n)$。(参见杨义先、钮心忻著:《安全简史》,电子工业出版社 2017 年版,第 200—201 页。)

③ 当然,"安全熵"还有其他数学特性,比如可加性、连续性、可扩张性、上凸性等。参见杨义先、钮心忻著:《安全简史:从隐私保护到量子密码》,电子工业出版社 2017 年版,第 201 页。

④ 〔以〕尤瓦尔·赫拉利著:《未来简史》,林俊宏译,中信出版集团 2017 年版,第 143 页。

可以是社会科学的重要工具。算术中的加、减、乘、除以及几何学中的推理法则都是算法。计算机时代的到来与人工智能的发展，为现代算法的开创提供了普遍的可能性。计算机通过运用人的思维过程的形式化方式，助人摆脱大量重复性、机械性的推导与计算，并通过算法迭代提高为解决问题的演算能力。算法的基本特征有三：一是有序性，即执行有限步骤后算法必然终止；二是确切性，即每个步骤必须确切定义；三是可行性，即特定算法可以在特定时间内解决特定问题。

从安全上理解，算法是宇宙万物包括人类生灭的种种演化法则，而安全在本质上则可被视为一种算法。如果把人看作基因的"生存容器"，那么人类演化都是基因算法所为；如果把人看作微生物群落的"聚合星球"，那么人的众多行为都是微生物算法所至；如果把人看作"生化机器人"，那么"人类的想象力也一样只是生化算法的产物"⑤；如果把人看作有生命活动"自我否定性"的"类存在"⑥，那么人的本质的"后天生成性"则是"自由意志"的算法所由。对人类来说，安全算法是解决安全问题的逻辑化演算法则，是对人的关于安全思维过程的形式化表达。当然，人作为具有类特性的"类存在物"，有着其呈现自由意志的生存算法。首先，人的类特性与物的类属性有着根本区别。物的类属性是固有的本

---

⑤ 〔以〕尤瓦尔·赫拉利著：《未来简史》，林俊宏译，中信出版集团2017年版，第354页。

⑥ "自由的有意识的活动恰恰就是人的类特性，……通过实践创造对象世界，改造无机界，人证明自己是有意识的类存在物""正是在改造对象世界中，人才真正地证明自己是类存在物"。（参见《马克思恩格斯全集》，第3卷，人民出版社2002年第二版，第273—274页。）

然性,是一种限定性的概念,而人的类特性是一种超越性的概念。其次,人类的类特性与动物的种特性也有着根本区别,类特性正是基于对种特性的否定而生成的。种特性刻画的是动物的存在属性,即本质先定性、无个体性、与生命活动的直接同一性等,类特性刻画的是人的存在属性,即本质的后天生成性、个体性、生命活动的自我否定性等,"人的类特性恰恰就是自由的自觉的活动"⑦。

安全算法一旦形成,就会以系统整体的强大驱动力驱使人在不同的安全情景中重复运用该算法而实施具体的行为。"有了文字之后,人类就能组成网络,每个人完成巨大算法里的一个小步骤,而最后的重要决定由整个算法来判断。这正是官僚体系的本质。"⑧因此,人类从游牧时代经过农业时代、工业时代向信息时代演进的过程中,总是伴随着生存算法的持续升级。同样,国家之间从暴力对抗到非暴力竞争、互利性竞合、共享性和合的演进,也都可用安全算法的迭代升级来刻画与描述。翻开人类历史上的一幅幅地图便可知不同的国家和地区如何在演化中不断改变自己的身份与地位,世界也由此不断地被重塑,而国家、地区、世界不断被重塑则离不开安全算法的迭代升级——人类安全算法显现出的"改造性全球效应"与"累积性国际效应"在不断"塑造和重塑国际体系"。⑨可见,安全算法是人类提升自身生存方式与文明档次的关

---

⑦ 《马克思恩格斯全集》,第3卷,人民出版社2002年版,第273—274页。

⑧ 〔以色列〕尤瓦尔·赫拉利著:《未来简史》,林俊宏译,中信出版集团2017年版,第143页。

⑨ 彼得·J.卡赞斯坦认为,"当代世界政治是改造性全球效应与累积性国际效应的混合全,这两种效应塑造和重塑国际体系"(〔美〕彼得·J.卡赞斯坦主编:《中国化与中国崛起》,魏玲等译,上海人民出版社2018年版,前言第Ⅲ页)。

键所在。

人类生存方式的历史变迁与人类安全算法的迭代更新和不断升级紧密相关,无论是文明的冲突还是文明的融合,往往都是安全算法的冲突与融合使然。根据人类历史演进的脉络,人类安全算法总体上可以分为四种类型,即战争算法、竞争算法、竞合算法、和合算法,并在宏观的尺度上呈现出不断迭代升级的趋向。

二、人类安全算法四种类型

1. 人类安全算法的历史演进

据人类学家考证,人类有记载的历史只有一万多年,而人类的起源却可以追溯到四百多万年前。早期的人类大多是以 4—5 人为一个小群体、几个小群体为一组群落的"微型共同体"方式生活。但是那时,"群-群"之间的交往方式是不理想的,无论是通过"战争"还是"贸易"的方式,在今天看来都是不甚道德的"你死我活"。⑩"人类历史上先后出现的社会有一百万个左右。每个社会都是一个不对外来者开放的群体,一个成员愿意为之而奋斗的群体,有时他们甚至也愿意为之牺牲。每个社会都获得其成员的强烈认可,并且这种认可是从出生到死亡一直存在,并代代相传的。但直到千年以前,所有这些社会都是狩猎-采集者组成的小型社会。"⑪为此,"战争算法"是早期人类最主要的生存法则,直至殖

---

⑩ 参见 Gerard Elfstrom, *International Ethics: A Reference Handbook*, CAABC-CLIO, 1998, p. IX。

⑪ 〔美〕马克·W. 莫非特著:《从部落到国家:人类社会的崛起、繁荣与衰落》,陈友勋译,中信出版集团 2020 年版,第 425 页。

民主义、帝国主义时代,战争算法一直被优先采用,甚至"火药革命"导致政治革命,枪炮与战舰催生现代世界的诞生,尤其是"作为近代军事政治的发源地,欧洲国家曾相当迷信和滥用武力。西欧列强侵略征服世界其他地方的过程,便是一部以武力攻破长城、用血与火洗劫不发达国家的史书"⑫。

随着商业的普遍兴起,人类安全增加了"普遍竞争"的维度,竞争算法开始与战争算法并举,并逐渐扩展其领域,直到成为了国际关系的一大算法。当然,在漫长的历史转型过程中,强权国家往往是两种算法混合使用,但逐渐转换了两者的次序,从"军事开路、政治主导"的暴力干涉,慢慢地转向了"政治先行、军事殿后"的路线图。⑬ 直到资本主义时代的全面开启,国家成为了世界众多经济行为体中的一个,竞争取代战争更有其现实的基础。但国家利益不像政治、军事领域那样能清晰界定,经济威胁又不能被轻易看作对国家安全的威胁,经济能力与军事能力相关联并决定军事能力,经济实力与国家实力相关联并决定国家实力。⑭ 于是,"竞争算法"逐渐上升为国际关系中优先采用的安全算法。

全球化时代的到来与推进进一步开创了国家之间相互依赖的新景象。经济发展的相互依存创造出国家间共生、镶嵌、互构的现实,使得"竞争+合作"成为处理国家间关系所采用的主要安全算

---

⑫ 王逸舟著:《创造性介入:中国之全球角色的生成》,北京大学出版社2013年版,第158页。

⑬ 参见同上书,第160页。

⑭ 参见〔英〕巴里·布赞著:《人、国家与恐惧》,闫健、李剑译,中央编译出版社2009年版,第126—134页。

法,人类开启了相较战争与竞争维度更高的"竞合"时代,商业中最先开始运用的"竞合算法"也升级为第三类型的人类安全算法而进入历史。

基于人类"工业化—现代化—全球化—深度全球化"的历史发展逻辑,相互紧密依存的"人类命运共同体"生存方式成为现实。经济一体化、社会网络化、文明共享化、风险互构化的"人类命运共同体"生存方式表明,人类是一个整体,地球是共同家园,万物互联共生,安全不可分割。"当今的任何力量,包括所有'反全球化''逆全球化'的思想和行为,都无法将已经全球化的经济交往和社会流动,拉回到历史那种社会之间的隔离的状态。"⑮加之中国的和平发展,把源远流长的"和合文化"、"保合太和、万国咸宁"的安全理想、"和而不同、和衷共济"的中国式安全道路、"协和万邦""天下大同"的中国式普世精神向世界传递。在这一语境下,"和合算法"再次使人类的安全算法超越以往而"升级"。

2. 人类安全算法类型

人类对安全的研究必然涉及对安全算法因子的研究。五大算法因子,即谁的安全,什么威胁安全,谁维护安全,如何维护安全,安全的本体论、认识论、方法论、价值论基础是什么,是安全研究的基本问题。安全的指涉对象,即"谁的安全"问题,是统领其他所有问题的元问题,"如果没有指涉对象,那么就将没有安全的威胁与安全的讨论"⑯。安全的本体寻求,即"什么威胁安全"问题,是

---

⑮ 王缉思著:《世界政治的终极目标》,中信出版集团2018年版,第213页。
⑯ Paul D. Willianms (ed.), *Security Studies:An Introduction*, Routledge, p. 7.

应对安全的前提问题,如果本体寻求有误则难以超越安全困境的逻辑。安全维护主体,即"谁维护安全"问题,是由安全指涉对象派生出来的问题,如果安全维护主体错位则安全维护的效果会大打折扣。安全方式,即"如何维护安全"问题,是实现安全的基本保证,如果方式运用不当则会造成安全维护初衷的背反。安全的本体论、认识论、方法论、价值论即"安全范式"的理论基础问题,如果理论基础错置则会导致安全目标的选择、安全指涉对象的确定、安全治理主体的选取及安全治理原则立场与方式方法的采取上出现一系列失误。

基于对这五个安全算法因子的研究成果,安全算法的表达式可以概括如下:

$$安全算法 = 最简约演算原则 + 最可行操作方法$$
$$= 简约原则 + 可行方法$$
$$= 原则 + 方法$$

按这一表达式,人类安全算法类型及特征列表如下:

表 8-1　人类安全算法类型

	指涉对象	他者	安全本体	主导范式	原则	主导方法	安全熵
战争算法	国家+政权	敌手	客观实在	现实主义	独霸	暴力夺取	最大
竞争算法	国家+社会	对手	客观实在	自由主义	独享	强力夺取	较大
竞合算法	国家+人民	伙伴	主-客实在	竞合主义	兼享	实力获取	较小
和合算法	人类/人民+国家	同伴	关系性实在	和合主义	共享	合力获取	最小

根据表中所示,简化后的人类安全算法公式概括如下:

$$战争算法 = 独霸 + 暴力夺取$$

竞争算法＝独享+强力夺取

竞合算法＝兼享+实力获取

和合算法＝共享+合力获取

从人类的历史演进,即从部落、部落联盟、国家、国家联盟、超国家共同体到更大的"命运共同体"的发展过程来看,人类在历时态中有"共同体演进"的明显特征,根据人类冲突与合作的发展历程,可以画出不同安全算法的迭代趋向示意图:

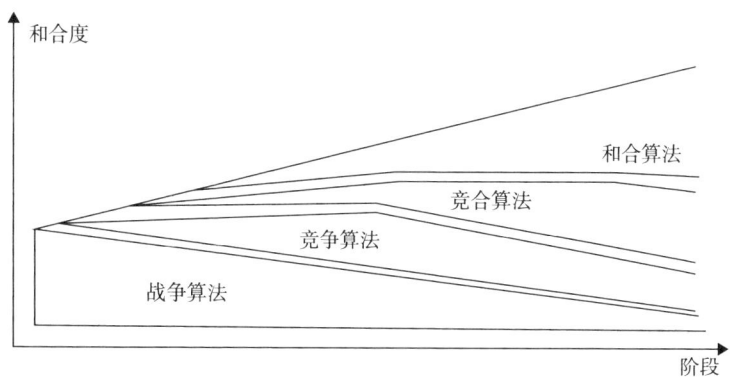

图 8-1　人类安全算法的迭代趋向

图 8-1 表明,人类总体上在"战争—竞争—竞合—和合"的不同阶段越来越向和合度增加的方向发展,趋向和合是人类必然的历史走向。但相对于某一地区或国家,其安全算法迭代的样式与进路因不同国家的博弈策略不同而可以是各种各样的,"战争—竞争—竞合—和合"之间不排除有交叉重叠。在不同历史阶段、不同地区与国家间,往往有冲突与合作、战争与和平之间的循

环,还有如战争与竞争的循环、竞争与竞合的循环、竞合与和合的循环等。例如,苏联在仍然拥有强大军事实力的背景下,放弃"确保相互摧毁"的战争算法而选择结束冷战,这表明"领导人的战略选择可以终结制衡",并且"冷战的终结及其结束的方式对均势理论形成了巨大的学理挑战"[17]。

人类安全算法的演化也不排除在政治博弈中出现某种程度的"倒退","虽然所有负责任的人都会同意核战争会是一场空前的灾难",但"核战争可能被发动,不是因为哪一方认为它可能会赢,而是因为每一方都担心另一方即将发动袭击"[18]。事实上,俄乌战争是冷战之后俄罗斯再次对战争算法的选用。俄罗斯"向北约发出了冷战结束以来的第一次核威胁,美军的核武库现代化也加速推进,……使得过去被认为过时了的那种冷战式的传统军事威慑正在加速回归"[19]。这就是一种安全算法的"倒退"现象。另外,人类战争次数的减少并不意味着战争烈度降低,两次世界大战的烈度其他局部战争无可比拟。因此,安全算法总体上的演进趋势并不能排除"安全黑洞""不安全奇点"出现的可能而使趋势波折甚至短时反转。然而,这并不影响人类社会"类安全"总体趋和以及不断整合为命运共同体的走向。反对战争以争取世界的持久和平与普遍安全永远是人类的首要目标,人类的"广义安全"是随着人

---

[17] 〔加〕T. V. 保罗著:《软制衡:从帝国到全球化时代》,刘丰译,上海人民出版社2020年版,第83页。

[18] 〔美〕詹姆斯·D. 莫罗著:《政治学博弈论》,吴澄秋、周亦奇译,上海人民出版社2014年版,第197—198页。

[19] 〔英〕劳伦斯·弗里德曼著:《威慑》,莫盛凯译,上海人民出版社2022年版,第161页。

类从野蛮走向文明而且从冲突走向和合的。

这样可以简约地画出以战争作为起点假设的按时序扩展的博弈走向图：

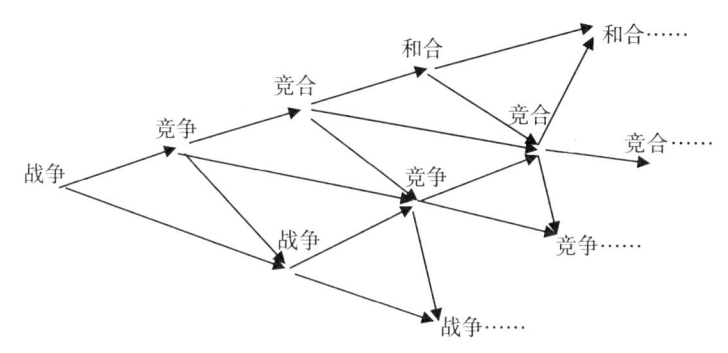

图 8-2 安全算法博弈走向图

以上四种不同类型的安全算法相对于安全变化的门槛和临界点是各不相同的,战争算法导致的不安全是"爆炸型"的,即突然将系统从一种状态迅速切换到另一种根本不同的状态;竞争算法导致的不安全是"连锁型"的,即使系统在一段时间内从初始状态一步步转入某种性质不同的状态(如经济萧条等);竞合算法导致的不安全是"失调型"的,即使系统随着关键变量的失衡而经历转型式的变化,如"良性竞合"转向"恶性竞合",甚至转向"恶性竞争"。[20] 和合算法是正向"修复型"的,在理论上是只会导致安全结果的算法,如果有意外的"不安全",那多是因国际社会没有出

---

[20] 参见〔美〕奥兰·扬著:《复合系统:人类世的全球治理》,杨剑、孙凯译,上海人民出版社2019年版,第73页。

现真正的"社会世界",[21]而陷入"安全乌托邦"的本体论陷阱。[22]

第二节 人类安全算法解析

国际关系的演进离不开安全算法的演进,国际安全的塑造离不开安全算法的塑造。因此,需要对四种不同的安全算法的形成条件与表现形态做进一步的解析,以探明这些安全算法的具体特征与社会功能,以及与人类历史演进与国际关系变迁的"互构作用"。

一、战争算法

运用暴力或以暴力为后盾获取资源的安全算法被称为"战争算法"。战争是人类野蛮无知的象征,是人类真正告别动物世界所必须经历的"血腥阶段"。如果人类文明从人类诞生时开始算起,那么战争常被视为"文明生成"本身,甚至"一旦诉诸暴力的期望在社会上盛行,不论是国内战争还是国际战争,不论是必要的'战争'还是出于权宜之计的'战争',都会成为体现我们文明进程的特点之一"[23]。从安全角度看,西方主导下的世界历史是一部不

---

[21] 参见李格琴著:《国际政治本体安全理论的建构与争论》,载《国外社会科学》,2010年第6期,第25页。

[22] 参见 Oliver P. Richmond, "Security Cosmopolitanism or 'Securitopia': An Ontological Trap and a Half-hearted Response to Structural War?", *Critical Studies on Security*, Vol. 3, No. 2, 2015, pp. 182-189。

[23] 〔美〕哈罗德·D.拉斯韦尔著:《世界政治与个体不安全感》,王菲易译,中央编译出版社2017年版,第58页。

折不扣的战争与冲突史。以战争为例,有学者进行过粗算,"从公元前3600年至今的五千余年间,全世界大约发生了一万四千五百场战争,只有二百九十二年是和平的,总共有三十五亿人在战争中死亡。从20世纪80年代到90年代,几乎每一年中,全球都有将近四分之一的国家不同程度地受到战争的影响。"㉔德国社会学家维尔纳·桑巴特(Werner Sombart)在《战争与资本主义》一书中指出,14—15世纪,英国与法国争斗了100年;16世纪,欧洲只有25年的太平时光,而这一数字在17世纪缩短至21年。也就是说,在这两百年里有154年处于战乱。荷兰从1568—1713年的145年中,有116年在打仗。英国学者迈克尔·曼(Michael Mann)在《社会权力的来源》一书中指出,欧洲在1494—1975年有四分之三的时间在策动战争,完全没有战争的时间不超过25年。㉕ 总之,"最近500年的历史其实就是一部战争的历史,所谓的主要列强与那些伺机打败他们、夺取他们海上霸权地位的国家之间的战争写满了这部历史"㉖。

从伯罗奔尼撒战争到马其顿亚历山大大帝的远征,从拜占庭-波斯战争到十字军东征,从20世纪的两次世界大战到五次中东战争,再从伊拉克、阿富汗两场战争直到2022年前后的俄乌战争,

---

㉔ 〔美〕康威·汉得森著:《国际关系:世纪之交的冲突与合作》,金帆译,海南出版社2004年,第127页。

㉕ 参见田文林著:《超越西方传统安全观:全球安全倡议的时代价值》,载《当代世界》,2022年第5期,第26—27页。

㉖ 〔美〕房龙著:《人类的故事》,刘梅译,中国友谊出版公司2021年版,第359页。

"人类历史的大部分时期都在制造、销售并使用武器"㉗。即使进入了有"工业文明4.0版"之称的21世纪,人类仍难以摆脱战争威胁和核灾难的阴影。在战争算法的支配下,战争中的行为体形成强烈的"自者"与"他者"的区分。温特在分析霍布斯的无政府逻辑时指出:"在所有人反对所有人的战争中,行为体的行为原则是不顾一切地保全生命,是杀戮或被杀";"在这种体系中,行为体不能求助于其他行为体,甚至不能采取最小的自我克制";"生存完全依赖于军事权力,安全是高度竞争的零和游戏,安全困境十分尖锐。这种结构产生了四种趋势:一是常所不断的无限战争;二是消灭'不适应'的行为体;三是国家强大到不至于被消灭的地步,就会制衡相互的权力;四是霍布斯体系趋于把所有体系成员全部拖入战争状态"。㉘

在战争算法的支配下,人类战争从冷兵器向热兵器、热核兵器、智能兵器转变。为了适应"战争算法",国家就会奉行军事至上战略。例如,斯巴达全民皆兵,以尚武为国家的灵魂。再如,第二次世界大战时期德国的法西斯主义与日本的军国主义以武力征服为国家强大的象征。又如,冷战时期的苏联和美国为了确保"相互摧毁战略",把国家建设成强大的"军事-工业复合体"等。所以"战争算法"呈现的是霍布斯文化的"敌手共生",其算法原则是"独霸",方法是"暴力夺取"与国家利益相关的资源。

㉗ 〔英〕阿兰·柯林斯主编:《当代安全研究》(第三版),高望来、王荣译,世界知识出版社2016年版,第475页。

㉘ 〔美〕亚历山大·温特著:《国际政治的社会理论》,秦亚青译,上海人民出版社2000年版,第334—335页。

二、竞争算法

在人类社会早期,战争算法之所以能够通行,是因为人类的生存方式还局限在比较小且各自为政的"共同体"中。随着资本主义时代的到来,国际体系发生了历史性的变革,国家间在经济上的相互依赖关系大大加强,使得战争算法占主导的"分"强于"合"的国际政治体系地位减弱,并形成了促成竞争算法占主导的"合"强于"分"的国际经济体系。或者说资本主义成长壮大的必要条件以及资本主义式全球经济运行的政治表现,就是政治权力分散导致的国际政治无政府状态,由此引发生存权竞争和市场财富竞争相融合,并进一步导致普遍不安与恐惧的"实力-安全困境"。[29] 至少,"尽管分工带来的贸易、投资与经济相互依存,并未像19世纪初和20世纪初自由主义者期望的那样能够阻止战争,但是,它或多或少地终止了当时为了强化物质优势而发动的战争"[30]。但直接的暴力现象消失了,以暴力为后盾或通过"结构性暴力"获取资源则成为竞争算法的重要特征。

如果说战争算法的原则是独霸,方法是暴力夺取,那么竞争算法的原则则是"独享",方法是强力(超强实力)夺取,其根本区别是从不相容博弈转向了相容博弈。国家之间的竞争体现在军事、政治、经济、文化、社会、科技等方方面面,统合起来就是综合国力

---

[29] 参见〔英〕巴里·布赞著:《人、国家与恐惧》,闫健、李剑译,中央编译出版社2009年,第231—232页。
[30] 〔美〕西蒙·赖克、〔美〕理查德·内德·勒博著:《告别霸权!:全球体系中的权力与影响力》,陈锴译,上海人民出版社2017年版,第10页。

的竞争。"资本主义是一种竞争体系,其活力依赖于市场上的各种威胁、脆弱性、机遇的相互作用。当竞争意味着失败的危险无时不在时,居于此种环境下的任一行为体怎能期望自己拥有实质性的安全?可能存在的只有相对安全而非绝对安全。"㉛也就是说,竞争主义的安全算法与战争主义的安全算法形成了重大区别,绝对安全的追求更多地让位于相对安全,暴力夺取资源更多地转向非暴力获取资源,战场中的武力更多地被市场中的强力替代。于是,"暴力隐没在背景之中,而大量的倡议和规则跃然纸上"㉜。

当然,国际竞争的范围很广,除了国家之间的竞争,还有非国家行为体之间的竞争,例如国际组织、跨国企业等之间的竞争。这些竞争直接或间接为国家之间的利益竞争服务,或者本身就是国家利益的化身。但是,不排除跨国公司的竞争行为会超越"国家本位"而走向"无国籍化",甚至直接消解既有的"国家认同",而将跨国认同和世界主义认同置于国家认同之上。例如,福特公司明确声称他们的身份是"跨国公司……在澳大利亚就是澳大利亚公司,在英国就是英国公司,在德国就是德国公司"㉝。又如,亨廷顿在研究国家认同时惊呼:关于种族优先权、双语主义、多元文化主义、移民、同化、国家历史标准、作为官方语言的英语、欧洲中心主

㉛ 〔英〕巴里·布赞著:《人、国家与恐惧》,闫健、李剑译,中央编译出版社2009年,第233页。

㉜ 〔美〕西蒙·赖克、〔美〕理查德·内德·勒博著:《告别霸权!:全球体系中的权力与影响力》,陈锴译,上海人民出版社2017年版,第42页。

㉝ Samuel P. Huntington, *Who Are We? The Challenges to America's National Identity*, Simon & Schuster, 2004. p. 7.

义等的论争形成了一场挑战美国国家认同的"战争"。㉞

然而,竞争的非暴力虽然代替了战争的暴力,但国家之间竞争的极端方式则是"非传统战争",如生物战、意识形态战、金融战、贸易战、资源战、信息战、质量战、标准战等。这些非传统战争广泛发生于国防、金融、生态、能源与科技等领域,对抗规模、强度与频次呈扩张及增长趋势,造成对国际局势与国家社会公共安全的严重威胁。非传统安全威胁引发的"战争"是一种"非常规战争",根本特点是使用各种"非致命武器",不仅使战争简便、随意、可行,而且给受攻击对象带来严重的生态环境破坏与各类人道主义灾难。之所以称这类战争为"非常规战争",是因为"非武力、非军事,甚至是非杀伤不流血的方式也同样甚至更可能有利于实现战争的目标"㉟。这种"战争"并非领土之争,也非主权之争,而是利益安全场域和社会心理安全场域中"软边疆"上的利益争夺与综合国力上的力量消解,甚至可以是对受攻击的全民的侵害或代际侵害,以达到无形中打败对方的目的。

竞争算法的原则是"独享",方法是非暴力地"强力夺取"与国家利益相关的资源。但安全算法的选取与运用很大程度上取决于"一个国家所面临的国际环境的变化,在大多数情况下,合作是安全追求者的最佳选择;在其他情况中,竞争则更可能带来安全。信息变量与物质变量都是合作的关键,大多数时候它们都不能单独

㉞ 参见 Samuel P. Huntington, *Who Are We? The Challenges to America's National Identity*, Simon & Schuster, 2004, pp. 208-209。

㉟ 乔良、王湘穗著:《超限战》,解放军文艺出版社1999年版,第54页。

决定一个国家的战略。国家自身的动机也会影响其战略,在一般条件下,安全追求者倾向于合作,而贪婪国家倾向于竞争"[36]。

三、竞合算法

运用非暴力方式处理国家间关系以合理地获取资源的安全算法被称为"非传统安全算法",而其中新兴起的竞合算法与和合算法特别值得关注。

竞合的萌芽在历史上早已出现,国家与民族之间的竞合算法也不乏实例。例如,早在 1004 年,北宋和辽国缔结《澶渊之盟》,此后宋辽两国百年间不再有大规模战事,双方在某些领域开展竞争,又在其他领域保持合作,进而达成了地缘政治上的某种"竞合式"的力量平衡。再以冷战时期的美苏为例,古巴导弹危机后,约翰·肯尼迪就产生了一个类似建立"竞争伙伴关系"的想法,认为美苏可以在某些领域竞争,但在其他领域要和平相处,因此他曾在演讲中坦言:我们不能再发生类似古巴导弹危机那样的险情了,所以我们必须建立一个"多元化的安全世界"。[37]

冷战以降,随着全球越来越融合为一体,全球安全与全球政治、经济、文化、科技、生态保护深度镶嵌,全球性的互动与融合赋予了国家行为体一种超越身份角色的关系型价值,即不以身份角色为单一判断标准,而是以全球社会中的政治、经济、文化、安全等

---

[36] 〔美〕查尔斯·格拉泽著:《国际政治的理性理论:竞争与合作的逻辑》,刘丰、陈一一译,上海人民出版社 2020 年版,第 83 页。

[37] 参见朱民主编:《未来已来:全球领袖论天下》,中信出版集团 2021 年版,第 127 页。

具体内容为情境依托的嵌入型关系。巴里·布赞认为,全球现代性发展的第一个阶段是"中心化的全球主义"(centered globalism),包括初期的"西方殖民式国际社会"和后来的"西方全球性国际社会";第二个阶段是"去中心化的全球主义"(de-centered globalism)。"去中心化"在全球治理体系转型中有四层含义:其一是去霸权中心化;其二是去国家中心化;其三是去军事武力中心化;其四是去阵营对抗的"集团化"。[38]全球转型的格局不再只集中于一小部分国家,支撑着全球现代性的权力模式变得更加均衡,国家间关系也愈发具有融合性特征。[39] 例如以和平发展为宗旨、奉行结伴而不结盟外交路线的中国,以及一批纷纷通过和平合作与包容互助来应对全球性挑战的发展中国家。再以中美关系为例,尽管美国用冷战思维把中美关系定格于"战略竞争"关系之中,但中国明确反对这一定位而更多地强调中美是"良性竞合"关系,并努力细分竞争与合作领域,探索合作的可能性,不断创造新的发展性机会,解决双方的结构性矛盾所面临的问题。

普遍的竞争加合作关系最早源起于商业交往关系的深化,恰如韦伯所指出的"重商主义的精髓在于把资本主义工业的价值观引入政治领域,国家仿佛成了资本主义企业家"[40]。21世纪前后,

---

[38] 参见张贵洪、杨理伟著:《从霸权治理到合作治理:百年变局下全球治理体系变革的进程与方向》,载《当代世界与社会主义》,2022年第4期,第9页;任琳著:《推动落实全球安全倡议需处理好五对关系》,载《国家安全研究》,2022年第4期,第138页。

[39] 参见〔英〕巴里·布赞、乔治·劳森著:《全球转型:历史、现代性与国际关系的形成》,崔顺姬译,上海人民出版社2020年版,第249—250页。

[40] 〔美〕理查德·拉克曼著:《国家与权力》,郦菁、张昕译,上海人民出版社2021年版,第81页。

"合作场景的变化已经导致了大约5万家全球公司的诞生""全球公司把世界看成是一个单一的市场,仿佛民族国家不再存在一样",他们"既从正在进行的全球化中获得了好处,又推动了全球化的进程"。[41] 在国际关系领域中,竞争加合作需要从规范与制度的建立做起,而"在传统的国际关系理论中,规范和制度是没有一席之地的。它们被视为即使不是实力关系或者生产关系附带的辅助品,也是实力或者生产关系的副产品"[42]。其实,新制度主义较早开始关注以制度促进合作,并且以国际机制和国际组织作为特定制度类别来尝试开展国际"竞合"。

有学者在研究了国家间的"竞合关系"后提出了"竞合主义"[43]这一范畴,并强调竞合主义是中国国际关系理论的创新。储昭根认为,竞合理念是经济学、管理学的第二次观念革命,在世界进入相互竞争与合作的复合体阶段[44],用竞合主义新范式来思考、解读国际关系十分必要,而且在某种程度上整合了现实主义、自由主义、建构主义三大国际关系理论,因此"竞合主义比新自由主义有着更多元的视角""竞合主义还能解释国际、国内政治相互影响

---

[41] 〔美〕杰里·本特利、〔美〕赫伯特·齐格勒、〔美〕希瑟·斯特里兹著:《简明新全球史》(英文影印版),北京大学出版社2009年版,第670页。

[42] 〔美〕约翰·鲁杰著:《多边主义》,苏长和译,浙江人民出版社2003年版,第6页。

[43] 参见储昭根著:《竞合主义:重构无政府状态下的范式与安全》,载《浙江社会科学》,2020年第11期,第22页。

[44] "当今无政府状态已演化为一种新的竞合常态,世界其实是一种竞争与合作相互作用及共存的矛盾综合体","当今世界占据国际主导地位的是国家间的竞争与合作关系。进而,也就是国家间的竞合,包括多种行为体间的竞合"。(储昭根著:《竞合主义:重构无政府状态下的范式与安全》,载《浙江社会科学》,2020年第11期,第29页。)

的问题""竞合主义不仅认可国家是国际体系的主要行为体,同时也承认国际组织和非国家行为体在国际体系中发挥越来越大的影响或作用"。㊺ 竞合算法原则是"兼享",方法是"实力获取"与国家利益相关的资源。因此,以竞合主义为理论范式的"竞合算法"的运用越来越成为国际关系互动的重要方式。

四、和合算法

随着深度全球化的展开,安全领域更多地呈现安危不可分离的"一战俱损""一和俱益"及合作共赢的境况,主权让渡、搁置主权、责任主权等成为跨越国家边界合作的重要价值取向,因而竞合主义理念将进一步向和合主义理念提升。现代性文明已不是某个单一文明,而是多种文明交互复合的多元文明,甚至是如吉卜林《东西方民谣》中所写的诗句那般"没有了东方,也没有了西方,没有了边界","今天的现代性文明代表了已知世界以及不同文明复合之间千丝万缕的联系。虽然现代性文明现在还保留着领土根基,但该文明也同时被一些非领土进程所定义"㊻。当国家间合作代替了对抗,和合代替了竞合,世界便进入以和合为核心价值的共生、共建、共享的新时代,"从竞合状态向和合状态的迈进,是终极安全的体现"㊼。"从长远来讲,当合作远远超过竞争,世界从'竞

㊺ 参见储昭根著:《竞合主义:国际关系理论的新探索》,载《太平洋学报》,2015年第8期,第43—52页。

㊻ 〔美〕彼得·J.卡赞斯坦主编:《中国化与中国崛起:超越东西方的文明进程》,魏玲等译,上海人民出版社2018年版,第199页。

㊼ 储昭根著:《从竞合到和合:向人类命运共同体的演进》,载《江淮论坛》,2022年第1期,第92页。

合状态'向'和合状态'演进,构建起人类命运共同体,实现行为体间的优态共存,真正的安全才实现。"㊽

和合主义成为处理国际关系的引领性范式之时,和合算法就将开始成为人类安全算法的主导性选项。和合算法以"共享"原则超越了战争算法的"独霸"、竞争算法的"独享"、竞合算法的"兼享"。和合算法选取的维护安全的方式既非暴力夺取资源,也非强力获取资源,也与实力获取资源不同,而是"合力共享"资源。因此,和合算法相较其他几种安全算法更具有正向价值导向,也更能促进世界持久和平与普遍安全的实现。

国际关系中要推行和合算法,就需要探索一种全新的"多元多边主义"(详见第六章第二节),特别是非传统安全外交探索是国际关系中推行和合算法的重要范例。基于全球化过程中的"资源性"安全困境,无论是国家间的双边合作,国际间的多边合作,还是区域间以某种共同体方式的合作,均存在不同程度的集体行动难题:谁来领导?谁来推进?谁来决策?谁来实施?因而,真正的多边主义应该是"多元多边主义",即从全球整体出发的国家间平等互利的多边合作,不针对某一个或某些国家,而是任何双边都适用的双边合作。

中国践行的非传统安全外交的具体形式有:以体现广泛民主的"包容性外交"、强调求同存异的"结伴性外交"、预防隔阂冲突的"对接性外交"、促进互动互惠的"镶嵌性外交"、超越强制独享的"共享

㊽ 阮益嫘著:《竞合主义——全球大变局下的国际关系理论创新》,中国社会科学网,2022年08月02日。

性外交"等。其中"包容性外交"是一种超越"拉帮结派""阵营对抗"的新型外交手段,重在以和合主义天下为怀的普遍性包容,提倡国家间、地区间合作中的多样化与惠及他国和世界的政策制定;"结伴式外交"是一种超越传统"结盟外交"局限的开放式外交手段,通过接触与对话,全方位、多层次地推进国家间和区域的安全合作和安全治理;"对接式外交"旨在超越西方国家的"强制性外交",是一种具有互惠互利性质的互补型外交手段,重在异质性文明之间建构对话沟通的桥梁,从而实现相互理解;"镶嵌性外交"重在通过打造"优态共存"的镶嵌性结构关系,为国家间的共同安全与发展提供前置性条件,是一种具有融合性质的共生型外交手段;"共享性外交"是和合主义范式的总体性体现与运用,是一种共建共享型的外交手段,重在维护全人类的共同价值与建构人类命运共同体,为超越"安全孤立""安全自保"提供"安全互助""安全互保""安全共享"的新路径。非传统安全外交作为和合算法的具体形式,有利于国家间促进政治上和谐式的建设,经济上互补性的发展,文化上互惠性的交流,从而消解国家利益的争端,化解文化宗教的矛盾,共同开创人类的持久和平与世界的普遍安全。

第三节 人类安全算法升级

一、人类安全算法升级的基础

人类安全算法解析得出人类安全算法不断按文明的价值排序进行"升级"的结论,那么人类安全算法的历史性基础是什么? 特别是"和合算法"的本体论前提与不同安全算法的方法论的理论范式又是什么？有何人类安全算法升级的成功范例？

人类安全算法的不断"升级"凸显了和合算法处于价值排序高端的"合规律性"，那么和合算法的"合目的性"源自何处？任何一个演化系统在根本上是都是对立统一、共生交融的"和合体"，"和合"的逻辑原点是"相关各方具有共生性，而共生性首先的含义是相互性、包容性，否则就失去了相互依存的可能"㊾。基于"量子求和"规律（在根本上所有的物质与生命都是以量子的"求和"与"聚合"形成更高级形态的"和合"状态，进而在混沌中造就了无数种类的有序结构）、"生态求和"规律（无论是细胞的共生还是动植物的共生，抑或是人与地球生态之间的共生，"和合"是生态系统整体所具有的本体性特征）、"人类求和"规律（人类社会在不同的历史阶段虽有各自特征，但把历史演进连贯起来，就会发现国家间关系也不断从战争走向竞争，从竞争走向竞合，再从竞合走向和合），可以给出"宇宙-和合""生态-和合""类群-和合"三大理论假设（见本书第五章第二节），为和合共生设定本体论前提，从而也为和合算法的元逻辑合理性提供理据。如果说"和合共生"是和合算法价值元点的本体论前提与其"合目的性"的原点，那么可以说，和合算法的实质是宇宙万物、地球生态、人类社会演化共有的元算法。

"和合算法"是人类在生存共同体的不断扩展中展现并升级

㊾ 金应忠著：《论人类命运共同体的学术构成》，载《国际观察》，2022年第3期，第36页。

的。人类的一切发展都是历史的过程体,历史的进程为人类安全算法的升级提供了现实基础。如前所述,人类的生存方式还局限在比较小且各自为政的"共同体"时,战争算法是其主导的安全算法;当资本主义时代到来,国家之间在经济上的相互依赖关系大大加强,国际体系发生了历史性的变革时,竞争算法是其主导的安全算法;当全球安全与全球政治、经济、文化、科技、生态保护深度镶嵌,国家间互动与融合进一步加深进而使得"去中心化的全球主义"形成时,竞合算法是其主导的安全算法;当深度全球化生成了"人类命运共同体"的"地球家园"生存方式时,和合算法开始成为起引领作用的乃至主导性的安全算法。

支撑人类安全算法方法论的理论范式在国际关系领域大体表现为强调为权力而斗争的现实主义,强调为安全而努力的自由主义,强调观念建构利益的建构主义,强调调和前三者的竞合主义,强调命运共同的和合主义。每一种安全算法的升级都基于每一种理论范式的升级,而理论范式的升级又必然需要对时代主题、世界秩序、国际体系、区域治理、国家主权、民族观念、冲突合作以及国际安全结构性问题进行重新的审视与思考。以世界秩序的理论建构为例,各理论范式不断吸纳着不同民族与国家对世界整体做出的思考与贡献。希腊人的世界秩序观是西方秩序观的开端。希腊人相信万物生灭的背后有一个终极本体"一",进而形成作为永恒法则的"逻各斯"(logos),即"宇宙秩序"(universe order)。到了近代,西方传承了希腊的"逻各斯"秩序观,先后产生了帝国体系主导下的"权力秩序观"、结盟体系维持下的"均势秩序观"、一超多强结构下的"霸权秩序观"等,特别是欧洲在经历两次世界大战的毁灭性打击后形成了让渡主权的“一体化秩序观”“共同体秩序观”。印度有“内省超脱”“善为贵”“非暴力”的价值传承，提出过“国家圈”体系的构想及“不结盟”政策等。㊿ 伊斯兰国家基于《古兰经》教义与伊斯兰教的社会理想，提出世界秩序的价值目标是“和平与正义”“实现地球上所有人——遍及地球的全人类——的自由”(51)。中国有“天下大同”“协和万邦”“和为贵”的文化传承，认为“天人合一”是世界秩序的永恒前提，形成了以“和合”为价值核心的“文化秩序观”。其历史上形成的东亚封贡体系，当代推行的“和平共处”五项基本原则与新安全观，均为地区安全与世界发展做出过巨大贡献。由此，和合主义范式诞生于中国自然是地缘文化与理论传承的使然。

二、人类安全算法升级的范例

在不同的安全算法中，和合算法是能够使得“安全熵”最小或安全负熵最大的算法。和合算法的原则是“共享”，方法是“合力共享”与国家利益相关的资源。中国的和平发展是“和合算法”成功升级的重要范例。“历史上，中国处于中国中心秩序的中心，该秩序覆盖了东亚以及周边海域的大部分地区。从文化角度看，中国中心秩序将人们划分为不同类别，秩序内的人（文明人，归属于该秩序）、秩序外的人（野兽，不属于该秩序）和中间群体（野蛮人，通过与文明中心的不断互动可以被教化）。……从经济角度看，

㊿ 参见〔美〕亨利·基辛格著：《世界秩序》，中信出版集团 2015 年版，第 251—253 页。

(51) 同上书，第 148 页。

中国中心秩序取得了惊人的成就,并产生了独特的实践,比如建立起朝贡贸易,失去界定了地区等级秩序中的国家间关系。从安全角度看,中国中心秩序成就非凡,虽然不断受到挑战,特别是当权力中心崩溃的时候,但是它维持了长时段的和平,尤其是在东向和南向地区。"[52]彼得·J. 卡赞斯坦认为,中国崛起是当前最为重要的国际问题,但中国崛起并非是"世界经济事务中的一次根本性突破"或"断裂",也非"未来中国将重现历史的辉煌,重返全球主导地位"或"中国治下的和平在全球的回归",而是"新旧模式与元素的重新组合",是"中国的安全政策和东亚的制度化安全秩序中包含着新旧元素的重组",或是世界通过"非线性、多地域、多方向的众多过程的组合"的"中国化"。[53] 外界很多友好人士很想知道,"中国崛起为世界强国之后的意图……中国要建构什么样的国际和地区秩序?'和平崛起/发展战略'的最终目的是什么?中国能够通过提供一种不同于美国的国际秩序理念而获得安全和权力吗?其他国家会接受其合法性吗?"[54]。而中国践行"和平发展"方略,实行"维和""促和""保和"外交政策,充分运用和合算法处理国家间关系的努力都充分表明了,中国作为新兴大国介入既成的国际体系和参与全球性行动,不但不会推倒既成的国际体系,而且还将担当完善全球治理体系的大国责任。中国践行和合算法的

---

[52] 〔美〕彼得·J. 卡赞斯坦主编:《中国化与中国崛起:超越东西方的文明进程》,魏玲等译,上海人民出版社2018年版,第4页。

[53] 参见同上书,第5—12、27页。

[54] 〔加〕T. V. 保罗:《软制衡:从帝国到全球化时代》,刘丰译,上海人民出版社2020年版,第184页。

努力有：在全球层面提出海洋命运共同体、网络空间命运共同体、核安全命运共同体、地球生命共同体、人类卫生健康共同体，以及全球发展命运共同体等；在地区层面、双边层次均提出多种命运共同体的共建；即使在争议较多，纷争不断，域外大国不断介入的南海问题上，中国也是先以"搁置主权、共同开发"方略，继之以《南海各方行为宣言》作为平台，如今又以"和平之海、友谊之海、合作之海"为共同目标，通过和合的方式妥善解决。

中国当下较全面展示和合算法的图景是"全球安全倡议"与"全球安全倡议概念文件"：坚持共同、综合、合作、可持续的安全观，坚持尊重各国主权领土完整，坚持遵守《联合国宪章》宗旨和原则，坚持重视各国合理的安全关切，坚持通过对话协商以和平方式解决国家间分歧和争端，坚持统筹维护传统领域和非传统领域安全，以及与此相应的二十个重点合作方向。"全球安全倡议"与"全球安全倡议概念文件"为全球安全治理提出了"中国方案"，宣示了全球安全观，弘扬了全人类共同价值，超越了国际无政府逻辑，回答了安全指涉对象、安全立场、安全原则、安全治理的目标、主体、方式、内容等问题，完整地提出了维护与塑造全球安全的共建策略，即"达成人类命运共同体的全球共识、形成安全互助的良好态势、促成安全互保的战略环境、建成安全共享的治理体系"[55]。

可见，对人类安全算法"升级"的考察，对促进国际安全理论

---

[55] 余潇枫、王梦婷著：《"全球安全倡议"：人类安全的"前景图"》，载《国际安全研究》，2023年第1期，第4页。

研究与推进人类安全进程意义非凡,特别是在全球化与逆全球化彼此对冲的当下,安全算法的采用直接决定国家安全道路的选择,而对人类来说,安全算法的"升级"不仅影响普遍安全的实现,而且直接决定人类的命运与最终走向。

三、人类安全算法升级的趋向

人类安全算法"升级"的研究有助于厘清安全的本质和提高安全保障的水平,特别是有助于厘清当今世界百年未有之大变局中安全形势的多维性、复杂性、不确定性。人类安全算法"升级"的规律在某种程度上揭示了安全问题应对和安全保障决策的普遍性特点,即不可仅有单一视角、单一时宜、单一手段,而必须全面而发展地考量、综合施策。

在什么样的安全语境下,国家选取何种安全算法最具合理性?这是一个模糊且十分复杂的问题,很大程度上取决于决策者的价值立场(安全指涉对象的确定)与智慧水平(安全维护方式的选取)。人是价值的存在物,全人类共同价值是人成为人的追求,国家安全维护的实质是人的价值的维护,只有在人类命运共同体理念的引领下,才能更好地塑造世界的普遍安全。在今天看来,无论是人类社会的生存法则,还是国际关系的安全算法,都有其价值取向。正向价值导向的安全算法可以给人类带来合作与共赢,反之则会给人类带来冲突与灾难。就以蒙古为例,蒙古曾经横扫亚欧大陆,其依靠武力掠夺的生存算法当时"十分成功",但给人类文明留下的东西十分有限,"所有的民族当中,蒙古族在历史上的地位是无可比拟的,不过,在所有的民族当中,对人类的知识和进步

贡献最小的也是蒙古族"㊼。因此,当我们在充分强调安全算法正向价值取向重要性的同时,还需要认真考虑三点:

第一,认可人类安全算法的历史演进趋向,认清在现有历史语境中追求和合算法的价值目标并不是无条件地放弃军事武力的运用。在现实中,国际社会四种安全算法的运用是"并存互构"与"不断迭代"的。正如迈克尔·霍华德强调,"武力是国际关系无法逃避的一个要素,这不是因为使用它的人生性好战,而是因为存在着使用它的可能性。武力因而必须被制止、被控制,最起码也要被有区别有节制地运用",但无条件地"摒弃武力者最后将会发现,自己不得不任由掌握武力者摆布"㊽。

第二,21世纪是算法世纪,算法将改变人类自身,但新的安全算法或许会带来新的"未知的不可知风险",㊾甚至会引发更高层次的或全新的"非传统战争",即更广意义上的"算法战"。随着数据时代的发展,全球化转向"网"球化:一是"广义数据网",即"数字化""符号化"为本质特征的"信息人"世界的形成,二是"广义生态网",即基于"生态化""智能化"为生存特征的"智能体"或"超人类"社会的形成,而这两个"网"的形成与交织都是对"主权国家体系"藩篱的超越。㊿随着人工智能算法广泛运用,算法越来

㊼ 〔美〕房龙著:《人类的故事》,刘梅译,中国友谊出版公司2015年版,第343页。

㊽ 〔英〕巴里·布赞著:《人、国家与恐惧》,闫健、李剑译,中央编译出版社2009年,第263页。

㊾ 参见 Elke Krahmann,"The Market for Ontological Security", *European Security*, Vol. 27, No. 36, 2018, pp. 362-365。

㊿ 参见余潇枫著:《非传统战争抑或"非传统占争"?》,载《国际政治研究》,2020年第3期,第202—207页。

越成为人类生活中具有驱动意义的要素,为此尤瓦尔·赫拉利在《未来简史》中甚至这样预言:"在21世纪,我们还会创造出比以往更强大的虚构概念以及更极权的宗教。在生物科技和计算机算法的协助下,这些宗教不但会控制我们每分每秒的存在,甚至将塑造我们的身体、大脑和心智,创造出完整的虚拟世界。"[60]

第三,算法问题极其复杂,从后人类国际关系视角审视,人类安全算法的探究还需考虑"未来已来"的全新安全行为体:基于生命的新物质体、基于物质的新生命体、基于智能的非生命体、基于与意识和感情关联的非人类行为体等,当这些新安全行为体均介入人类安全治理中时,以人类为中心的安全算法则需要被迭代。[61]人类与非人类的关系要通过更高维度的和合算法来促成"聚合"[62]式安全,人类与非人类的异质性冲突,要有新的安全算法来消解,人类的最佳选择仍将是努力实现人类与人类自身、人类与非人类之间的和合共享。

---

[60] 〔以〕尤瓦尔·赫拉利著:《未来简史》,林俊宏译,中信出版集团2017年版,第159页。

[61] 余潇枫著:《非传统战争抑或"非传统占争"?》,载《国际政治研究》,2020年第3期,第206页。

[62] 参见 Manuel DeLanda, *A New Philosophy of Society: Assemblage Theory and Social Complexity*, Continuum, 2006, p. 10。

第九章 非传统安全理念3.0

理念在安全维护与塑造中具有前导性,基于安全理念形成的安全观是人们对安全的一种理论化的体系性认知,是安全的感性认识上升到理性认识的重要标志。人类以共同体生存方式的扩展而扩展自身,因此如果以民族、国家、民族国家为本位的安全理念是1.0版的话,那么以人类为本位的安全理念就是2.0版,而以后人类为本位的安全理念则是3.0版。当未来人类进入星际时代后,则以星际人类为本位的安全理念将是4.0版。安全理念的升级就是人类共同体生存方式的升级;安全算法的迭代就是人类共同体生存方式的迭代。

第一节 从"人类世"转向"生态世"

一、全球治理进入了"人类世"?

1. 人类世

"人类世"(anthropocene)一词来自 anthropo(希腊语意为"人类")和-cene(来自希腊语 kainos,原意为"新的"或"最近的",后在英语中意为地质记元的"世")。这一概念的提出源自"人类中心主义"立场的地质史观。当人类的工业化进入高速发展时,为充分肯定工业化带来的巨变及对地球特征和环境带来的深刻影响,少数著名科学家开始用"人类世"①来表示地球进入一个新的地质世,以此凸显人类的中心地位与主体性作用。② 随着这个概念不断被接受,"'人类世'已不仅只是一个地理学上的概念,而成为了一个具有紧急性意味的基准性概念","人类与自然之间'现代'分离的真实性正在被打破,从而显现出一张彼此激烈的关系网"。③ 有学者专门著书阐述"人类世",强调人类是地球演化的主要驱动力,强调"人类世"促成了人类与自然耦合的"治理复合系统"的形成。④

其实,"人类中心论"的观念由来已久,其最早起源于宗教。在古希伯来上帝造人的神话中,人类按上帝意愿统治世上万物,是上帝"授权"的自然界主人。随着人类文明的演进,形成了"人是宇宙的中心,人是宇宙的目的,人是宇宙的解释者"⑤的自

---

① "人类世"这一术语最早由荷兰大气化学家、诺贝尔化学奖得主保罗·克鲁岑(Paul Crutzen)和生态学家尤金·斯托莫(Eugene Stoermer)于《我们已进入"人类世"?》一文中提出,为了深入反思"人和资本的独裁",也有学者提出了"资本世"(capitalocene)、"怪物世"[或称"克苏鲁世"(chthulucene)]。(参见吴冠军著:《陷入奇点:人类世政治哲学研究》,商务印书馆2021年版,第3—6页。)

② 在20世纪,"一些著名的科学家得出结论,说我们已经进入了一个由人类主导生态系统的世界,鉴于人类活动在全球范围内的深远影响,甚至可以说地球已经从'全新世'过渡到可以被称为人类世的一个新时代"(〔美〕奥兰·扬著:《复合系统:人类世的全球治理》,杨剑、孙凯译,上海人民出版社2019年版,第92页)。

③ Maxomilian Mayer & Peer Schouten, "Attuning Concepts of Energy Security to the Anthropocene,载余潇枫主编:《非传统安全研究》(总第2期),知识产权出版社2012年版,第4—14页。

④ Oran R. Young, *Governing Complex Systems: Social Capital for the Anthropocene*, The MIT Press, 2017.

⑤ *Webster's Third New International Dictionary*, Merriam Co, 1976, p. 93.

我存在意义的独断式诠释。人类早期由于科学知识的缺乏,地球曾一直被视为宇宙"中心",人不仅成了地球的"主人",甚至"人是万物的尺度,是存在的事物存在的尺度,也是不存在的事物不存在的尺度"⑥。近代启蒙运动之后,人类在摆脱宗教束缚而转向人自身解放的同时,形成了人作为施动者与自然作为受动者的"主(体)-客(体)"二分的理性主义认识论。从笛卡尔提出人要"借助实践使自己成为自然的统治者"到康德主张"人是自然界的最高立法者",从培根提出"知识就是力量"到洛克主张"对自然界的否定就是通往幸福之路","人代为神管地球"的朴素观念逐渐演变为"人能主宰一切"的"人类中心主义"。

即使到了现代,虽然生态平衡与生态保护已成为人与自然关系的主导意识,但人作为自然的"主人",自然作为人的"工具",人仍然是自然的主导者,是地球生物圈的管理者这一立场并未改变,保护自然环境的根本目的仍然是保护人类自身的利益。这种以"生态保护论"为核心思想的"弱人类中心主义"虽扬弃了传统的"人类征服自然""人定胜天"的局限,在协调、平衡地球生态系统中也发挥了特殊的作用,但其自视为生态系统代言人的困境仍然存在:一是无视人类理性的有限性;二是混淆"道德代理人"(moral agent)与"道德顾客"(moral patient)关系;三是拘泥于利己主义阈限;四是没能摆脱现代主义的本质主义、还原论和绝对理性主义的泥潭。

---

⑥ 〔英〕罗素著:《西方哲学史》上卷,何兆武、李约瑟译,商务印书馆2017年版,第111页。

戴维·多伊奇把人类生存的星球想象为"宇宙飞船地球号",并把这样一艘"世代飞船"比喻为生物圈——由地球上所有生物以及它们的栖息地构成的系统,能够给人类乘客提供他们繁荣发展所需要的一切。生物圈能回收所有废物,利用它巨大的核电厂(太阳)完全自给自足;生物圈看上去高度适合供养我们,因为我们通过进化适应了它,但它的能力是有限的——如果我们使它超载,它就会崩溃——,因此我们不应该认为自己很重要,我们不应该指望世界无限度地屈服于我们的掠夺。⑦ 当然,另有学者则直接把宇宙的文明图景描述成一座"黑暗森林",每个文明都是"幽灵般的带枪猎人",随时准备开枪消灭别的生命或"异形文明"。⑧

2. 人类世与星球治理

古希腊人对宇宙的感知源起于对"球状"的认知。柏拉图在《蒂迈欧篇》中谈道,造物主给了世界一个恰当适宜的、旋转的"球状"外形,这是一个能包含所有生命体的"生命体","它的形状被恰如其分地作成球形,因为在周长相同的一切物体中圆体的容量最大,因此对想要容纳万物的东西来说,就是恰当的外形"⑨。源自于希腊理性的西方现代性表达了一种颠覆特殊地方主张的宇宙哲学,"世界是由球形的笛卡尔空间组成的,其中人为的政治边界像漫画一样招眼。相反,整个地球的画面倒是一张真实的照片"

---

⑦ 参见〔英〕戴维·多伊奇:《无穷的开始:世界进步的本源》(第二版),王艳红、张韵译,王艳红审校,人民邮电出版社2019年版,第48—49页。

⑧ 参见刘慈欣著:《三体Ⅱ·黑暗森林》,重庆出版社2008年版,第446—447页。

⑨ 〔英〕A·E.泰勒著:《柏拉图:生平及其著作》,谢随知等译,山东人民出版社1990年版,第631页。

"整个地球画面似乎比世界更加可信、更加'真实'"⑩。现代生态主义更使"纯粹的地球"这个形象化比喻深入人心,从外层空间拍摄的"整个地球画面"的照片不断激起人们超越空间的"地球认同","地球优先""星球环境改造""星球地球化"成为时尚的星球治理理念。

一些著名的科学家在20世纪就已得出结论:"我们已经进入了一个由人类主导生态系统的世界,鉴于人类活动在全球范围内的深远影响,甚至可以说地球已经从'全新世'过渡到可以被称为人类世的一个新时代"⑪,并且人类世促成了人类与自然耦合的"治理复合系统"的形成。人类在自身的发展中和自然生物物理系统形成多种形态的互动场景,进而产生特定的"耦合系统"(coupled system),而在人类与自然的耦合系统中,人类的力量不断增强,不断成为对自然起主导性影响的驱动因素,以至于可以这样说:"如果我是在一艘'宇宙飞船'上,则我们绝不仅仅是它的乘客,也不是管家,甚至也不是维修人员;我们是设计者和制造者。在人类创造出这些设计之前,它并不是一艘运载工具,而只是一堆危险的原材料。"⑫

地球治理是星球治理的第一步,环境治理又是地球治理的第

---

⑩ 〔美〕约瑟夫·拉彼德、〔德〕弗里德里希·克拉托赫维尔主编:《文化和认同:国际关系回归理论》,金烨译,浙江人民出版社2003年版,第196页。
⑪ 〔美〕奥兰·扬著:《复合系统:人类世的全球治理》,杨剑、孙凯译,上海人民出版社2019年版,第92页。
⑫ 〔英〕戴维·多伊奇著:《无穷的开始:世界进步的本源》(第二版),王艳红、张韵译,王艳红审校,人民邮电出版社2019年版,第55页。

一步。若要重视人类与环境的关系,就得"重视人类使用自然资源(如森林、鱼群、矿藏)和人类行为影响生物物理系统(如空气和水污染)的治理问题。在这些场景中,人们期待的结果集中在取得可持续性和适应性方向的成就"⑬。很难想象,当远离海岸的农民使用的化肥和杀虫剂顺着溪流入海,结果造成相关海域的生态系统出现缺氧和窒息的状况,这种治理如何确保海洋生态系统的完整性;当一个物种跨越两个或以上的独立国家的边界,而这些国家又没有建立跨境协作的治理机制,这种治理如何确保这个物种的可持续性。因此,"在一个复合系统的世界里,若想设计出一些有效的治理安排,必须从星球的维度来考虑地球系统动态变化受人类影响的程度"⑭。

19世纪初,世界人口超过10亿,至2022年底已近80亿。人类越来越觉察到,"未来最大的不确定因素将来自全球变暖所逐渐引发的环境灾难""全球变暖会引发洪水、干旱、荒漠化和物种的广泛灭绝,一个世纪之后地球部分地区将无法居住"⑮。解决人类世问题需要创建并实施与以往迥然不同的、具有创新特征且可持续的引导机制,如基于共同世界观而互动性较强的嵌入式机制、基于共同结构性框架与可操作性安排的筑巢式机制、基于非等级式安排而突出功能性关联的簇集式机制、基于未曾预见的方式发

---

⑬ 〔美〕奥兰·扬著:《复合系统:人类世的全球治理》,杨剑、孙凯译,上海人民出版社2019年版,第27页。

⑭ 同上书,第3页。

⑮ 〔美〕理查德·拉克曼著:《国家与权力》,郦菁、张昕译,上海人民出版社2021年版,第161页。

生的重叠式或聚合式机制等。

二、从"人类世"转向"生态世"

1. 生态世

"生态世"(ecocene)中 eco 的希腊语是 oikos,意为"栖息地"或"房屋、住所",英语意为"生态";cene 在英语中意为地质记元的"世"。因而"生态世"一词,正好与"人类世"相对应并超越了"人类中心主义"的原有立场。只有从"生态世",亦即包括自然生态、经济生态和社会文化生态的广义生态主义(Pan-Ecologism)的角度解读人类的生存定位,才能走出"人定胜天"的误区。

与"生态世"相应的广义生态主义概念或理论早已存在,如与"人类中心主义"相去日远的"动物中心论""生物中心论""生态中心论"等理论关注的生态内在价值各不相同,但在根本点上是一致的,即其生态伦理观都从"人类中心论"转向了"非人类中心论"。随着深空探测技术的提高,人类的"星球意识"不断觉醒,开始越来越把自己放在一个恰当的位置上——广义生态系统中的一员。尽管过往人类的实践活动在一定程度上改变了地质形态,形成了有了人类以后因受人类影响才形成的矿物质、地质层,有了与微生物抗争的成就(如消灭天花等),但这一切并不能推导出为人类就是地球主人这一结论。

人类如何超越自身而重新认识人类只是生物圈中的一员？英国开放大学政治学教授安德鲁·多布森(Andrew Dobson)在《绿色政治思想》一书中强调,如果人类是"地球之友",那么人类活动必须限制在何种范围内才不至于干扰非人类自然世界,而不是只关心人类的介入在什么程度上不会威胁到人类自己的利益,并以此立场差异划分为生态主义和环境主义,以区别人类与非人类自然世界的关系。⑯ 按照美国科罗拉多州立大学哲学教授霍尔姆斯·罗尔斯顿(Holmes Rolston)提出的以自然内在价值作为核心的自然价值观,如果说狭义的旧伦理学仅强调一个物种的福利,那么广义的新伦理学必须关注地球上几百万物种的福利。

"生态世"的提出首先意味着人类看待地球视角的再次转换,其次意味着人类和合共生的对象从人类扩展至非人类,再次是国际政治或国际关系研究被纳入"后人类"(posthuman)⑰或"后人类主义"范畴。新近出现的新物质主义(New Materialism,又译为新唯物主义)为"生态世"的诠释提供了新的理论基础。以往的唯物主义以有生命的意识与无生命的物质作为两对基本的范畴展开其理论阐述,但随着科学技术的发展和人类对自然的再认识,出现了超越旧唯物主义基本范畴的新景象:大量有生命的物质、无生命的智能体、基于基因技术的新生命体、基于量子物理层面的超意识现象,以及能和人类的意识、感性、知识等特征相互联结的、具有超级智慧大脑的"强人工智能"体(Strong Artificial Intelligence)等都参与了地球的演化与人类的发展。如何认识这些既非物质又非意识的"基于生命的新物质体""基于物质的新生命体""基于智能的非生命体"或"强人工智能行为体"等成为新物质主义的研究对象与

---

⑯ 参见〔英〕安德鲁·多布森著:《绿色政治思想》,郇庆治译,山东大学出版社2012年第二版,第216—228页。

⑰ 参见 Erika Cudworth & StephenHobden, *Posthuman International Relations: Complexity, Ecologism and Global Politics*, Zed Books Ltd., 2011。

主要内容,同时也是人类再次反思自身存在定位的新起点。因此,一种全新的"新物质主义"视角的"生态世"理念——人类与非人类和合共生、和合共建、和合共享——应运而生。

2. 生态世的全球治理

如前所述,进入现代工业社会以来,人类通过自身对环境的改造在某种程度上改变了地球的"地质特征",并进入了被科学家称之为的"人类世",于是全球治理成为人类的治理主题。在人类漫长的演进过程中,"人类世"的提出具有积极意义,不仅体现了"人与地球不相分离""地球深深地烙下了人类烙印"的状态,而且为了生存环境进一步强调了关爱地球等原则。但从"人类中心主义"立场解读人类自己的"贡献"进而对"人类世"做出诠释,表达出的往往是人类的"自我中心"与"自我膨胀",最终误导的恰恰是人类自己。

"正如人类世的概念所表明的那样,我们现在生活在一个由人类主导的生态系统世界中,人类的行为往往是大范围生物物理系统脆弱性的关键性因素。"[18]作为"灵性动物"的人类是从生物圈中演化而来的,生物圈是人类不可或缺的生存前提,人类与生物圈是和合共生的关系。但现实中不乏人类面对生物圈时既"不可一世"又"不堪一击"的矛盾。一方面,"人类世"预示着人类的所作所为与生物圈中其他生物相区别的"不可一世"——"没有哪片森林不曾被人类行为所触及;'未受干扰之生态'的概念没有意

---

[18] 〔美〕奥兰·扬著:《复合系统:人类世的全球治理》,杨剑、孙凯译,上海人民出版社2019年版,第84页。

义;甚至或尤其是最纯粹的'自由市场',也不过是人类持续操控的产物,即使人们有这样的意愿,'让自然界自行其是'而不受干扰,也是根本不可能的"[19]。另一方面,"人类世"又昭示着人类在否定生存环境的同时也在否定自身而使得自身在生物进攻面前"不堪一击"。以新冠肺炎疫情为标志的微生物对人类的侵害为例,生物攻击可以瞬间使地球上任何一地都蔓延着人类对生物威胁的极端恐惧。人们发现,生物世界的异在性再次充分凸显了,我们所处的生存环境比以往任何时候都更充满"复杂性""不可预见性""不易控性"和"危险扩散性"。

当人们产生深深的安全恐惧时,就会把威胁安全的"对象物"作为修饰词放在"安全"之前,以表示一个新的安全领域的形成,使人们对之给予充分的重视。但相对于国家或国际安全来说,在安全的前面置放"修饰词"是有条件的。只有当某一类安全问题成为国家或国际决策层面的安全议题,或对国家或国际社会造成直接威胁,才可被纳入国家或国际安全的话语范围。同样,当某一种安全威胁带来的危害呈现普遍性特征,但即使在安全前面加的修饰词成立,往往也会有一个"安全化"[20]的过程。例如,生态问题一开始只是一个"局部问题"时,它就只是一个"沉默的安全"而不被纳入国家与国际安全研究的清单;当生态问题开始严重,具有了普遍性风险特征且开始被人们重视和研究,它便进入、但仅仅处在

---

[19] 〔美〕罗伯特·罗维斯著:《系统效应:政治与社会生活中的复杂性》,李少军、杨少华、官志雄译,上海人民出版社2020年版,第306—307页。

[20] "安全化"概念的本意是"安全议题化",即公共问题上升为国家安全议题的过程。

国家或国际安全的边缘地位；只有当生态危机频频出现且给各国和世界带来普遍性危害时，"生态安全"才成为重要的安全议题而形成国家安全和国际安全意义上的"生态安全"领域。

"人类世"是人类中心意识的最高表达，既然"人类世"最集中地代表人类中心主义的范畴，那么要超越它，我们必须用"生态世"范畴来取代它。"生态世"强调的是人类与自然包括微生物世界和合共生的广义生态观，凸显的是以人类与非人类"优态共存"[21]为核心价值的"和合主义"范式，甚至为了合理地处理人与生态关系，人类在地球上的身份要从"世界公民"转向"生物公民"（biological citizen），"生物公民权"（biological citizenship）[22]要优先于"社会公民权"。恰如《地球宪章》所强调："我们是一个人类大家庭和一个具有共同命运的地球社区"，"我们作为地球的人民，必须宣布我们对彼此、对更大生命共同体，以及对后代的责任"。[23]可以说，用"生态世"替代"人类世"，让人类能够重新找到自己的定位。

三、生物安全与"非传统占争"

1. 生物安全"场景性"与"紧迫性"

以人与微生物的关系为例，"生态世"为重新设计应对微生物

---

[21] 参见余潇枫著：《从危态对抗到优态共存：广义安全观与非传统安全战略的价值定位》，载《世界经济与政治》，2004年第2期，第8—13页。

[22] 参见孙越、董军著：《浅析"生物公民权"的建构机制》，载《自然辩证法通讯》2015年第3期。

[23] 〔美〕奥兰·扬著：《复合系统：人类世的全球治理》，杨剑、孙凯译，上海人民出版社2019年版，第143页。

世界的非传统安全"占争"(occupation but no war)的安全算法提供了新的理念支撑。沧桑变迁,生物世界给人类带来的不确定性和恐惧一刻没有消失,生物世界的不确定性与给人类社会带来的风险造成了人类特定的存在性焦虑与本体性恐惧,我们需要重新认识生物世界,努力提升人类生存于生物世界中的"安全感"。

从非传统安全的视角看,生物安全的非传统特征有:"威胁传播的跨国性、高难度防扩散性、影响的潜伏性和连带性,以及内容的交叉性等"[24]。2020年初暴发的世界性的新冠肺炎疫情危机除了具备以上非传统特征,还具有"成因复杂性""不可预见性""危险扩散性"等特点,因此造成了人们对它的普遍恐惧,凸显了对人类具有普遍危害的"场景性"与"紧迫性"。这不得不使所有国家以至全人类都急切地思考如何应对微生物病毒的威胁,于是生物问题迅速上升为国家安全与国际安全的重要安全议题,从而"生物"一词作为安全的前置性修饰词的条件自然达成,"生物安全"成为了当下具有特别优先性的安全领域。也就是说,"生物"成为了一种严重威胁安全的"对象物",于是"生物安全"概念被普遍认同,并被纳入国家与国际安全研究的清单之中。不仅如此,生物安全问题还直接与人口安全、经济安全、军事安全、政治安全、社会安全、资源安全等相关联。

2. 生物安全的场域类型与挑战

对各种类型的生物安全进行类型研究,即要确定生物安全威胁可能有的基本场域类型。鉴于生物世界与人类社会之间关系的

---

[24] 中国社会科学院武汉文献情报中心、生物安全战略情报研究中心编著:《生物安全发展报告——科技保障安全》,科学出版社2015年,第7页。

复合性与交织性,我们需要运用"场域安全"的理论视角。从低政治到高政治的序列划分生物安全的场域类型,生物安全可被划分为六大类:生物疫情、生物实验、生物资源、生物入侵、生物恐怖、生物战。与生物疫情安全相关的主要内容有重大新发突发传染病、动植物疫情等;与生物实验安全相关的主要内容有生物技术的研究、开发、应用,实验室生物安全的管理等;与生物资源安全相关的主要内容有人类遗传资源与生物资源安全管理等;与生物入侵相关的主要安全内容有防范外来物种入侵与保护生物多样性,应对微生物耐药等;与生物恐怖相关的主要安全内容有防控防范各种类型的生物恐怖袭击;与生物战相关的主要安全内容有防御生物武器威胁,防止任何形式的生物战争等。生物安全场域类型的划分有利于我们对生物安全进行深入研究与合理应对。具体展开来分析,生物安全的主要挑战有以下五个方面:

第一,生物入侵与"非常规灾害"。外来生物入侵是指非本地生物以自然或人为方式对本地生态系统、人类健康、物种多样性造成危害的现象。外来有害生物传入的基本途径有自然扩散式、人为无意式、人为善意式、人为恶意式,它们通过"暴涨式蔓延""无阻式侵害""隐性式攻击"等方式造成形态各异的非传统安全威胁,其安全威胁的主要特征有高度隐蔽性、无序散播性、灵活多变性和危害传递性。[25]

第二,传染性疾病与"非常态危机"。如果说常态危机是常见

---

[25] 参见余潇枫著:《外来有害生物入侵与生物安全共治》,载《人民论坛》,2022年8月(上),第22—25页。

的且可防可控的"普通紧急状态",那么非常态危机则是不常见的且难防难控的"例外紧急状态"。由传染性疾病引发的"非常态危机"的主要特征往往是"超常""偶发""例外",其"引发威胁的诱因不是几乎从未遇到过的,就是非局部性且难以按正常程序应对的;引发非常态危机的成因不是前期应对失控而不可逆的,就是瞬时跨越国界、交错而弥漫性的"[26]。特别是传染性疾病,往往能快速引起民众与社会的大规模恐慌。

第三,生物实验与"非常态风险"。人类对生物世界越不了解,生物世界对人类就越具有不确定性。为了降低生物世界对人类的不确定性与风险,人类开始建造各类生物实验室来探寻生物世界的奥秘。但如果管理规范不全,管理程序不完善,管理监控措施不严密,以及对管理疏忽的追责不彻底,则生物实验过程中会存在"非常态风险"。生物技术的发展对人类来说既是凯歌也是挽歌,尤其是"生物安全风险是社会不可接受的风险"[27],基于生物风险的不确定性与不易控性,人们对生物实验怀有不同程度的恐惧心理是非常正常的。

第四,生物战与"非传统战争"。生物被人类用作一种武器来对人实施攻击时,则成为了与传统安全相交织的"非传统战争",这是引发人们对"生物"更为恐惧的缘由。人类战争史上已经以不同的方式出现过"生物战"或"生化战"。生物战是一类运用生

---

[26] 余潇枫、潘临灵著:《"非常态危机"识别与防控:基于非传统安全的视角》,载《探索与争鸣》,2020年第4期,第152页。

[27] 曹国庆等编著:《生物安全实验室关键防护设备性能现场检测与评价》,中国建筑工业出版社2018年版,第121页。

物武器、实施生物恐惧的战争。运用生物武器或生物战剂来进行攻击则会形成一场看不见的"隐形战争"或"非人道战争"。在非传统安全中,利用生物武器进行的看不见的战争已经成为越来越现实的威胁。生物武器特别是基因武器的特点是成本低、可批量生产且杀伤力大,施放手段多样、难防治且传染性强,具有分辨力、只攻击敌方特定人群且保密性强,使用方法简易且能对敌方产生强烈的心理威慑作用。因此生物国防、生物疆域、生物威胁、生物恐怖、生物战争、生物安全防备、生物安全战略等概念开始被提出并流行。

第五,生物恐怖与"社会性恐慌"。生物战是生物恐怖的极端形态。然而,除了生物战,生物恐怖还有其他形式,例如生物恐怖主义、生物刑事犯罪以及因生物武器外传等而引发的"社会性恐慌"等。生物恐怖的来源一般除了自然界和国家行为体,还有非国家行为体——恐怖主义者、犯罪分子以及科学家。为了预防与消除生物恐怖对国家与民众的威胁,我国从立法的高度规定:禁止任何单位和个人开发、制造或者以其他方式获取、储存、持有和使用生物武器;禁止任何单位和个人以任何方式唆使、资助、协助开发、制造或者以其他方式获取生物武器;国家采取一切必要措施防范生物恐怖与生物武器威胁。

3. 微生物与"非传统占争"

"在长达数十亿年之久的地球生命演化中,世界上存在的物种可以说都是从其他地方'入侵'而来的,……但人类社会出现后,这种自然的生物交流依然存在并转化为人类社会中的自然入侵现象。然而,随着交通运输技术的进步,外来物种的人为入侵开始占据主导地位,其规模逐渐使得自然入侵现象相形见绌。"[28]微生物的"入侵"更使人类难以招架。2020年年初暴发的新冠肺炎疫情就是一场无声的人与微生物病毒的"争斗",有人甚至用"战争""世界大战""第一次非传统安全世界大战"来比喻这场争斗。其实,当我们用"战争"来形容人与微生物之间的争斗时,表明了我们的话语透射出我们的思维方式仍是"传统安全"的思维方式。因为"战争话语"与微生物世界自然进化不甚相干,也无法准确揭示疫情危机的"非传统安全"本质。

"微生物政治学"(Microbialpolitik)[29]的研究证明:存在于地球达数亿年的微生物对人类造成的巨大挑战与威胁是"非武"(非军事武力)的,微生物呈现的只是自然演化规律与经过无数次迭代、优化后的"安全算法"[30]。因此,人类与微生物世界的紧张应是一种去掉"戈"的"占争"关系,通过"占"有生存资源以"争"得其生长繁衍的最大可能。如果说微生物挑战人类的非传统安全本质是"占争"而非"战争",那么人类就需要有与之应对的升级版理念。

因此,面对"非传统占争",人类的最佳选择是与非人类的和合共生。拿微生物世界来说,人类要努力让微生物成为不可或缺

---

[28] 李宏、陈锋编著:《警惕外来物种入侵》,重庆出版社2017年版,第19页。

[29] 费德勒认为,传染病造成的严重问题是:基于病原体能消灭核心人口基数而对一国经济与政治稳定性造成威胁,因而理解传染病控制的国际政治或"微生物缘政治"变得十分重要。(参见 David P. Fidler, "Microbialpolitik: Infectious Diseases and International Relations", *American University International Law Review*, Vol. 14, No. 1, 1998, pp. 1-11。)

[30] 微生物生存的安全算法有"体小面大""吸多转快""宜温代谢""指数级繁殖"等。

的"朋友"。例如,在工业上,微生物可用于发酵、获取单细胞蛋白等;在农业上,微生物可用于发展生物农药与生物肥料;在环境保护中,用生物学方法进行废污水处理不但经济而且有效。只有和合共生才能消除对"非传统占争"的恐惧。

在生物安全领域,危险与机会同在,"占争"与"战争"缠绕,人类虽面对巨大挑战,但只要确立"和合主义"范式,实施"优态共存"与"和合共生"方略,就能找到人与生物世界和谐的全新安全算法。

第二节 "网球化"与"3E 托邦"

一、深度全球化与"网球化"

1. 从全球化转向"网球化"

对人类文明演进来说,全球化是史无前例的,它在使国内工业化与国家能力全面提升的同时,也在国际上促成了跨国贸易、生产、金融体系与国际政治格局的形成;它是以往人类本地化、分散化的存在方式的终结,是异地化、集成化存在方式的开启。但不可否认的是,全球化给人类带来"共享"文明进步的便利,也给人类带来"共担"危机灾难的可能。

新冠肺炎疫情的爆发让人类的全球化来了个"紧急刹车","逆全球化"或"去全球化"[31]现象随之迅速从经济领域扩展到政

---

[31] 参见李丹著:《"去全球化":表现、原因与中国应对之策》,载《中国人民大学学报》,2017年第3期,第99—108页。

治、社会、文化、环境等领域。有人认为,这是"全球化的逆转""全球化的挑战""全球化的挫折";另有人则认为,这恰恰是"深度全球化""再全球化"的开始,是一种"选择性全球化"的到来,是"替代型全球化"向"互补型全球化"的回归;还有人认为这是"中国式全球化"的大好机会。其实,再全球化才是人类未来的出路所在,发展中的问题要通过发展来解决,同样全球化中的问题要进一步全球化才能得到解决,而在推进"再全球化"的过程中,中国将起到不可或缺的贡献,不仅"中国传统中的和合文化和天下情怀,在世界变局中就具备了新的条件得以发扬光大"[32],而且"中国已经是重塑全球化进程的重要推动力量""当中国与世界'再次相遇',在规则和形态上将创造一个从未想象过的崭新的全球化模式"[33],即以"和合不同"作为"中国式全球化"的价值基点,其终将成为支撑世界秩序的新核心理念,为世界持续性和平提供合法性基础,更为世界多样化发展提供凝聚力源泉。

当然,对再全球化的思考,还可以站在更高的站位,即超越人类中心主义视角进行探索。在对逆全球化与再全球化展开对峙性研究时,有学者提出新的研究视角,即达成人类与非人类共生共享目标的"后人类"视角。"网球化"概念的提出正是基于"生态世"的理念,运用"后人类"视角的一种理论探索,并以此来展示人类发展新趋势及人与自然和谐的新图景。"在历史的进程中,人类创造了一个全球性网络,不论面对任何事物,都以它在这个网络中

---

[32] 唐永胜著:《解析世界变局》,载《现代国际关系》,2020年第2期,第5、6页。
[33] 王栋、曹德军著:《再全球化》,社会科学文献出版社2018年版,第221页。

有何功能来给予评论。"㉞"网球化"的"网"包含两重含义：一是"广义数据网"，二是"广义生态网"。前者是"数字化""符号化"为本质特征的"信息人"世界的形成，后者是基于"生态化""智能化"为生存特征的"智能体"或"超人类"社会的形成。这两个"网"的形成与交织都是对"主权国家体系"藩篱的超越。

"广义数据网"的超越性体现在其"超时空"特征上。构成宇宙的三大基质是物质、能量和信息，而物质与能量都是信息的载体，信息是物质与能量的意义表达。以信息为生存本质特征的未来"网生代"——"信息人"——与人类以往非"网生代"的"实体人"的最大区别是："信息人"跨越了一切国界，进入了"无边界"或边界不断延伸的数字空间。我们知道，人是一个由脑神经功能主导处理信息的"巨型复杂的系统"，人通过自身系统与外界环境系统进行物质、能量及信息的交换，信息的接收、处理、输出是其生命持存的重要标志。在网络中，生命似乎是由许多视窗组成的，真实的生活不过是其中的一个视窗而已。如果说，物理空间是基于地缘的、物质的实实在在的现实社会，那么网络空间则是基于认同的、观念的虚拟时空或另类生存空间。现代人类正在构筑一个网上信息世界，它是现实的物理世界在网上的投影，而这个网上信息世界将逐渐成为物理世界的统治者。在网络空间里，所有信息都以数字形式存在，从而实现了人类交往的非主权性质的全球化和全面化。信息人的参与是虚拟实在得以建构的前提，而虚拟实在

㉞ 〔以〕尤瓦尔·赫拉利著：《未来简史》，林俊宏译，中信出版集团2017年版，第359页。

不仅是一种技术,更是一种文化,是人类在可能世界里驰骋的一种投射。信息人、网络社会、虚拟实在构成了"网"球化的现实基础。这三位一体的相互交错不仅展示了一种新技术革命的颠覆性,一种新生存方式的建构性,而且更重要的是个人的生活方式将被改写,人类的生存状态也将重新编码。已有专家断言:"现在,唯一可供我们的文明继续扩张的领土——唯一真正的边疆——就是电脑化空间。它是人类赖以相互交往、发展经济、进行社会和政治谋划的新场所。"㉟

"广义生态网"的超越性体现其"超人类"特征上。一方面,"超人类"强调的是人类与非人类的和合共生,除了人类与有生命的物质的和合共生,还有人类与非生命智能体的和合共生,如各类由人类制造的"智能体"(如智能机器人、虚拟信息人等)超越了一切人种,带着自定义、自修复、自学习的程序进入了"无限定"的类生物世界,它们不以谷物与果蔬而以信息数据与能量为"生存之必需";另一方面,"超人类"强调来自于人类对自身的生物性突破与"超越",当基因密码被重新读写,当机械心脏、智能肢体、替代性器官不断成为未来人类身体的一部分的时候,人将越来越远离病症并不断地延长寿命,一个尚不能预料的"超人类"时代正在向我们走来。

2. 网球化与"算法世纪"

工业化是现代化的前提,是全球化的前奏,而工业化的再次"升级"则是全球化走向深度全球化的新动力。蒸汽机的出现与

㉟ 胡泳著:《另类空间》,海洋出版社1999年6月版,第4页。

广泛使用开启了工业1.0时代;电气化的出现及其对人类生产与生活的全面改造是工业2.0时代的标志;信息化时代的到来意味着人类迈入了工业3.0时代;而数智化对人类发展的全面渗透则宣告工业4.0时代的到来。德国于2013年的汉诺威工业博览会上正式推出"工业4.0"战略,但主要内涵尚只强调工业的"智能化",即突出的是"智能工厂""智能生产""智能物流"等,而随着数字化的同步发展,"数智化"成为了工业4.0的新标志。

数智化不仅把"信息""数据"变成了工业的新资源与新原料,而且整个地球将由"星链"的形成而实现"网球化"。"星链计划"由埃隆·马斯克提出,即发射42000颗卫星,在地球上空形成一个巨型星链网络,不仅几乎覆盖全世界所有国家,而且直接提供无中断且免费的手机通信网络。更值得关注的是,"星链计划"要为人类飞出太阳系成为"星际文明物种"而奠基。悄无声息的数智革命"产生了一种比解构距离效应更为深远的影响。它通过建构一整套网络式的'社会间'关系,超越传统的国际关系,后者其实应该被准确地称为'国家间关系'。随着市民社会从国家约束的滞重压力下解放出来,而且社会行为体逐渐自主化,包括相对于其国家共同体而言,世界政治就变得越发具有社会间性(intersociality)胜于国家间性(internationality)的特征"[36]。

"网球化"意味着以数智化为基础的一网通天下的"非接触时代"到来了,而连接人与网络世界的纽带是智能手机,于是"机不

---

[36] 〔法〕伯特兰·巴迪著:《世界不再只有"我们":关于国际秩序的另类思考》,宗华伟译,上海人民出版社2022年版,推荐序第Ⅵ页。

可失"的时代真正来临了。在"网球化"的语境下,"我们不能仅凭地缘政治的古典地图,也不能仅从战略性思考中理解当今国际关系的性质。应该学会跨越一步,把社会在国际关系领域中的涌现纳入考量"[37]。

"网球化"还意味着"广义生态网"与"广义数据网"相互交织,构成人类未来的"广义安全论"基础,并可以用具有相互可通约的算法来表达。当今的数据主义者甚至认为,"宇宙由数据流组成,任何现象或实体的价值就在于对数据处理的贡献……同样的数学定律同时适用于生化算法及电子算法,于是让两者合一,打破了动物和机器之间的隔阂,并期待电子算法终有一天能够解开甚至超越生化算法"[38]。因而,未来世纪将是生物算法与人的算法汇聚的"算法世纪","算法已经可以说是这个世界上最重要的概念。如果想了解我们的未来及我们的生活,就必须尽一切努力了解什么是算法"[39]。

二、元宇宙时代的"3E托邦"

1. 元宇宙时代

如果说人类社会的第一次浪潮是农业革命,"锄头"是其代表性象征,第二次浪潮是工业革命,"流水线"与"烟囱"是其代表性

---

[37] 〔法〕伯特兰·巴迪著:《世界不再只有"我们":关于国际秩序的另类思考》,宗华伟译,上海人民出版社2022年版,推荐序第V页。
[38] 〔以〕尤瓦尔·赫拉利:《未来简史》,林俊宏译,中信出版集团2017年版,第335页。
[39] 同上书,第75页。

象征,第三次浪潮就是信息革命,"计算机"及其相应的信息智能技术是其代表性象征,那么第四次浪潮将是随着第四次工业革命而至的超AI革命,"网球化"与"元宇宙"(metaverse)是其代表性象征。

"网球化"通过互联网与"星联网"把所有人连接在一起,人们把日常生活的场景渐渐移至世界一体化的网络场景之中,线上线下相结合的混合世界成了现实的世界。2020年初开始蔓延全球的新冠肺炎疫情从另一个维度促进了人们通过数字网络的相互连接——线下会议少了,面对面的教育培训少了、人与人之间的交往少了,但线上各式各样的社会实践与网络传播活动多了,"虚拟办公室""虚拟会议室""虚拟市场""虚拟货币""虚拟课堂"在全球公共卫生危机的压力下迅速成为了时尚。元宇宙不仅是当下正在发生的故事,而且还是人类"新的未来":虚拟现实、社交游戏、人工智能、数字人类等术语越来越被集合成一个全新的世界向人们展示其无穷的魅力,而"元宇宙"的出现使以往以互联网和移动互联网为基础的"移动革命"转向了更为令人振奋且有着无限可能的"超越世界":"一个无数人梦寐以求的虚拟现实世界,一个现实与虚拟融为一体的世界,现在我们就站在那扇门前,没有人知道,在这扇门后面等待我们的是什么。"[40]

"元宇宙"是一个指现实世界之外的另一个数智化的"虚拟世界",它不是与同一个地球相平行的世界,而是一个由现实世界延伸而来的世界。"元宇宙"概念最早出现在1992年出版的尼尔·

---

[40] 〔韩〕李林福著:《极简元宇宙》,黄艳涛、孔军译,中国对外翻译出版社2022年版,序言第4页。

史蒂文森的科幻小说《雪崩》中,其本意是人们可以生活在一个"沉浸式的虚拟世界"之中。奇特的是,元宇宙虽然是一个"虚拟世界",但它可以比真实"更真实","在现实世界中正式建造工厂之前,如果能在虚拟世界中提前模拟,同样在制造智能机器人之前,如果能设置各种环境,模拟测试智能机器人能否正确执行指令,就会减少很多时间和成本投入。所以,这句话也可以解释为超越游戏,重新设计现实"[41]。

元宇宙制造出大量人类从未体验过的新生活。例如,"非同质化代币"(NFT)一度成为热点。推特创始人杰克·多西(Jack Dorsey)的一条推文"我刚刚建立了我的推特账户"(just setting up my twttr)以非同质化货币的形式拍卖,最终以290万美元的高价售出;代表人工智能与人类智能之争的李世石九段与AlphaGo比赛的场面也被制作成非同质化货币在网上竞卖,成交额达到60以太币(约2.5亿韩元)。可以在游戏中做任何事情的"沙盒游戏"(Roblox)大受少年儿童欢迎;谷歌公司推出的"谷歌地球"能让用户浏览全世界各地的高清卫星图片。元宇宙使现实世界与虚拟世界的边界显得越来越模糊,未来人类将都生活在"一个与现实互动的虚拟现实世界"中,甚至元宇宙将直接打造出一个全新的"数字人类"。

2. "P-托邦""E-托邦""3E托邦"

"信息数据网"与"广义生态网"相交织的"网"球化才是人类应对非传统"占争"所要思考的重要议题,也是体现"后人类主义"

---

[41] 〔韩〕李林福著:《极简元宇宙》,黄艳涛、孔军译,中国对外翻译出版社2022年版,第8页。

视角的重要维度。不仅"人工智能有可能改变战争的形式和原则,并对现行的国际法律和伦理道德造成冲击"[42],"人工智能和大数据有望帮助重塑全球秩序",[43]而且"生态世"中的"网"球化是要实现人类与非人类的和合共生与和谐共享。

人类与非人类和合共享不仅是人类与微生物世界的"和谐"设计,也是人类超越主权体系的理想设定。"P‐托邦"(P-topia,即 People-topia 的缩写)是超越主权体系重要构想。罗尔斯认为,全球正义须建立在没有主权国家的前提下,他把没有国家、只有人民的"P‐托邦"视作人类的最高理想。罗尔斯在其《万民法》中以超越一切民族与国家的"人民"为承载正义的世界性实体,开卷便以"人民社会"来称谓代表普遍正义与终极理想的社会形态,展示出一幅人类正义未来的美好图景。[44]

《伊托邦:数字时代的城市生活》一书提出了一个全新的概念"E‐托邦"(E-topia,或称"伊托邦")。该书主要内容是数字时代将产生人类新的生活方式与社会关系,大规模网络的发展、远程传输占据主导、智能场所的开创、在场经济的普及使得人类进入了一个全新的数字化时代。[45]法国哲学家德勒兹(Gilles Deleuze)描绘

---

[42] 傅莹著:《人工智能对国际关系的影响初析》,载《国际政治科学》,2019 年第 1 期,第 1 页。

[43] Shazeda Ahmedand & Nicholas D Wright, *Artificial Intelligence, China, Russia, and the Global Order:Technological, Political, Global, and Creative Perspectives*, Air University Press, 2019.

[44] 参见〔美〕约翰·罗尔斯:《万民法》,张晓辉、李仁良、邵红丽、李鑫译,吉林人民出版社 2001 年版,引言第 1—11 页。

[45] 参见〔美〕威廉·J·米切尔著:《伊托邦:数字时代的城市生活》,吴启迪、乔非、俞晓译,上海世纪出版集团 2005 年版。

道,以生态学为依据的"E‑托邦"图景是以"年轻人自发的公益团体、非赢利的自由媒体、无政府主义研究会、黑客和网络社团、遍布全球的地下音乐传播体系、艺术家社区、互助公社、各种亚文化圈"为主要形式的社会活动的基本形态。而且"元宇宙"为"E‑托邦"勾画了更为虚幻的且与现实相交融的新天地。

从 P‑托邦转向 E‑托邦不仅是人类生存现实的重大变化,也将是人类安全与发展方式的重大变化。与此相应,安全的理念也必须转型与升级,因为假如安全威胁的来源变了,但应对挑战的安全算法不变,原安全算法的"算力"就会不足,人类的安全状态就会陷入某种历史的循环之中。传统安全算法 1.0 版所造成的历史局限与系统循环曾被这样描述:"和平带来富裕,富裕导致骄狂,骄狂滋生争吵,争吵引起战争;战争带来破坏,破坏导致贫困,贫困引发和解,和解促成和平。所以和平带来了战争,战争也带来了和平""随着国家的强大,它们就会扩张;扩张最初增强了国家的力量;但超过某个点后,帝国就变得没有效率,而且树敌与负担的增长会快于获得资源的速度,在这种情况下,帝国即便不崩溃也会衰落。因此,扩张归初会导致更大的扩张(正反馈);接着会产生反制力量延缓或逆转其扩张(负反馈);在最后阶段,退却削弱了帝国的权力,导致了它的崩溃,并加速了另一国家的崛起(正反馈)"。㊻

然而,要实现人类与非人类的和谐,只有人民没有主权是不够

㊻ 〔美〕罗伯特·杰维斯著:《系统效应:政治与社会生活中的复杂性》,李少军、杨少华、官志雄译,上海人民出版社 2020 年版,第 151 页。

的,还需要根据"生态世"与"网"球化理念建构起三个 E 合一的"3E 托邦"。"3E 托邦"具有三重含义:一是生态网络(ecological networks)化生存;二是电子网络(electronic networks)化生存[47];三是美学网络(esthetical networks)化生存[48]。"3E 托邦"的理想是与"生态世"与"网"球化理念相应的新型社会"构型"。

以作为支撑"3E 托邦"的人工智能来说,中国提出了相应的六大原则,即福祉原则、安全原则、共享原则、和平原则、法治原则、合作原则,揭示出实现未来超越人类一切冲突之美好图景的价值前提。[49] 因而,"3E 托邦"较好地表达了"网球化"给人类带来的新图景,并且与"生态世"的相呼应,即是人类在"生态世"中基于"广义生态网"与"广义数据网"新生存方式,实现纯然"美学"化的生存境界。

因此,当人类面临越来越多的"基于生命的新物质体""基于物质的新生命体""基于智能的非生命体"以及基于"与意识和感情关联的非人类行为体"均介入安全治理中时,人类与非人类的关系则更多地是通过"聚合"[50]来实现和合共生的。"广义生态网"和"广义数据网"在本质上即一个具有拓扑性质的、呈现多重

---

[47] 即"e 时代乌托邦"(eutopia,或 e-utopia),指与电子设备、电子邮件、互联网息息相关的"网生代"的新的生存方式,是实实在在地脱夫伪装的"虚拟世界现实化",而非现实世界的"乌托邦"化。

[48] "网"球化时代的美学化生存包括了"网络美学"成为"网生代"的普遍审美方式。(参见曹增节著:《网络美学》,中国美术学院出版社 2005 年版。)

[49] 参见傅莹著:《人工智能对国际关系的影响初析》,载《国际政治科学》,2019 年,第 1 期,第 17 页。

[50] Manuel DeLanda, *A New Philosophy of Society: Assemblage Theory and Social Complexity*, Continuum, 2006, p. 10.

关系的庞大聚合体。

"非传统占争""生态世""网球化""3E 托邦"等正是非传统安全理念的 3.0 版。按照这些理念重新理解安全场域,安全图景将变得宏大而清晰:安全是"历史、现实、未来"时空叠加而形成的关系结构与宏观趋势,是"场景-情景-前景"价值交错而构成的关系聚合与人文选择。也就是说,广义安全论意义上的安全不是一种单一的、线性的、局部的、纯技术的安全,而是复合的、非线性的、整体的、技术与价值聚合的安全。

附录　广义安全论视域下国家安全学"再定位"①

我们为什么要从"广义安全论"的视域来思考国家安全问题？因为从本质上讲，安全是一种呈现和合状态的共享性秩序，人类数千年来沿着"战争—竞争—竞合—和合"的安全算法阶梯艰难地爬升，其目的是实现"优态共存"与"安全共享"的"命运共同体"。因此，广义安全论所要凸显的是体现中国智慧的"和合主义"价值内涵，"不仅把安全与发展关联起来了，还把安全与正义、安全与自由、安全与解放关联起来"。②

在传统安全视域，人们往往把国家安全仅仅解读为冷冰的有关生死存亡的抉择，即军事战场中的枪与炮、冲锋与杀戮，政权颠覆中的争与斗、阴谋与搏杀。但实际上，在属人的世界里，一切都有着人之为人的本来意义和生命之为生命的普遍价值。国家安全也包含丰富的人文内涵，即国家安全的观念、意志和文化，人民的安全感、获得感、幸福感，以及人格尊严，社会的公正、

---

① 参见余潇枫、章雅荻著：《广义安全论视域下国家安全学"再定位"》，载《国际安全研究》，2022年第4期，第3—31页。
② 参见余潇枫著：《"和合主义"："广义安全论"的建构与可能》，载《南国学术》，2018年第1期。

平等与共同富裕等。"广义安全概念反映了世界相互依存状态下的基本现实,它绝非否定军事防务安全的重要性,而是强调安全的全面性和系统性,特别是协调安全体系中各种因素之间的相互关系。"③随着国家安全的内涵趋于广义,国家安全研究的"疆域"不断扩展,既要关注"传统战争",也要关注"非传统战争"和非军事威胁对国家安全的挑战;不仅要关注安全技术、安全事件、安全威胁和安全危机,也要关注安全价值、安全结构、安全趋势和安全方略。

中国近代以来的全球地位经历了"受欺压者—斗争与革命者—自主与独立者—开放与学习者—负责任大国者"的角色提升,完成了改造自己而改造世界、塑造自己而影响世界、改变自己而改变世界和提升自己而塑造世界的历史跃迁。④ 在全球安全的建设中,中国相继提出"新安全观""总体国家安全观""亚洲安全观"和"全球安全倡议",以中国智慧解答了"世界怎么了""人类向何处去"的时代难题。从广义安全论视域看,中国提出的总体国家安全观既是对中国整体思维、王道立场、民本思想与"天下主义"文化精华的传承与弘扬,也是对人类系统思维、人道立场、人本思想与"全球主义"文明精粹的习得与推进。在总体国家安全观的"观照"下,中国的国家安全学学科建设正当其时。

---

③ 庞中英著:《广义安全、经济安全、安全合作——关于全球变化与安全问题的若干新思考》,载《欧洲》,1997年第1期,第34页。
④ 参见余潇枫著:《论中国如何参与全球安全建设》,载《国际关系研究》,2014年第2期,第4页。

一、国家安全学的大语境

从"战争—军备—和平"转向"和平—经济—发展"的国家安全战略表明安全现实语境出现了重大转变与拓宽;"分统结合"的两大安全范畴框架的形成及安全研究的不同流派分殊和制度化进程的加快,标志着安全理论语境的扩展与深化。

1. 现实语境的转变与拓宽

战争是人类野蛮的象征与文明的前奏,是人类告别动物世界所必须经历的"血腥阶段"。如果人类文明从人类诞生时开始算起,那么战争常被视为"文明生成"本身。⑤ 人类从部落发展到国家,在所形成的上百万个社会中,"每个社会都是一个不对外来者开放的群体,一个成员愿意为之而奋斗的群体,有时他们甚至也愿意为之牺牲"⑥。在整个人类发展史中,战争始终是挥之不去的噩梦与阴影。鉴于"战争无非是国家政治通过另一种手段的继续"⑦,因此在国际无政府状态下,国家安全的最重要标志之一就是以强大的军事力量来赢得战争、遏止战争与防备战争。

---

⑤ "一旦诉诸暴力的期望在社会上盛行,不论是国内战争还是国际战争,不论是必要的'战争'还是出于权宜之计的'战争',都会成为体现我们文明进程的特点之一。"(〔美〕哈罗德·D.拉斯韦尔著:《世界政治与个体不安全感》,王菲易译,中央编译出版社2017年版,第58页。)

⑥ 〔美〕马克·W.莫菲特著:《从部落到国家:人类社会的崛起、繁荣与衰落》,陈友勋译,中信出版集团2020年版,第425页。

⑦ 〔德〕卡尔·冯·克劳塞维茨著:《战争论》(第一卷),中国人民解放军军事科学院译,商务印书馆1995年版,第11页。

冷战期间，美苏以"相互确保摧毁"战略来维持"核恐怖平衡"，西方国家安全研究主要围绕美苏核对抗展开，提出了进攻与防御、闪击战与军备竞赛、遏制与威慑、有限战争与大规模报复、军备控制与核威慑等理论，特别是安全困境理论大行其道。

冷战以降，世界安全形势趋向缓和，国家安全语境迅速发生嬗变。一方面，以硬实力相对抗的大国间的暴力冲突基本消除，裁军领域的进展和区域安全的增强使人们对安全的认知逐渐转变；另一方面，以"非军事安全"为特征的非传统安全问题凸显，第三世界国家的国内动乱与局部战争此起彼伏，人们对国际环境的判断发生了深刻转变。中国始终坚持"和平与发展"的时代观，推行改革开放的大国策，将国家安全从"备战"优先转向"经济"优先，奉行防御性的国防政策，通过裁减军队规模的方式限制国防开支，快速发展成为世界第二大经济体。

进入21世纪，全球化潮流与逆全球化回波相互冲撞，出现百年未有之大变局：以中国为代表的发展中国家群体性崛起，国际格局深刻调整，全球治理体系加快变革，影响人类历史进程和趋向的全球性重大不确定事件迭出，世界处在极度不安全的"冷和平"中。在国家安全研究领域，核战争和常规战争仍受关注，经济战、生物战、高科技战以及混合战等成为新的热点。甚至在2022年暴发的俄乌冲突中，俄罗斯下令军队将包括核武器在内的威慑力量置于"特别战备"状态，随之美国等西方国家也加强其核战备行动，再度引发全球对核战争的恐慌与谴责。

随着非传统安全不断受到重视并上升为许多国家的国家安全战略，联合国成为非传统安全治理的引领者和推动者，也成为各国加强安全合作的最佳平台。无论是"建设和平""全球反恐""网络空间治理",还是"可持续发展议程",联合国都对全球范围的包容性发展与可持续性安全发挥了不可替代的作用。⑧非传统安全威胁不仅对人类的生存和发展形成挑战,而且也关乎国家的安危与存亡。随着安全领域不断向经济、金融、能源、环境、移民和生态等低政治领域延伸,国家安全的内涵也日趋丰富,安全的不确定性、跨国性、非对称性、不易控性和非国家行为体参与性等"非传统性"因素日益凸显,环境污染、人口激增、种族冲突、恐怖主义、移民难民、金融危机、网络安全威胁和传染疾病蔓延等安全威胁对既有的国家安全治理能力造成了越来越严重的挑战。

2. 理论语境的扩展与深化

第一,现实语境的转变导致国家中心主义遭受冲击,安全研究在范畴上形成了"分统结合"的两大新框架。首先是"人类安全""国家安全"和"人民安全"的三分与统一。对国家来说,安全治理是分层次的。在国家安全层次,全球性危机、国家利益冲突与安全摩擦、国内分裂主义等都会导致国家的不安全;在人类安全和人民安全的层次,国家也可能成为某种不安全的来源。联合国提出的"人的安全"理念⑨标志着人类安全在"战争-和平"非此即彼中的

---

⑧ 参见张贵洪著:《联合国与非传统安全治理》,载余潇枫主编:《非传统安全概论》(第三版·上卷),北京大学出版社2020年版,第156—160页。
⑨ 在中文文献里,Human Security有不同翻译,如"人类安全""人民安全""人本安全""人间安全""人安全"等。(参见余潇枫:《人的安全:非传统安全的价值基点》,载〔加〕阿米塔·阿查亚:《人的安全:概念及应用》,李佳译,浙江大学出版社2010年版,丛书主编序第2页。)

"两极思维的终结"⑩,进而把人类安全、国家安全、人民安全统一在"人类发展议题"上。其次是"传统安全""非传统安全"和"广义安全"的三分与统一。当今世界,没有哪个国家可以单独治理诸如气候变暖或新冠肺炎疫情这样的全球性非传统安全问题,因此无论是"传统战争""非传统战争"抑或"非战争威胁",都需要国家具有超越军事安全的治理能力。

第二,在理论层面,安全概念一再被界定、再界定和再建构。⑪安全研究从"政策指导型"向"知识驱动型"扩展,⑫形成了西方学术流派的四大分殊与方兴未艾的"中国学派",这些研究路径对于安全研究语境的扩展与深化都具有非凡的意义。

从西方安全研究的"美国主义""欧洲主义""后殖民主义"和"后人类主义"来看,"美国主义"的安全研究强调物质主义、现实主义和实证主义,形成了威慑理论、均势理论、霸权稳定、理性决策、军控和裁军、战略研究和安全博弈等研究分支。"欧洲主义"的安全研究重视理念主义、规范主义、后实证主义与后现代主义,其中哥本哈根学派开创了安全化理论,批判安全研究提出"解放安全说",后结构主义运用语言学方法提出"话语安全说",巴黎学派则提出安全治理、内部安全与外部安全融合以及

---

⑩ 颜烨著:《安全社会学》,中国社会科学出版社2007年版,第250页。

⑪ 参见 Ronnie D. Lipschutz (ed.) , *On Security*, Columbia University Press, 1995, pp. 5-9.

⑫ 参见朱锋著:《"国际安全研究的演化"导读》,载〔英〕巴里·布赞、〔丹〕琳娜·汉森著:《国际安全研究的演化》,余潇枫译,浙江大学出版社2011年版,导读二第7页。

"在场安全化"等新观点。"后殖民主义"的安全研究注重非西方主体的独立性,强调具有本土化视角与非西方解释的理论成果,如联合国提倡的"保护的责任"规范在某种程度上源自非洲,且由非洲的决策者和公共知识分子推行。[13]"后殖民主义"认为,应该把非西方世界的殖民史、第三世界国家的形成等议题纳入安全理论,特别是针对西方构造"南方""东方""不发达""失败"的他者意象进行批判。"后人类主义"的安全研究则主要以非人类和超人类为对象。因此,如何以新的安全算法应对未来安全挑战,成为该流派安全思想的主要内容。

在20世纪80年代初至90年代就有中国学者提出国际问题研究的中国化问题,并开始尝试建立中国特色的国际关系理论。进入21世纪后出现了关于"中国学派"的各种学术讨论,例如新天下主义、道义现实主义、和合主义、可持续安全论、创造性介入论、共享安全论、共生理论等学说。[14] 刘跃进最早提出"为国家安全立学",并发表了国家安全学学科建设的一系列研究成果。[15] 随着中国经济的加速增长,高水平安全越来越成为高质量发展的重要前提,学术界围绕国家安全问题,从政治、经济、文化、社会、科技、环境和网络等多个领域展开了深入的理论研究,并注重体现"中国智慧""中国特色""中国视角""中国路径"等

---

[13] 参见〔加〕阿米塔·阿查亚著:《建构全球秩序:世界政治中的施动性与变化》,姚远、叶晓静译,上海人民出版社2021年版,第140—141页。

[14] 参见余潇枫、章雅荻著:《和合主义:国际关系理论的中国范式》,载《世界经济与政治》,2019年第7期,第50—64页。

[15] 参见刘跃进著:《为国家安全立学——国家安全学科的探索历程及若干问题研究》,吉林大学出版社2014年版。

"中国范式"的建构,特别是随着总体国家安全观的确立,中国的国家安全研究与学科建设进入了新阶段。

第三,安全研究制度化是理论语境扩展与深化的主要内容。在安全研究中,"制度化也能被提升为一种驱动力"⑯,其主要方式包括政府机构中专有部门的创设,学术机构中安全研究智库的创立,高等院校中国家安全研究课程与研究机构的建立,各种国家安全研究专业期刊的创办,以改善国家安全研究为目的的基金项目的设立,国家安全研究学术共同体的形成,传播国家安全研究知识公共化途径与网络传播渠道(如出版物、学术论文、网站、讲座和媒体报道等)的扩展。

相较而言,国家安全研究的制度化在国外起步较早。1831年,世界上历史最悠久的国防安全智库——英国皇家联合服务研究所——就已成立。随后,美国与欧洲各国不断推动与国家安全研究相关的各类研究机构与基金会,如创办于1927年的布鲁金斯学会、成立于1948年的兰德公司以及创建于1966年的瑞典斯德哥尔摩国际和平研究所等。国家安全研究的制度化推进还有利于学科建设与高级国家安全人才的培养。截至2021年12月7日,美国已有467所高校开设"国际关系与国家安全研究"学科,45所高校设立了国家安全专业;⑰"对17所高校开设的538门硕士学位课程进行文本统计……全部高校都开设了

---

⑯ 〔英〕巴里·布赞、〔丹〕琳娜·汉森著:《国际安全研究的演化》,余潇枫译,浙江大学出版社2011年版,第64页。

⑰ National Center for Education Statistics,"College Navigator"(https://nces.ed.gov/collegenavigator/).

战略政策类和区域国别类课程,说明对于研究生培养阶段,区域国别和安全战略研究类课程是每名硕士的'必修课'"⑱。

中国的国家安全研究制度化进展也在不断加快。截至 2022 年 4 月 30 日,已有 15 所院校获批国家安全学博士学位授予点。国际关系学院、西南政法大学在国内较早开设了国家安全课程并编写了国家安全学的相关教材。众多高校也先后成立了国家安全研究中心、国家安全研究院、国家安全跨学科交叉平台、国家发展与安全研究院、国家安全与治理研究院、国家安全与应急管理学院、国家安全学学科建设与协同创新中心等与国家安全研废度相关的机构;国际关系学院主办的《国际安全研究》、中国人民解放军国防大学国家安全学院主办的《国家安全论坛》以及中国现代国际关系研究院主办的《国家安全研究》等学术期刊相继创办,这些均标志着国家安全学术共同体正在形成。2015 年,《中华人民共和国国家安全法》颁布实施,与已经制定的《反分裂国家法》《反间谍法》《反恐怖主义法》《国防法》《保守国家秘密法》《国防动员法》《国防教育法》等法律共同构成中国国家安全法律的制度体系,体现了国家安全法治化的总体思路。

总之,广义、多维、交叉的"大安全"格局构建起国家安全学再定位的"大语境"。"无论何种变化塑造了国际安全研究的前景,即使军事议题再次成为研究的中心议题,国际安全研究中的扩展

---

⑱ 吴凡著:《美国高校国家安全学科专业建设和课程设置研究》,载《情报杂志》(中国知网数字优先出版),第 5 页(https://kns.cnki.net/kcms/detail/61.1167.G3.20220426.0933.002.html)。

与深化现象不可能逆转。"⑲ "在未来,国际安全研究将会一直是一个充满活力和争议的研究领域。它不但会继续与新的安全关切同步发展,而且会开辟出思考这些安全关切的新路径。"⑳ 国家安全研究作为国际安全研究的一个重要部分,还有其自身的扩展与深化特征:一是对国家安全的理解更加广义;二是对国家安全领域边界的划定更加广泛;三是对维护国家安全的路径与手段选择更加多样;四是参与维护国家安全的行为体更加多元与融合;五是更加重视高科技和数字网络等新兴领域发展对国家安全的影响。

二、国家安全学的总理念

"总理念"即总的指导思想,总体国家安全观的时代意义与理论特色为国家安全学的再定位构筑了全方位的价值坐标。

1. 总体国家安全观的时代意义与理论特色

人类社会经过漫长的演化发展形成国家,也逐渐形成了国家安全意识与国家安全理念。国家安全概念具有多面性、延展性、关联性和总体性等特征,随着时间的推移其内涵变得越发丰富。国家安全作为"安全"概念的派生,其定义在学界尚未达成共识。㉑ 2014 年,总体国家安全观初步确立,2017 年召开的中共

---

⑲ 〔英〕巴里·布赞、〔丹〕琳娜·汉森著:《国际安全研究的演化》,余潇枫译,浙江大学出版社 2011 年版,第 292 页。

⑳ 同上书,第 293 页。

㉑ 2015 年 7 月 1 日通过并施行的《中华人民共和国国家安全法》第二条将"国家安全"定义为"国家政权、主权、统一和领土完整、人民福祉、经济社会可持续发展和国家其他重大利益相对处于没有危险和不受内外威胁的状态,以及保障持续安全状态的能力"。

十九大将"坚持总体国家安全观"纳入新时代坚持和发展中国特色社会主义的基本方略,中国对国家安全的认知达到了一个全新的高度。

总体国家安全观在历史维度上实现了国家安全理念的体系化,超越以政治意识形态划线的国家"生存安全观",更多地强调"发展安全观""共同安全观""可持续安全观";在现实维度上实现了国家安全对策的具体化,众多的安全领域被纳入国家安全体系;在理论维度上实现了国家安全体系的全面化,且呈现有明确安全价值排序的国家安全总体图景。[22] 总体国家安全观全面统筹了发展与安全、传统安全与非传统安全、国外安全与国内安全、国土安全与国民安全、自身安全与共同安全,是中国特色国家安全思想发展的新阶段,也是中国国家安全学学科建设的"总理念"。

"人民性""系统性"和"开放性"是总体国家安全观的重要理论特色,主要体现在三个方面。

第一,总体国家安全观是以人民为本位的"广义国家安全观"。总体国家安全观突出"以人民安全为宗旨",是国家安全理念的历史性飞跃,其主要内容是:维护政治安全,保障人民当家作主;维护经济安全,保障人民生存发展;维护社会安全,保障人民安居乐业;维护生态安全,保障人民绿色共享;维护国土安全,保障我国国民安全;维护公共卫生安全,保障人民生命健康。[23]"国家安

---

[22] 参见余潇枫著:《中国未来安全的重要议题:质量安全——兼谈总体国家安全观的贡献与完善》,载《人民论坛·学术前沿》,2018年第4期(下),第53—54页。

[23] 参见颜晓峰著:《人民安全是国家安全的基石》,人民网(http://theory.people.com.cn/n1/2020/0612/c40531-31744671.html,访问时间2020年6月12日)。

全与人的安全是相互支持的两个概念,提高一国民众的'人的安全'也会增加国家的合法性、稳定和安全。"㉔"人民性"特征为新时代中国特色国家安全理论确立了价值基点,也为国家安全学学科设计与布局确立了价值坐标。

第二,总体国家安全观具有以统筹为标志的"系统性"特征。安全是多重时空关系状态与多种活动性质特点的组合,是复合的、非线性的、整体的、技术与价值混合的现实状态。"总体"一词置于"国家安全"之前,凸显了对安全做"系统性"考察与研判的新境界。

第三,总体国家安全观具有以发展为前景的"开放性"特征。传统国家安全观的主体是单一的国家,把政权安全作为国家安全的核心价值,以夺取和维护政权作为国家安全活动的根本目的,并以暴力手段与"零和博弈"为保障国家安全的首要选项。㉕ 总体国家安全观的安全主体除国家外,还包括了非国家行为体;以人民安全为国家安全的核心价值,指涉对象扩展至非军事安全议题,并以非暴力手段与"合作共赢"为维护国家安全的首要选项。在谁的安全、什么威胁国家安全、谁来维护国家安全、如何维护国家安全等诸方面,总体国家安全观均体现了多样与开放的状态,为我们把握国家安全提供了全新的指导。而马克思主义不是教条,是开放

㉔ Department of Foreign Affairs and International Trade (Canada),"Human Security:Safety for People in a Changing World",Ottawa,1999(http://www.summit-americas.org/Canada/HumanSecurity-english.htm).

㉕ 参见刘跃进著:《安全领域"传统""非传统"相关概念与理论辨析》,载《学术动态》2021年第1期,第45页。

与发展的行动指南,"甚至随着自然科学领域中每一个划时代的发现,唯物主义也必然要改变自己的形式"[26]。因而,总体国家安全观是一个开放的安全思想体系,随着国家安全实践的持续推进与国家安全体制的深化改革而不断发展。

2. 总体国家安全观的学理研究与操作要素

总体国家安全观"明确了新时代国家安全学的核心要素和'四梁八柱',勾勒出新时代国家安全学的理论逻辑。更重要的是,总体国家安全观凝练归纳的总体属性,规定了新时代国家安全观有别于其他国家安全思想和理论的哲学气质"[27]。总体国家安全观作为"总理念",主要从宏观层面指明了中国特色国家安全道路的价值取向,设定了国家安全理论建构的体系性目标。然而,历史是一个发展的过程体,安全观的创新与发展有一个演进的过程,也需要实践的检验与不断完善。因此,国家安全学作为一门综合与交叉的新学科,需要建构学理性的基本范畴、核心范式、理论框架与教学科研体系,需要通过学理研究深化对国家安全实践的认识,形成关于中国国家安全治理的新解释模式。[28]

目前,学术界对总体国家安全观的学理研究仍滞后于现实发展。学者们"从国际关系、国际政治、公共管理、政党建设、军事战略等学科视角进行研究,取得了一批重要成果,但不足之处也显而

---

[26] 〔德〕恩格斯著:《路德维希·费尔巴哈和德国古典哲学的终结》,中共中央马克思、恩格斯、列宁、斯大林著作编译局译,人民出版社2018年版,第22页。

[27] 冯维江、张宇燕著:《新时代国家安全学——思想渊源、实践基础和理论逻辑》,载《世界经济与政治》,2019年第4期,第22页。

[28] 参见毛欣娟著:《把握国家安全学理论体系的内在逻辑》,载《中国社会科学报》,2021年12月16日,第5版。

易见,如一些基本概念尚未厘清,缺乏具体制度和措施性研究,忽视了非国家行为体(非政府组织、跨国公司、公民个体等)的研究"㉙。"与域外相比,中国的国家安全学受制于话语创设与学科建立的后发性,仍旧具有'后知后觉'的色彩,这主要表现为,现今中国国家安全学的知识构造与当下中国的国家安全实践尚存在着二元张力。"㉚特别是,"构建中的国家安全学如何回应现实需要,如何在应对重大安全危机和预防重大安全风险上聚焦用力,集智集力化难事、纾困境、解难题,还没有得到充分的注意和研究"㉛。同时,还存在着围绕国家安全战略的一般原理和国家安全战略关键重大议题的研究缺少深度,对不同国家探索各自国家安全道路的同质性和异质性规律的比较欠缺深入讨论,建构中国特色国家安全话语体系时与国际同行对话的学术影响力严重不足等现象。

值得进一步思考的是:完整的战略往往是战略思想与战略操作的整合,是想法、说法与做法的三位一体,而除"人民安全"是具有可通约性的关键"理念要素"外,总体国家安全体系中各领域安全的价值排序也有定位,那么什么是具有可通约性的关键"操作要素"？自然,在国家安全体系中,每一个被归纳进来的安全领域都有其特定功能与特别意义,不少安全领域可以成为

㉙ 谢卓芝、谢撼澜著:《"总体国家安全观"研究综述》,载《理论视野》,2016年第5期,第69—70页。

㉚ 廉睿、李汉男、金立著:《构建中国特色国家安全学:学科、学术与话语》,载《情报杂志》,2021年第11期,第68页。

㉛ 刘忠、戴美玲著:《大国竞争时代构建中国国家安全学的四维向度》,载《情报杂志》,2021年第5期,第43页。

其他安全领域的制约性前提或基础,相互之间有着一定的"可通约性",如粮食不安全会直接影响经济安全和政治安全,科技不安全则会直接影响军事安全和经济安全等。但是我们在研究中发现,所有安全领域有一个能相互关联与制约的共同"操作要素",即"质量安全"。质量安全是一国不因质量问题而遭受发展困境且能保障国家与社会可持续发展的整体状态和综合能力。即使被认为是总体国家安全"战略基石"的网络安全,或者被认为是"坚固基石"的生态安全,㉜它们仍难以作为"统一抓手"去协调各个安全领域,从而全面落实总体国家安全;但是质量安全则可以成为"镶嵌"于所有具体安全领域又能服务于总体国家安全的关键"操作要素"。

第一,在全球化进程中,质量问题越来越与国家安全相关联,为此中国提出了质量第一、质量立国、质量变革等重要方针。国家已经认识到"质量与安全的内在相关性、现实迫切性与未来融合",因而把"质量"与"安全"联系起来考虑中国的未来安全,有着国家长远发展意义上的必然性与前瞻性。㉝产品质量是质量安全中最具实质性的内容,除了"经济性"和"卓越性"特征,更具有"安全性"特征,而且相对于行为主体来说,质量是意志达成的标志,是凝聚社会关系特性、满足社会发展需要的"能力"。㉞

㉜ 参见《总体国家安全观干部读本》编委会著:《总体国家安全观干部读本》,人民出版社2016年版,第147、160页。

㉝ 参见余潇枫著:《中国未来安全的重要议题:质量安全——兼谈总体国家安全观的贡献与完善》,载《人民论坛·学术前沿》,2018年第4期(下),第53页。

㉞ 参见余潇枫、潘临灵著:《"质量安全"与新型国际关系构建》,载《国际观察》,2018年第2期,第16—17页。

第二,质量安全是国家综合实力的体现,是国家安全能否得以保证的前提,不出事故的"保障性安全"是底线,与效益相统一的"发展性安全"是动力。"质量安全镶嵌于一切安全领域之中,无论是宏观、中观还是微观层面,质量安全无不与其相关;任何安全领域中的关键性安全,首先是质量安全,如政治安全的关键是政治发展的质量安全,经济安全的关键是经济增长的质量安全,生态安全的关键是生态维护的质量安全。"㉟与总体国家安全体系中的各安全领域都紧密相关的有发展质量、经济质量、供给体系质量、教育质量、就业质量、生态系统质量、建设质量、党建质量、高质量发展和更高质量的发展等。鉴于质量与安全脆弱性成反比,加之质量安全的"可通约性"和"镶嵌性",因而质量安全在某种程度上决定着任何一个安全领域以及总体国家安全目标的最终实现。从国家中长期发展来看,质量安全具有作为一种超越具体安全领域的可通约的关系型价值,是保障高质量发展与高水平安全根基稳固的基底支撑。

如果探求国家安全可通约性的关键"操作要素"能够推进总体国家安全观研究的深入,那么我们可以期待,国家安全学学科建设必将能更好地完善总体国家安全观的学理体系。

三、国家安全学的广交叉

一个学科的应运而生与人类社会的发展历程相关。社会的需

㉟ 余潇枫著:《中国未来安全的重要议题:质量安全——兼谈总体国家安全观的贡献与完善》,载《人民论坛·学术前沿》,2018年第4期(下),第55页。

要是学科发展的最大动力,但一个学科的成熟却有漫长的道路要走。目前,中国的国家安全学学科尚存在诸多问题,如理论基础相对薄弱,学科共识尚不统一,教学体系有待创立,研究方法需要划定,学术共同体尚未形成,学科制度化程度较低等。㊱ 学科的再定位需要从学科内外逻辑定位上进行反思。学科建设需要形成特定的研究对象、问题域、本体论、认识论和方法论,以及相应的教学科研与人才培养体系。广义的学科观强调打通传统学科的边界,根据问题导向形成不同类型的多学科、跨学科或交叉学科,并在此基础上构成横断学科,本文倡导的"杂合学科"(hybrid disciplines)更强调学科与学科门类间在"广交叉"意义上的统合。

1. 国家安全学的学科逻辑

国家安全学的学科逻辑主要由其内在逻辑定位和外在逻辑定位两方面构成,具有鲜明的特点。

(1)学科的内在逻辑定位

第一,研究对象界定是学科建构的起点。国家安全学研究的对象由"国家"和"安全"两个概念组成。以国家概念为基,需要阐明国家的内涵及其类型,如民族国家、文明国家;发达国家、不发达国家或发展中国家;第一世界国家,第二世界国家,第三世界国家;霸权国家、强权国家、弱权国家;已建构国家、再构建国家、构建中国家等。㊲ 以安全概念为基,需要阐明安全的内涵及其类型,如广

㊱ 参见郭一霖、靳高风著:《国家安全学:学科建设现状与发展路径》,载《江汉论坛》,2020年第9期。

㊲ 参见刘德斌著:《国家类型的划分——拓展国际安全研究的一种思路》,载《国际政治研究》,2012年第1期,第19页。

义安全与狭义安全,绝对安全与相对安全,积极安全与消极安全,有意安全与无意安全㊳等。再作引申,还有安全的补充性概念,如威慑或震慑、战略或方略、遏制或防控;平行性概念,如权力、主权、政权、认同、共同体;竞争性概念,如和平或平安、风险或危险、威胁、紧急或危机。㊴ 如果与横向领域关联,结合传统安全相关的限定性情境、非传统安全相关的广义性情境、传统安全与非传统安全相互交织的替代性情境,那么可以形成一个与国家安全相关联的"概念群",对此做整体结构性分析,就能揭示出学科研究对象谱系的独特性与丰富性。

第二,本体论是学科理论的基石。国家安全学的本体探讨围绕国家安全是何种"实在"而展开。有学者认为,国家安全只能是"客观的",不应该引入主观因素,"国家安全就是一个国家处于没有危险的客观状态,也就是国家既没有外部的威胁和侵害又没有内部的混乱和疾患的客观状态"㊵。另有学者提出,"国家安全具有主观性……国家决策者对安全的主观认知较大程度上决定了他们在国家安全问题上所作的决策"㊶。

㊳ 张宇燕、冯维江认为,提出"有意安全"与"无意安全"概念很有必要,因为"已有研究更多将安全威胁分为传统的与非传统的,由此引申出传统安全与非传统安全的概念,那么可以在传统或非传统安全威胁中进一步区分带有或不带有主观损害意图的威胁,从而增强应对处置相关安全威胁的可操作性"(张宇燕、冯维江著:《新时代国家安全学论纲》,载《中国社会科学》,2021 年第 7 期,第 148 页)。

㊴ 参见〔英〕巴里·布赞、〔丹〕琳娜·汉森著:《国际安全研究的演化》,余潇枫译,浙江大学出版社 2011 年版,第 14—17 页。

㊵ 刘跃进主编:《国家安全学》,中国政法大学出版社 2004 年版,第 51 页。

㊶ 贾庆国著:《对国家安全特点与治理原则的思考》,载《国际安全研究》,2022年第 1 期,第 19—20 页。

还有学者指出,安全同时包括"客观的"和"主观的"两个方面,强调"国家安全问题具有两个内在逻辑:客观性和主观性并存,它既是客观的存在,也是主观感受的结果;国家安全问题不是源生的而是衍生的"[42]。巴里·布赞和琳娜·汉森认为,区别客观安全、主观安全和话语安全才是安全研究中的首要关键问题,安全作为言语行为自我指涉的实践,因而"国家安全不再是简单的分析国家面临的威胁,而是分析特定'国家'的具体身份是如何产生及再现的"[43];后结构主义者甚至认为,"安全不能用客观术语来界定,因此客观安全和主观安全均是误导"[44]。亚历山大·温特从量子理论视角给出安全是"意向性实在"的判定,认为"国家是一个社会体系,一方面由围绕特定语言形式(公民身份、属地、主权等)组织的社会结构构成,另一方面由参与这一话语体系的人(公民和外来者)的无数实践构成";"国家是一种波函数,被数百万人非定域地跨越时间和空间共享,但就其本身而言,它只是一种潜在的实在,而非确定的实在";"国家是一种全息图(hologram)"。[45] 温特的判定不仅颠覆了社会科学的经典本体论,也颠覆了他创建建构主义理论时所曾坚持的"科学实在论"。

从中国关系主义本体论与广义安全视角来看,安全总是作为

---

[42] 李文良著:《国家安全:问题、逻辑及其学科建设》,载《国际安全研究》,2020年第4期,第3页。

[43] 〔英〕巴里·布赞、〔丹〕琳娜·汉森著:《国际安全研究的演化》,余潇枫译,浙江大学出版社2011年版,第154页。

[44] 同上书,第37页。

[45] 〔美〕亚历山大·温特著:《量子心灵与社会科学》,祁昊天、方长平译,上海人民出版社2021年版,第306、310页。

一种"关系"而得以呈现。"凡一切实存的事物都存在于关系之中,而这种关系乃是每一实存的真实的性质。"㊻"儒家世界观与西方世界观的一个重要的不同在于前者将世界视为一个关系构成的世界,而后者将世界视为一个独立个体构成的世界";"对于关系主义来说,关系建构了实体;用之于国际关系则是关系建构了国家";"无论两个国家的地理距离相距多远,它们也是共同生活在狭小的地球村里面,关系缠结无处不在"。㊼所以基于关系本体论,可对上述不同安全本体的判定进行统合,凡客观的、主观的、话语的、意向的实在及其不同组合均可被归入不同层次与类型的广义关系之中,或者说广义安全论秉持的是"关系本体论",国家安全的实质是"关系",国家安全学的本体是"关系性实在"。

事实上,国家安全的认知源自其在国际体系中的关系判定与国内社会关系中的角色定位,因而引发冲突并直接影响国家安全本身的是国家在关系上的"非兼容性"。从人格化意义上说,"国家也是人"㊽。国家的本质与人的本质一样,"并不是单个人所固有的抽象物,在其现实性上,它是一切社会关系的总和"㊾。彼得·瓦伦斯滕在研究国家关系与国家冲突相关性时指出,从地缘政治角度看,因地缘关系邻近性程度高的国家更容易引发紧张状态和

㊻ 〔德〕黑格尔著:《小逻辑》,贺麟译,商务印书馆1982年版,第21页。

㊼ 秦亚青著:《世界政治的关系理论》,上海人民出版社2021年版,第193、167、189页。

㊽ 〔美〕亚历山大·温特著:《国际政治的社会理论》,秦亚青译,上海人民出版社2000年版,第272页。

㊾ 《马克思恩格斯选集》,第1卷,人民出版社1995年版,第56页。

战争;从权力政治角度看,处于结盟中的国家更容易参与到联盟的国际冲突中,甚至结盟关系有时会超越地缘关系对国家利益的诉求;从观念政治角度看,民族主义国家与非民族主义国家、民主国家与非民主国家之间关系较为难处,它们之间会有更多的紧张与冲突;从资本政治角度看,已完成工业化与处于工业化进程中的国家之间会因产业竞争、商贸竞争乃至整体的工业化竞争而引发更多的国家间竞争、冲突乃至战争。[50] 再如,在国家发展的动态结构中,国家的"施动",如持"赞成""反对"或"弃权"态度,都表明国家对于某种"关系"的判定与选择,进而影响国家自身的安危。可见,与国家安全相关的不仅有客观性因素(土地、人口、文化传承等)、主观性因素(如对国家身份认同持有的信念以及相应的制度设定、时局判定、国际体系中的角色确定等)和话语性因素(如话语结构、言语信息传播与言语行为施动等),也有意向性因素(如国家的象征符号意向、以国家或其他单元为认知单位的"我们感"、非法律意义上存在的"国家感"、跨越时空的"集体自尊"向度等),这些不同维度的因素统合于一体,便凸显出"关系"是国家安全的实质,"关系性实在"即为国家安全学的"本体"。

第三,认识论和方法论是学科的依托。早期的安全研究基本上是运用实证主义认识论和方法论来建构其理论,包括物质主义、科学主义、经验主义和行为主义等,强调安全事件的可证

---

[50] 参见〔瑞典〕彼得·瓦伦斯滕主编:《和平研究:理论与实践》,刘毅译,北京大学出版社2014年版,第48—67页。

实性,安全变量的可识别、可分析和可独立作用,进而揭示安全演化的因果规律,这种研究取向在安全战略研究、安全博弈研究、军备控制研究与和平研究中表现得比较突出。在后期发展中,由于安全研究的方法不断丰富,突破了实证主义局限,学术界更多地运用理念主义、历史主义、先验主义等后实证主义认识论和方法论来建构其理论,强调安全的互构性,重视认同建构、话语运用与制度转型,在不断吸纳传统安全研究理论成果的同时,又力求使安全研究避免陷入因果性陷阱与量化性局限。因此,认识论立场与方法论选取的转变使安全研究从客观安全、主观安全向话语安全扩展,安全状态从客观上无威胁、主观上无恐惧向主体间无冲突拓展。特别是中国总体国家安全观的提出以及对安全是关系性实在的相关探究,为国家安全学建构了一个全景式的研究场域。

(2)学科的外在逻辑定位

目前,国家安全学被国务院学位委员会和教育部设置为交叉学科门类下设的一级学科,这较好地体现了其学科交叉的性质与门类归属的新特点。但客观地说,在学界的相关讨论中,对于国家安全学学科的定位尚有不同看法与争论。

第一,交叉学科的定位。国家安全学的学科交叉性十分明显。一方面,国家安全学源于多个学科,甚至不少学科是它的"母体学科",如国家安全学曾是安全科学、保卫学、公共安全学、国际战略学和军事学等的分支学科。另一方面,除军事学、外交学、公安学等"国家安全类专业"外,国家安全学还是"非国家安全专业"中的重点课程,如政治学、国际政治、国际经济、信息管理、文化传播专业等。[51] 国家安全学成为一门单独的一级学科后，其与各学科的交叉将更为广泛与深入，且可授予法学、工学、管理学、军事学等不同学位，呈现其现实的合理性。

第二，"横断学科"（或"学科门类"）的定位。有学者认为，国家作为一个"复杂巨系统"，国家安全问题便是"一类典型的复杂巨系统安全问题"，国家安全学则具有"大综合大交叉的横断科学性质"。[52] 另有学者指出，为与大安全格局相称，"将国家安全学定性为学科门类是最优选择"[53]。刘跃进则提出，在总体国家安全观提出的今天，国家安全学不应只是一级学科，而应成为一个具有横断学科性质的学科门类。首先，国家安全学是一门独立于传统安全学科、国际关系学、军事学、公共安全学、间谍情报学等的新兴学科。其次，国家安全学的必要性在于其从整体角度研究国家安全，因而国家安全学就是要统合涉及国家安全的原有的不同学科。[54] 由此，国家安全学可以包括如军事学、警察学等一级学科，以及国家安全学原理、国家安全管理学、国家安全法学、国家安全战略学、非传统安全学、情报学、边疆学等二级学科，甚至在非传统安全学下可以设置反恐研究、国家信息安全管理、国家生态安全学、国家

---

[51] 参见刘跃进著：《为国家安全立学——国家安全学科的探索历程及若干问题研究》，吉林大学出版社 2014 年版，第 115—129 页。

[52] 参见王秉、吴超、陈长坤著：《关于国家安全学的若干思考——来自安全科学派的声音》，载《情报杂志》，2019 年第 7 期，第 96、99 页。

[53] 王林著：《国家安全学学科建设中的若干争议问题研究》，载《情报杂志》，2021 年第 8 期，第 13 页。

[54] 参见刘跃进著：《为国家安全立学——国家安全学科的探索历程及若干问题研究》，吉林大学出版社 2014 年版，第 120 页。

文化安全学等非传统安全专业。(55)

第三,“杂合学科”的定位。本书中的“杂合”指“广交叉”意义上形成内在有机联系的“统合”,而不是杂乱无章的“拼合”或“聚合”。在语用习惯中,“统合”“整合”“融合”等词似乎比“杂合”更符合传统汉语语境与表达习惯,但之所以用“杂合”一词来表达学科建设“广交叉”的含义,主要在于强调国家安全学学科融合的领域非限定性、议题非前置性以及视界的非定域性。基于广义安全论视域,国家安全研究呈现出其他学科少有的两大特征,即“领域延展性”与“学科反包性”,因而可以从更宏观的角度对国家安全学做出“杂合学科”的定位。(56) 有学者意识到国家安全学的“杂合性”,但未能使用这一概念,只是笼统地强调“国家安全学的显著学科属性是:国家安全学是一门交叉综合学科,是一门横断学科,是一门思维学科,是一门应用学科,是一门管理学科”(57)。另有学者从人才培养需求的角度强调,“站在世界百年未有之大变局和中华民族伟大复兴的战略全局上考虑,国家需要培养大量的复合型国家安全人才来应对当前复杂的内外部环境,这是任何一个一级学科所不能囊括的”(58)。事实上,“杂合”的基本含义是数量庞

(55) 参见刘跃进著:《国家安全学学科建设的历程与新思考》,载《北京教育(高教)》,2019 年第 4 期,第 13—16 页。

(56) 参见余潇枫著:《非传统安全与国家安全学“再定位”》,载《中国社会科学报》,2021 年 12 月 16 日,第 5 版。

(57) 王秉、吴超、陈长坤著:《关于国家安全学的若干思考——来自安全科学派的声音》,载《情报杂志》,2019 年第 7 期,第 100 页。

(58) 吴凡著:《美国高校国家安全学科专业建设和课程设置研究》,载《情报杂志》(中国知网数字优先出版),第 8 页(https://kns.cnki.net/kcms/detail/61.1167.G3.20220426.0933.002.html)。

大的跨边界要素汇聚与融合成一体,"杂合学科"正是体现这种特征的新称谓。

国家安全研究跨界的"领域延展性"是"杂合学科"的重要特征。一个学科的确立除了要明确研究对象外,还要明确其研究边界。国家安全学是安全学科发展的必然产物,具有庞大的学科群、专业群和领域群,涵盖了政治、国土、军事、经济、文化、社会、科技、网络、生态、资源、核、海外利益、太空、深海、极地和生物等领域安全。可见,国家安全研究有着安全问题清单不断拉长的"领域延展性",这凸显了其学科边界的模糊性。然而,对学科边界的划分需要有一个重大的转变,即从领域边界划分转向性质边界的划定,即"国家安全学学科以危险和威胁为临界点和边界,与众多领域交叉形成的横切独特领域为研究对象,当个别领域的问题演化为对这些领域造成危险和威胁的时候,才是跨出领域的国家安全问题"⑤。安全可以与任何学科领域相关联与杂合,这是安之"全"的本义所在;而只有跨越了"安全化门槛",才是不安之为"不安"的边界所在。"安全化门槛"使得学科的"领域边界"转换成以危险和威胁为临界点的"性质边界",从而可以消除学科领域边界泛化的疑虑。据此,我们可以把国家安全学的特征概述为"有研究主题、无领域边界,有安全化门槛"。

国家安全研究内含的"学科反包性"是"杂合学科"的另一重要特征。在西方,国家安全研究分散在国际关系学和国际安全研

---

⑤ 李文良著:《国家安全:问题、逻辑及其学科建设》,载《国际安全研究》,2020年第4期,第17页。

究等相关领域之中。⁶⁰ 按学科层次与范围属性分,国家安全研究是国际安全研究的一个分支领域,而国际安全研究又是国际关系学或国际政治学的次领域,国家安全研究作为"次次领域"却因其涉及领域的多样性与学科多层性,超越了其上位学科原有的领域范围与层次。这一"学科反包性"使得国家安全学的学科定位出现了"多层跨越"。"从学科的视角来看,国家安全学与政治、经济、文化、社会、军事、信息、生态、太空和气象等众多学科交叉融合,其共同特点是,运用一门学科或几门学科的概念和方法研究另一门学科的对象或交叉领域的对象,使不同学科的方法和对象有机地结合起来。"⁶¹国家安全学可分别授予法学、工学、管理学、军事学等学位,而它们本身就是一个个独立的"学科门类",因此国家安全研究实质上是需要对这些学科门类进行再交叉与杂合,杂合后的学科理论支点则是作为理论硬核的"安全核心范式",任何安全知识的理论构成都有赖于这一"安全核心范式"的建构与诠释。这样,国家安全学学科特征可以概括为:重安全议题、超学科边界、创核心范式。国家安全学若要符合高校学科融合发展的"新文科"要求,就需要进行"杂合学科"意义上的再定位。

2. 国家安全学的理论建构与人才培养

国家安全学的理论构建与人才培养是国家安全学学科建设的

---

⑥⁰ 参见梁怀新著:《国家安全学学科建设路径探析——体系聚合、制度构建与内涵建设》,载《国际安全研究》,2019年第6期,第42页。
⑥¹ 李文良著:《国家安全:问题、逻辑及其学科建设》,载《国际安全研究》,2020年第4期,第17—18页。

"一体两翼",起到"地基"的作用。

(1)国家安全学的理论建构

第一,元理论建构。元理论是指哲学意义上的理论形态,是对一个学科元概念的理论前提进行设问与批判,对一种理论的普遍知识或整全知识的探求。如元伦理学指涉道德哲学,不对"善"(good)作规定或运用,只是设问何者为"善",对人的"伦理性"进行发掘。再如,元政治学指涉政治哲学,它不同于一般的政治思想和政治理论,[62]而"是用关于政治事物本性的知识取代关于政治事物本性的意见的尝试"[63],对人的"政治性"进行发掘。同理,国家安全学的元理论应指涉安全哲学,它不是对安全作出规定或运用,而是对"安全"和"国家"的本真含义进行设问,对国家的"安全性"进行发掘。

中国学者已经在国家安全学的元理论建构上有了可喜的探索。例如,王缉思提出以安全为首要的"五大世界政治终极目标",强调安全是个人、群体、国家生存之必需,认为世界范围内战争与暴力等传统安全问题对于人类的危害越来越少于非传统安全问题的危害,因此建议用"安全"概念取代"和平"概念。[64] 王逸舟则提出了安全研究的"十大新面向":目标群多样化、形式开放化、议题综合化、关切复合化、行为体多元化、博弈非零和化、对象低政

---

[62] 参见〔德〕列奥·施特劳斯著:《政治哲学史》,李天然等译,河北人民出版社1998年版,第1页。

[63] 〔德〕列奥·施特劳斯著:《什么是政治哲学》,李世祥等译,华夏出版社2019年版,第3页。

[64] 参见王缉思著:《世界政治的终极目标》,中信出版集团2018年版,第45—49页。

治化、评估多层化、操作合作化和资源非垄断化。⑥⑤张宇燕和冯维江提出了较为全面的国家安全学研究框架,包括五个"安全基本假定"(国家是理性行为体,安全利益是国家第一需要,安全成本遵循边际收益递减律,不存在国家间冲突裁断的单一权威或世界政府,国家追求安全时面临信息不对称)、六类"安全核心概念"(安全,积极安全、消极安全与安全困境,绝对安全与相对安全,无意安全与有意安全,均衡安全)及七大"安全命题"(绝对安全无法实现,为绝对安全增加投入会陷入安全困境,国家追求相对安全当止于均衡安全,霸权国有安全能力而去保护或掠夺"高产出效率与低安全能力"国家,分类处理有意和无意安全威胁更能达到高安全水平,构建人类命运共同体的关键是"大禹改进",合理配置安全能力冗余和加强国家系统安全投入是应对不确定安全威胁的重要方式)。⑥⑥

第二,规范理论建构。规范理论意指依据元理论对学科理论做出应当性规定,并以此价值尺度对研究对象及相关问题进行判定与校正。如规范伦理学"重在对伦理道德问题的应当性建构,根据有关经验事实从一般原则中推演出能指导行为的规范与禁令,侧重于道德原则规范的理论论证与实际操作"⑥⑦。同理,国家安全学的规范理论包括的内容有:对安全、国家"元概念"进行界

---

⑥⑤ 参见王逸舟著:《全球主义视野下的国家安全研究》,载《国际政治研究》,2015年第4期,第99—105页。

⑥⑥ 参见张宇燕、冯维江著:《新时代国家安全学论纲》,载《中国社会科学》,2021年第7期,第140—207页。

⑥⑦ 余潇枫、张彦著:《人格之境——类伦理学引论》,浙江大学出版社2006年版,第23页。

定;对"关系性实在"及国家作为"理性行为体"等假定进行基本原理建构;对国家安全演化及其变量结构与特色学说进行学理性解析;根据国家安全的经验事实从一般原则中推演出能够指导行为的安全规范与指令;对安全原则规范的理论论证与实践运作进行归纳与分类等。诸如"国家安全学导论"的理论成果当属规范理论。值得一提的是,国家安全学的规范理论建构需要力求超越经典本体论的局限,对国家安全研究中的"物质实在论""原子还原论""因果决定论""机械作用论""绝对时空论""主客差异论"等进行逐一的理论清理。通过关注现代科学技术发展所不断扩展的"非经典本体论",尝试展开对国家安全的"非定域性"研究⑱,努力使规范理论与时俱进成为引领性的而不是滞后性的理论。

第三,应用理论建构。应用理论是指理论与实践紧密结合的基础上形成的具有实证性、可操作性与可评估性的知识体系。应用重在回答和解决现实中不同类型的前沿性挑战。国家安全学的应用理论更多地依据规范理论回答来解决国家安全实践中的前沿性问题与挑战,不仅要体现一般理论法则与模式的要义,而且要形成一套维护国家安全的预警系统、安全化进路、权衡机制、行为法则和操作程序。例如,中国海外安保供给的"预防—震慑—应急"一体化理论当属应用理论。⑲ 鉴于安全研究的"全域性",国家安

---

⑱ 非定域性即时空的不确定性,指量子力学中分离系统间的纠缠现象;基于非定域性,那么"国家是一种全息图",国家安全是一种趋势性"涌现",是概率性"算法",是特定场域中的"波函数"坍塌。(参见〔美〕亚历山大·温特著:《量子心灵与社会科学》,祁昊天、方长平译,上海人民出版社2021年版,第305—321页。)

⑲ 参见王梦婷、余潇枫著:《"预防—震慑—应急"一体化:中国海外安保供给模式新探》,载《国际安全研究》,2022年第1期,第49—72页。

全学的应用理论可以形成众多的分支与专题类型。

第四,理论建构中研究变量的设定。对国家安全进行动态理论刻画,还需要抽象出能够影响安全演化的"驱动力变量"。例如,巴里·布赞提出过大国政治、重大事件、技术发展、学术争论和制度化的"五驱动力说",认为它们"可以帮助我们弄清运用何种本体论、认识论和研究方法具有合法性,安全研究学者应当承担什么样的社会的、政治的和学术的角色"[70]。那么,为什么研究变量不是六个甚至更多?布赞在回应诸如政治领导人(或安全理论研究引领者)可否作为"第六种驱动力变量"时强调,关于政治领导人这一因素在中国也许具有特殊的重要性,引入重要"个体行为体"虽有助于更为清晰地看到他们的动机、冲突和界线,但会造成许多方法论上的问题与困难。[71] 因此,借鉴布赞的国际安全研究的变量设定,国家安全研究可设定国际政治、重大事件、技术发展、领导决策、制度化和学术争论等"六变量说"。在这六个变量中,除国际政治变量比大国政治内涵更为丰富外,设定"领导决策"这一变量,一是因为领导决策作为独立变量的"正交性"[72]成立,还因为领导决策是国家安全的直接语境。例如,阎学通强调,"任何一

---

[70] 〔英〕巴里·布赞、〔丹〕琳娜·汉森著:《国际安全研究的演化》,余潇枫译,浙江大学出版社2011年版,第43页。

[71] 同上书,中文版自序第3—4页。

[72] "正交性"(orthogonality)是从几何中借来的术语。如果两条直线相交成直角,它们就是正交的。用向量术语来说,这两条直线互不依赖。沿着某一条直线移动,该直线投影到另一条直线上的位置不变。在计算技术中,该术语用于表示某种不相依赖性或者解耦性。如果两个或者更多事物中的一个发生变化,不会影响其他事物,这些事物就是正交的。

国的成功领导都是最高领导人通过一个领导集体来实施的"[73];"决定大国兴衰的根本原因是大国的政治领导力,其本质是一国政府为适应不断变动的国际国内战略环境而进行改革的方向、决心与能力"[74]。

因此,理论建构的三种形态各有其自身的理论使命,相互之间又形成既独立又促进的关系,它们的形成与发展往往也是一个学科逐步走向成熟的标志。

(2)国家安全学的人才培养

厘清国家安全学学科的内外逻辑定位与理论形态层次可以帮助我们明确国家安全学人才培养的思路。国家安全学学科的人才培养包括人才培养目标、学科设置、核心课程和学位授予等内容的考虑与设计。

第一,人才培养目标。根据总体国家安全观设定的以人民安全为宗旨,以政治安全为根本,以经济安全为基础,以军事、文化、社会安全为保障,以促进国际安全为依托的价值排序,我们可列出适应不同安全领域人才培养的"对标单"。

以培养懂政治、懂经济、懂文化的高级国家安全人才为例。首先,要把培养懂政治的高级国家安全人才设为至要。当强调安全从"国家本位"转向"人民本位"时,并不是对传统国家安全观的全面拒斥,人民安全需要通过政治安全这一"根本"来实现。一方

---

[73] 阎学通著:《政治领导与大国崛起安全》,载《国际安全研究》,2016年第4期,第8页。
[74] 同上文,第3页。

面,"人民"是对历史发展起推动作用的阶级、阶层、集团的总称;另一方面,政治安全的目的是为了保障人民安全与实现人民利益,这一"根本"地位与"宗旨"内在统一。因此,总体国家安全观是对传统国家安全观的合理"扬弃","政治安全为根本"也是设定国家安全人才培养目标的前提。目前"就中国的国家安全学政治属性来说,其主要内容和任务,一是要坚持党对国家安全的绝对领导,这是基本前提;二是要坚持人民利益至上,这是探索中国特色国家安全道路的根本;三是要以维护国家生存利益与发展利益为目标,这是一切国家安全工作的核心;四是要服务与服从于战略目标,为国家崛起和民族复兴提供安全保障;五是要在中国特色社会主义理论体系框架下,积极构建和发展具有中国特色的国家安全学"[75]。

其次,要把培养懂经济的高级国家安全人才作为重点。"经济政策可以成为有效的国家安全工具。"[76]经济安全是国家核心利益的直接体现,全球化的深入使西方发达国家传统国家安全战略中的军事、政治、与经济安全之间的"主辅关系"得以改变,经济安全越来越被视为国家安全的首要选项。[77]"经济安全是广义安全中的核心内容,保障国家主权和领土完整的主要目的就是确保经济安全。"[78]经济安全不仅影响综合国力,而且还直接关系到政治

---

[75] 刘忠、戴美玲著:《大国竞争时代构建中国国家安全学的四维向度》,载《情报杂志》,2021年第5期,第44页。

[76] 〔英〕阿兰·柯林斯主编:《当代安全研究》(第三版),高望来、王荣译,世界知识出版社2016年版,第325页。

[77] 参见陈凤英主编:《国家经济安全》,时事出版社2005年版,第4—5页。

[78] 庞中英著:《广义安全、经济安全、安全合作——关于全球变化与安全问题的若干思考》,载《欧洲》,1997年第1期,第34页。

制度的巩固与社会稳定的维护。中国改革开放政策的推行与社会主义市场经济道路的选择,正是从以往"只算政治账、不算经济账"误区中走出来的结果。

再次,要培养出懂军事战略、文化科技、社会法律等领域的相关高级国家安全人才。这就要求我们全面正确地理解"军事、文化、社会安全为保障"以及"科技、网络等新兴领域安全为支撑"的重要意义,国家安全学的学科建设要重视军事、文化、社会等方面知识基础的打造。限于篇幅,在此不一一展开,仅以"文化安全"为例。从总体国家安全观的视角看,重视文化安全需要统筹传统安全与非传统安全。传统的国家文化安全是一种直接来自外部的、威胁国家安全的"文化战",非传统国家文化安全是发自内部的、直接和间接威胁国家安全的"文化危机",有的甚至是由重大自然灾害造成的"灾害性文化问题"。[79] 如果缺乏文化安全方面的知识基础,则很难成为国家文化安全维护的高级专门人才。

可见,现实需要培养懂政治、经济、军事、文化、社会和国际问题等方面的高级国家安全人才,但是培养"全才"是一个很难实现的愿景,所以人才培养的首要目标是要探讨跨学科的复合型创新人才的类型。一般来说,人才主要有三种类型:I 型是一个专业钻研到底的"专才";T 型是指在一个专业基础上另外学习一个其他专业的"通才";Π 型是指在两个专业基础上再学一个交叉性学科专业的更广义的通才。高级国家安全人才的人才类型基本上应该

---

[79] 参见胡惠林著:《中国国家文化安全论》,上海人民出版社 2011 年第 2 版,第 486 页。

是∏型人才,而更高的"广交叉"的目标则是再在∏型基础上形成的"亦"型人才。

所谓"亦"型人才,是指既拥有横跨自然科学与人文社会科学两个专业的基础学科背景(即∏的两竖),又拥有国家安全学这一综合性学科的专业背景(即∏中位于两竖之上的一横),还比∏型人才多"三点"的新型人才:上面的一点是以中国智慧为原点、以面向全球为共识的"安全核心范式",左右两点分别是作为智库参谋者的"安全谋划能力"与作为领导者的"安全决策能力"。"亦"型人才的"杂合"性体现在:知识结构上能融合"亦文亦工",安全实践上能转换"亦上亦下",安全理论上能贯通"亦中亦西",安全理想上能统合"亦古亦今"等。只有"亦"型人才才能较好地呈现出知识与能力相匹配、跨学科课目相融合的要求。但是从高级国家安全人才培养的高要求看,目前高校招收的全日制大学生一般很难适应这个标准。例如,尽管浙江大学开展非传统安全教学并创办非传统安全管理专业硕士和博士学科授予点已经接近二十年,但是总体上学生的知识获取与能力提升不尽如人意,主要表现在以下方面:一是高校学生缺少社会经历,被要求思考人类命运与国家存亡的宏大主题时似乎捉襟见肘;二是高校学生多缺乏跨学科基础,难以深入研究综合性安全议题;三是高校学生多缺乏方略性思考训练与参与危机决策的体验,难以满足安全维护的实战性要求。[80] 这就要求我们更应该尽可能在综合性的大

---

[80] 余潇枫著:《人类的下一个危机是什么?》,载余潇枫主编:《非传统安全概论》(第三版·上卷),北京大学出版社2020年版,前言第6—7页。

学设立国家安全学专业,更要求除了进行理论提升,还需要打开人才培养的"旋转门"通道,对学生进行多层次和多种类的实战性培养。

第二,学科设置。已经有多个国家进行了学科设置的前期探索,它们的经验具有一定的参考价值与借鉴意义。国外高校大多以"安全政策与战略""国家安全政策研究""国土安全""全球安全"等为名设立专业,宏观指向性比较明确,并将国家安全类专业分别放在文科或理科,形成以人文社会科学为主体的"安全学科"和以自然科学为主体的"安全科学"。中国的安全科学类专业设置较早,国家安全学作为交叉学科门类下的一级学科,可以说是安全学科类专业设置的尝试,并且已经有若干高校进行了相关探索。与国外高校相比,中国高校在学科设置上更加细化,国家安全学被设置在不同学科门类下,例如中国人民解放军国防大学将其设置在军事学学科门类下;复旦大学和中国人民大学设置在管理学学科门类下;国际关系学院、中国社会科学院等设置在政治学学科下;西南政法大学和西北政法大学设置在法学学科下;中国人民公安大学则设置在公安学一级学科下。如今,国家安全学设置在交叉学科门类下,但可以分别授予相应不同学科门类的学位,较好地体现了国家安全学学科建设"广交叉"的要求。

第三,核心课程。国外以人文社会科学为主体的"安全学科"要求学生学习与安全相关的法律、政治学和社会学等课程,重视培养学生分析国家安全形势、了解国家安全战略政策,以及应对风险挑战的能力。比如,美国的马萨诸塞大学洛厄尔分校的安全学研究硕士设有当代安全学研究、情报分析:政策与实践、国家安全的科学与技术、国土安全、产业与经济安全、国际安全和网络安全等课程。[81] 美国加州州立大学圣贝纳迪诺分校的国家安全专业十分重视政治学和外交学,因此开设了美国外交政策、国际经济议题、美国对外关系、区域政治、区域法、国际关系理论和国家安全政治学等课程。[82] 以色列的海法大学将国家安全专业置于政治学之下,课程主要包括以色列的国家安全、国家安全法律、政治学方法、情报与国家安全、经济治国方略的管理、战争的演变、全球地缘政治风险和机遇的管理、管理民主国家:政策和安全的困境等。[83] 阿联酋的美利坚大学开设了安全与战略效能研究的文学硕士学位,核心课程包括国际关系、政治科学、国际学研究、安全与战略、法学和人文等多个学科课程。[84] 英国的利兹大学则开设了冲突、发展与安全的文学硕士学位,课程包括冲突、复合型危机和全球治理、性别、全球化与发展、欧洲防务与安全研究、中国崛起和中东政治比较等。[85]

---

[81] 参见 University of Massachusetts Lowell,"Master of Arts of Master of Science in Security Studies Overview"(https://www.uml.edu/Interdisciplinary/Security-Studies/Programs/Program-Overview.aspx)。

[82] 参见 California State University,San Bernardino,"Master of Arts in National Security Overview"(https://bulletin.csusb.edu/colleges-schools-departments/social-behavioral-sciences/national-security-studies-ma)。

[83] 参见 University of Haifa,"Master of Arts in National Security"(https://uhaifa.org/academics/graduate-programs/national-security-studies/national-security-studies-courses)。

[84] 参见 American University in the Emirates,"Master of Arts in Security and Strategic Studies"(https://aue.ae/portfolio/master-of-arts-in-security-and-strategic-studies)。

[85] 参见 University of Leeds,"Master of Arts in Conflict,Development and Security"(https://courses.leeds.ac.uk/a066/conflict-development-and-security-ma)。

而国外以自然科学为主体的"安全科学"更加注重培养学生运用情报学、经济学、数学建模等教学方法评估与应对国家安全风险的能力。美国的马萨诸塞大学洛厄尔分校的国家安全专业侧重网络安全、大规模杀伤性武器领域以及如何应对关键基础设施的威胁等课程。[86] 美国加州州立大学圣贝纳迪诺分校开设的网络安全研究专业侧重计算机与网络的安全研究,设有国家安全政策、战略理论与历史、网络安全与网络战、情报评估、网络安全政策和风险管理、网络防御与脆弱性分析、网络安全理论与实践等课程。[87] 诺维奇大学设有国家安全本科专业,开设的核心课程包括军事研究、统计学、比较宗教研究、环境科学、叛乱与冲突和武装冲突法等。[88] 考纳斯理工大学的公共政策与安全科学的课程包括社会研究方法、信息管理与通讯、公共管理理论、公共项目评估和公共政策分析等。[89] 英国的利兹大学设立安全、冲突与正义的理学硕士学位,核心课程包括安全的新边界、冲突与正义、犯罪学与安全研究、国际刑法学、国际公司治理和国际人

---

[86] 参见 University of Massachusetts Lowell,"Master of Arts of Master of Science in Security Studies Overview"(https://www.uml.edu/Interdisciplinary/Security-Studies/Programs/Program-Overview.aspx)。

[87] 参见 California State University, San Bernardino,"Master of Science in National Cyber Security Studies"(https://bulletin.csusb.edu/colleges-schools-departments/social-behavioral-sciences/national-cyber-security-studies-ms)。

[88] 参见 Norwich University,"International Security"(https://www.norwich.edu/programs/international-studies)。

[89] 参见 Kaunas University of Technology,"Public Policy and Security Course Description"(https://uais.cr.ktu.lt/ktuis/STP_RPRT2.rprt1? p1=8294&m1=2022&l1=EN)。

权等。⑩

需特别指出的是,鉴于"国家"和"安全"的根本属性是政治性,政治安全(政权安全与制度安全)是总体国家安全观的根本,所以作为"杂合学科"的国家安全学的"内核"应是统合国际政治与国内政治的政治学。"政治就是共存的艺术",是消解"关系者困境"的艺术。⑪ 要在国际危机中胜出,又能努力避免战争,安全策略起关键作用,而"策略是政治的精髓"⑫。况且"意识形态的潜势似乎是人类素质的一个永恒部分",排斥意识形态的政治共识实质是"'意识形态终结'的意识形态"⑬。因此,"国家安全学是一门新兴的综合性实用型政治科学"⑭,或者说政治学应该是国家安全学学科群、专业群、领域群的核心通识课目。正如"安全化门槛"能解决"领域延展性"带来的安全研究泛化问题一样,以政治学为支撑的学科核心范式的确立也能解决"学科反包性"导致的安全学科散化问题。范式是一种重要的理论构型,是最具统摄性的模式化表达。考虑到核心范式基础上的国家安全学学科的"广交叉"特点,我们还需要一支具有复合性知识结构的师资队

---

⑩ 参见 University of Leeds, "Master of Security, Conflict and Justice, Course Content"(https://courses.leeds.ac.uk/i424/security-conflict-and-justice-msc)。

⑪ 参见秦亚青著:《世界政治的关系理论》,上海人民出版社2021年版,第394—395页。

⑫ 〔美〕詹姆斯·D.莫罗著:《政治学博弈论》,吴澄秋、周亦奇译,吴澄秋校,上海人民出版社2021年版,第1页。

⑬ 〔美〕西摩·马丁·李普塞特著:《政治人:政治的社会基础》,张绍宗译,沈澄如、张华青校,上海人民出版社2021年版,第413页。

⑭ 刘跃进著:《试论国家安全学的对象、任务和学科性质》,载《山西师大学报(社会科学版)》,2003年第2期,第132页。

伍,制订不同专业知识对接与交融的递进性教学计划,形成具有多样性的教学实践基地,并构建多元化的课题申报与评价系统,从而适应"亦"型人才的培养目标。

值得强调的是,国家需重点考虑出台《国家安全教育法》以促进国家安全人才的培养。《国家安全教育法》应作为国家教育法律体系的重要组成部分与学校教育的有机组成部分,确立国家安全人才培养的总目标,制定国家安全教育计划,成立国家安全教育委员会,融合思想政治教育、文化道德教育和科学技术教育,鼓励多元主体在国家安全教育方面发挥积极作用,促进建立与国际、国内形势相匹配的国际安全教育机制。例如,美国《国家安全教育法》出台的直接原因之一即认识到语言文化人才、国际研究人才的奇缺导致美军作战能力、情报能力严重不足,难以确保美国的长期绝对优势。⑨ 因此,中国《国家安全教育法》的颁布与实施有利于培养国家安全人才,增强全球竞争力,为国家安全教育发展提供根本性保障。

结语

广义安全论视域下的国家安全学"再定位"带给我们的重要启示主要有以下五个方面:

第一,要重视学科建设的"理论性"意义。通过广义安全的研究,重新认识安全、国家与国家安全。安全作为一种"关系性实

---

⑨ 参见唐宇明著:《美国国家安全人才培养与高等教育的融合——以国家安全教育立法及其实施为例》,载《国际安全研究》,2022年第3期,第131—136页。

在",它是"客观性实在""主观性实在""话语性实在""意向性实在"的综合,而不是执其一端,或用一端来否定另一端,甚至用政治标签来给任何一端定性,导致安全研究理论性缺位,使得学术争论和争鸣变成政治争斗与"争宠"。作为"关系性实在",安全不是既定权力等级结构的模式,而是参与者之间互动互构的过程。国家作为多种可能性叠加的"波函数",不仅是物质要素的总和,也是社会关系的总和,同时也是物质要素与社会关系"互构"的总和。国家利益的核心是国家安全,除生存、独立、经济财富外,还有第四种国家利益,即"集体自尊"。[96] 有了对"安全""国家"与"国家安全"广义的认知,那么安全理论研究在强调"中国特色"和"中国话语"的同时,还要重视借鉴西方马克思主义研究、大历史研究、全球政治研究、和平研究、博弈论等经典研究中的视野、方法与话语。

第二,要重视学科建设的"开放性"意义。基于广义安全论视域,跳出安全反思安全。安之"全"表明安全与世界总体相关,但安全并不是世界的全部。世界政治的终极目标除了安全,还有财富、自由、公正和信仰。[97] 同样,国之"家"只是表明国家与人人相关,但国家并非具有绝对神圣性,国家本身在特定的条件下也会成为某种不安全的来源之一。事实上,不存在国家的绝对安全,因而国家安全只有在"人类安全"与"人民安全"的关联中才能更好地凸显其本来的意义。国家安全也不是国家发展所要追求的全部,

---

[96] 参见〔美〕亚历山大·温特著:《国际政治的社会理论》,秦亚青译,上海人民出版社 2000 年版,第 295—298 页。

[97] 参见王缉思著:《世界政治的终极目标》,中信出版集团 2018 年版。

除国家安全外,还有国家发展、国家战略、国家文化和国家文明等方面,我们要用更宽广和更高远的人类可持续文明的视野定位和丰富国家安全文明。

第三,要重视学科建设的"现代性"意义。重视学科建设的同时不能忽视"学科"本身的局限。国家安全研究领域被纳入学科并且加强建设,必定能大大促进其理论化、制度化与人才培养的专业化与专门化,但是任何学科的设置同时又是一种限定。之所以要用广义安全论的视域来强调"杂合学科"理念,其根本意义是要强调国家安全研究跨学科的"问题导向",强调学科建设要为"国之大者"的国家战略与国家发展服务,强调探求多学科融合的新文科建设的重要意义。国家安全学学科建设应在"领域延展性"与"学科反包性"上深耕,在"杂合学科"的"亦"型人才培养上着力,在具有多学科优势的综合性大学中进行长远性布局。

第四,要重视学科建设的"世界性"意义。要以"人类命运共同体"境界来建设国家安全学。中国新近向世界发出"全球安全倡议",强调综合安全、共同安全、合作安全与可持续安全,这表明国家安全学学科定位需要有"人类胸怀"与"全球主义视野","缺乏全球主义的视野则容易让国家安全研究变得狭隘自私、陷入零和思维及一味博弈的怪圈"[98]。因而要防止"自我封闭型"的学科建设——或是拒斥人类文明已有成果,或是拒绝广泛的国际交流,甚至无视或选择性地忽视人类有史以来已经取得的安全理论研究

---

[98] 王逸舟著:《全球主义视野下的国家安全研究》,载《国际政治研究》,2015年第4期,第99页。

成果。

第五,要重视学科建设的"适然性"意义。适然是对必然与应然的整合。"适然安全"是追求"和合"境界的"应然安全"与"实然安全"的辩证统一,适然既强调安全的条件性与过程性,又强调安全的发展性与可持续性;既要考虑安全议程的恰当性与针对性,又要考虑安全行为体相对获得与绝对获得的可能性。总体国家安全体系中的大多数安全领域属于低政治领域,因而不能随意把低政治领域中的"公共问题"都直接上升为高政治领域中的"安全问题"。既要遵循"安全化门槛"的理论规律,也要科学统筹考虑国家意志、国家实力与社会共识和国际互动之间的现实匹配,以避免"过度安全化"而带来不必要的国家资源消耗与"欠缺安全化"导致的机会错失。

中国参与全球治理的自我定位是:始终做世界和平的建设者、全球发展的贡献者、国际秩序的维护者。"广义安全论"昭示安全是复合与普遍的,是系统与平等的,是整全与包容的,是立体与共享的。真正的国家安全是"和合共生""优态共存""共建共享"的安全,它像新鲜空气一样,是人人都感受得到的安全,是全体参与者都愿意去投入与付出的安全,甚至是大家都不用去谈论的安全。

作者简介

余潇枫,哲学博士,浙江大学非传统安全与和平发展研究中心主任,公共管理学院教授、博士生导师;哈佛大学、牛津大学、哥本哈根大学、维尔茨堡大学、比萨大学高级访问学者;兼任中国人民外交学会理事、中共中央外联部当代世界研究中心特约研究员、北京大学中外人文交流研究基地学术委员。已出版的学术专著有《国际关系伦理学》《非传统安全与公共危机治理》《非传统安全概论》等;主编蓝皮书《中国非传统安全研究报告》系列;发表学术论文近百篇。